"十三五"国家重点出版物出版规划项目—构建和谐劳动关系理论研究丛书

国家出版基金项目
NATIONAL PUBLICATION FOUNDATION

劳动法领域权利配置的优化

The Optimization of Right Distribution in the Field of Labor Law

吕惠琴 著

中国工人出版社

图书在版编目（CIP）数据

劳动法领域权利配置的优化/吕惠琴著. —北京：中国工人出版社，2020.10
ISBN 978-7-5008-7517-8

Ⅰ.①劳…　Ⅱ.①吕…　Ⅲ.①劳动法－研究－中国　Ⅳ.①D922.504

中国版本图书馆CIP数据核字（2020）第210574号

劳动法领域权利配置的优化

出版人	王娇萍
责任编辑	王　薇
责任印制	栾征宇
出版发行	中国工人出版社
地　址	北京市东城区鼓楼外大街45号　邮编：100120
网　址	http://www.wp-china.com
电　话	（010）62005043（总编室） （010）62005039（印制管理中心） （010）82075935（工会与劳动关系分社）
发行热线	（010）62005996　82029051
经　销	各地书店
印　制	天津嘉恒印务有限公司
开　本	880 毫米 × 1230 毫米　1/32
印　张	10.375
字　数	249 千字
版　次	2020年12月第1版　2020年12月第1次印刷
定　价	68.00 元

目　录

绪　论

一、问题的提出

自劳动法诞生以来，一直以保护劳动者利益为宗旨，并基于此对劳动者的权利进行倾斜性配置，通过配置，以矫正劳资双方之间实力的不平等，实现和谐劳动关系。为了实现劳动法的这一目的，在“权利本位”学术主张和概念不断深入我国法学研究的背景下，我国劳动法开始围绕保护劳动者利益设置了越来越多的权利。这些以倾斜性保护劳动者利益为宗旨而设置的各种权利，在学理上和实践中会不会存在因权利泛化导致权利配置过度或不足的问题？“权利泛化”论者认为，权利泛化会导致权利配置的目标与实效相背离，带来权利的“乌龙效应”。所谓权利的“乌龙效应”，从这个概念的提出者陈林林教授的表述来看，主要可以概括为“本来设置权利是为了降低社会冲突，但权利的实际设置却加剧了权利体系的内部冲突，从而造成了权利配置中目的和手段的背离”的效应。权利的“乌龙效应”，“不但对既有权利体系与权利理论提出了质疑和挑战，也与既有权利体系不断发生冲撞，以致权利冲突成为一个普遍的社会现象”。①

劳动法倾斜性配置的这些劳动权是否存在权利泛化的问

① 陈林林．反思中国法治进程中的权利泛化．法学研究，2014（1）

题？这种权利泛化的根源在哪里？如何对劳动法领域的权利配置予以优化？“法的关系，是一种反映着经济关系的意志关系。这种法的关系或意志关系的内容是由这种经济关系本身决定的。”① 劳动法也不例外，在对法律权利本身的辩护（justification of legal rights）问题上，我们要反对一种“权利浪漫主义”的观点，认为法律权利体系好像是一个独立于经济社会活动本身而具有优先的稳固性和规范性的东西，认为谈论法律权利款项的多与少好像仅仅是在“理论层”而谈论法律权利体系内部的融贯性、一致性和完整性的问题。这种“权利浪漫主义”的观点认为，权利可以脱离它的符号化存在的本体论地位，成为一个独立地从外部获得法律规范地位的东西。该种观点，实际上是一种把权利当作外部力量来崇拜的“权利拜物教”。②

权利配置本来是法学界针对权利冲突问题运用法律经济学方法论证如何基于效率的角度使权利的配置更加合理，尽可能避免借用权力强行配置冲突权利。③ 权利配置问题的讨论源于科斯定理。科斯定理从无交易成本局限条件下得出了产权归属无碍资源配置效率结论的假设出发，论证交易成本无处不在的现实世界中产权界定对于资源配置效率的重大影响，有时“可能导致发生在无成本市场交易条件下活动的终止（或阻止

---

① ［德］马克思．资本论（第1卷）．北京：人民出版社，1975：452

② 张曦．“权利泛化”与权利辩护．华东政法大学学报，2016（3）

③ 比较重要的论文有：关今华．权利冲突的制约、均衡和言论自由优先配置质疑——也论《秋菊打官司》案、邱氏鼠药案和言论自由．法学研究，2000（3）；刘作翔．权利冲突：一个应该重视的法律现象．法学，2002（3）；刘作翔．权利冲突的几个理论问题．中国法学，2002（2）；李先波、杨建成．论言论自由与隐私权之协调．中国法学，2003（5）；吴建斌．科斯法律经济学本土化路径重探．中国法学，2009（6）

其开始)”。按照科斯的本意“在这种情况下，合法权利的初始界定会对经济制度运行的效率产生影响。权利的一种调整会比其他安排产生更多的产值。但除非这是法律制度确认的权利的安排，否则通过转移和合并权利达到同样后果的市场费用如此之高，以至于最优的权利安排以及由此带来的更高的产值也许永远也不会实现”。[①] 在科斯定理基础上建立起来的科斯理论内核，涉及科斯另一个开创性理论贡献，即从交易成本的角度比较各种不同社会制度安排的优劣后择优选取，关键在于如何通过在现实世界中进行各种不同的社会安排以降低交易成本。分析的前提仍然是经济学有关趋利避害的理性人的假设(实际已经蕴含了效率最大化的诉求)。假设 A、B、C 为不同大小的利益，当 A > B > C 时，理性人在自利动机引导下会选择 A 而非 C；假设 A、B、C 为不同大小的损害，当 A > B > C 时，理性人必定会作相反的选择。[②]

我国自 1994 年颁布《中华人民共和国劳动法》（以下简称《劳动法》）以来，为劳动者倾斜性配置了诸多劳动权。随着 2007 年《中华人民共和国劳动合同法》（以下简称《劳动合同法》）等法律法规的出台，对劳动关系规制力度不断加强，保护劳动者权益的管制力度也进一步加强。配置的这些劳动权与用人单位的生产经营权之间的权利冲突如何用更好的权利配置的方式解决？现有配置的这些劳动权如何优化？这是本书论述的重点和写作的初衷。

---

① ［美］罗纳德·哈里·科斯．企业、市场与法律．盛洪、陈郁译校．上海：格致出版社，2009：113

② 吴建斌．探寻法律人化解法律经济学难题的蹊径．南京大学学报（哲学·人文科学·社会科学），2013（3）

二、研究意义

研究劳动法领域权利配置的优化是一个较大的课题，这里的“大”，主要是指研究范围较广，需要对劳动法领域的所有权利进行一个全景象的梳理，并分析我国劳动法领域在权利倾斜性配置存在的问题、问题的根源、优化需要考量的因素以及如何优化等。该一课题虽然相对宏观和抽象，但却是一个有现实意义的命题，笔者作出这一判断主要基于以下两点理由：（1）劳动法作为调整劳动关系最主要的法律，其最终目的是构建和谐劳动关系。和谐劳动关系的构建不能仅凭着一腔热情，通过演绎和归纳构建劳动者权利保护体系即可实现。劳动关系是受经济、社会、文化、历史等多元因素影响的社会关系，必须在配置劳动权时对这些因素综合考虑才能使配置的权利更有效地在现实中予以运行。因此，本书将根据劳动法权利倾斜性配置的理论基础、历史变迁、存在的问题、根源，结合我国政治、经济和文化分析劳动法领域权利配置的优化。（2）2013 年11 月，党的十八届三中全会通过的《中共中央关于全面深化改革若干重大问题的决定》提出“推进国家治理体系和治理能力现代化”。同时，习近平总书记指出，社会主义的中国构建以人民为中心的治国理政制度体制，必须正确处理好经济发展与改善民生之间源与流、手段与目的之间的辩证关系，改善民生既要尽力而为，又要量力而行。[①] 劳动法作为保护劳动者权益、调整劳动关系的法律，通过讨论其权利配置

① 中共中央宣传部．习近平总书记系列重要讲话读本．北京：学习出版社、人民出版社，2016：213－214

的优化，对促进和谐劳动关系，实现良法善治，提高劳动关系治理能力和治理水平具有十分重要的现实意义和价值。

（一）理论意义

本书研究的权利配置优化问题，主要是法学基础理论层面的问题。就其理论意义而言，需要从规范层面和实证层面两个角度加以理解：

第一，在规范研究层面，本书将从法教义学和法经济学的角度，致力于研究劳动法领域权利配置的优化理论，并尝试建立一个基本的分析框架，以论证劳动法领域权利配置存在的问题、根源，应考量的因素及优化路径，这是本书研究的核心内容。如果这一分析框架能够成立，则将为立法决策与制度设计提供借鉴。当立法者面对劳动权利配置时，可以在配置路径上，针对特定权利配置选择最优的权利配置。

第二，在实证研究层面，本书将从劳动法权利倾斜性配置的理论依据论述层面引入问卷调查的研究方法来证明劳动者属于弱势群体这一现状。同时，在论证我国劳动法权利配置存在的问题等内容时，引入实际案例来佐证我国劳动法在信息性权利配置和程序性权利配置存在的问题。这对于充实现有劳动法学理论研究方法具有一定的理论意义。

（二）实践意义

本书的研究虽然是一个理论层面的问题，但它对于行政执法与法官的司法裁判也具有一定的参考价值。具体而言：法官在实践中除了坚持公平正义理念之外，还应该考虑社会效应、经济因素等特定政策目标所确立的指导方针来处理劳资纠纷。

例如，特定的劳资争议案件如何判决、举证责任的分配等，都与权利配置优化密切相关。法官在处理这些问题时，应当通过选用特定的司法技术或裁判方法，将权利配置优化目标融入司法裁判当中。从这个意义上讲，本书关于权利配置优化路径的研究，能够为法官自由裁量权的行使提供一个规制法视角下的解释思路。还如，在继续履行劳动合同时存在较大社会矛盾的情况下，法官可以通过自由裁量权来判决继续履行是否是最优的权利配置。再如，当经济状况下行，雇主非恶意侵犯劳动者权利时，法官可以适度通过解释法律来弥补立法规制的不足。

（三）对中国劳动法学的意义

本书对劳动法领域权利配置优化理论的研究，将成为中国劳动法理论体系的组成部分。中国劳动法理论一般认为，劳动法存在的理论基础在于劳动权保护、劳动关系协调、和谐劳动关系等。但需要指出的是，劳动法在矫正民法失灵问题上不足的同时，也可能存在规制过度的问题。对于如何才能使劳动法通过权利配置优化来弥补或超越民法，本书通过对个体实体权利配置与集体权利配置的比较，程序性权利和信息性权利配置不足问题的分析，探寻劳动法如何通过权利配置的优化进一步有效发挥其在调整劳动关系中的功能和作用。

三、研究综述

（一）倾斜性保护理论研究

对劳动者予以倾斜性保护的思想应追溯至 20 世纪社会法学派所主张的“社会本位”。社会法学的理论形态，根源于法国孔德的实证主义哲学和英国斯宾塞有机体的生物学法学理论。代表性人物耶林和祁克强调法哲学应为社会目的服务，社会集团的内部生活和活动以及社会中的规范是法的渊源。这种“社会本位”思想把政府职责与社会幸福联系在一起，强调社会连带和社会整体利益。[①] 从利益冲突的角度而言，相互冲突的社会群体中弱势一方的利益应优先于另一方的利益，冲突双方的利益都应服从第三方或整个社会的利益。[②] 董保华教授认为，就社会利益分层而言，社会利益作为个人利益与公共利益整合出来的一种特殊而又独立的利益，相对于个人利益的微观利益和国家利益的宏观利益，是一种中观利益。[③] 劳动基准法保护的不是纯粹的私人利益，也不是国家安全等国家利益，而是根据社会规制对象的特点，保护的是社会弱者的整体利益。[④]

对倾斜性保护的理论渊源还可以追溯至启蒙时期洛克、康德等。而最先提出“法律父爱主义”这一术语的是范伯格(Joel Feinberg)。德沃金、科罗曼、波普等对硬父爱主义的定义、条件、分类进行了阐释和研究。范伯格、密尔等对软父爱主义进行了归类和研究，并且认为由于软父爱主义并不对当事人真实的决定进行干预，因此，仍然是与自由主义理念相融合的。法律父爱主义主张，在社会现实中存在大量“弱且愚”的人，应通过法律对其予以倾斜性保护，限制其意思自治和自由，是法律人格从不平等到平等、从抽象的人到具体的人、从理性

---

① 谷春德．西方法律思想史．北京：中国人民大学出版社，2000：258

② 张文显．二十世纪西方法哲学思潮研究．北京：法律出版社，1996：144

③ 董保华．社会法原论．北京：中国政法大学出版社，2001：3

④ 董保华．论经济法的国家观——从社会法的视野探索经济法的理论问题．法律科学，2003（2）：63

的强且智的人向弱且愚的人的转变。为实现其利益，应对处于弱势群体意思自治限制，为实现其福利最大化而实行管制和保护。[①]

但是，随着经济危机的频现、经济全球化发展，以及用工形式多样化，倾斜性保护的正当性基础和干预路径受到了广泛的质疑。哈耶克[②]、布坎南[③]、米瑟斯[④]、密尔[⑤]等自由主义学派认为这种建立在资强劳弱假定基础上的干预破坏了劳动力市场自身的调整规律。基于立法者自身的“知识困境”和局限性，他们无法预见这种干预本身所产生的负面作用，会产生更大的社会危害性，甚至最终损害其所保护的对象自身的利益。

（二）权利配置优化研究

权利配置优化的研究源于经济学界对法学问题的关注。基于资源的稀缺性，科斯在其《企业、市场与法律》中提出交易成本无所不在的现实世界中产权界定对资源配置效率的重大影响，并提出应基于交易成本比较各种不同社会制度的优劣，然后做出理性选择。[⑥] 国内学者对权利配置优化问题的研究在

---

① 郭春镇．法律父爱主义及其对基本权利的限制．北京：法律出版社，2010：10－17

② ［英］弗里德里希·奥古斯特·哈耶克．自由宪章．冯兴元等译．北京：中国社会科学出版社，2012

③ ［英］詹姆斯·布坎南．自由、市场与国家．吴良健等译．北京：经济学院出版社，1988

④ ［奥］路德维希·冯·米瑟斯．社会主义——经济与社会学的分析．王建民译．北京：社会科学文献出版社，2012

⑤ ［英］约翰·密尔．论自由．程崇华译．北京：商务印书馆，1982

⑥ 吴建斌．探寻法律人化解法律经济学难题的蹊径．南京大学学报（哲学·人文科学·社会科学），2013（3）

前者研究的基础上开始对经济法、劳动法领域权利倾斜性配置及其是否存在保护过度的具体问题进行探讨。国内学者吴元元、应飞虎等认为《劳动合同法》就是用过度的权利倾斜性配置替代劳资双方的合约机制，产生了一系列立法者无法预见的负面效应及社会不良后果。其中，应飞虎对《劳动合同法》权利倾斜性配置失当引发的问题和根源进行了探讨。① 吴元元结合《劳动合同法》对无固定期限合同的法律规定对劳动法领域权利的倾斜性配置过度问题进行了分析和探讨。② 还有学者针对经济法领域的权利倾斜性配置问题进行了探讨，如吴飞飞从权利倾斜到责任倾斜的角度论述如何保护弱势群体利益。③

（三）劳动关系系统研究

劳动关系系统论与多元主义突破了将劳动者或者雇主视为单独运作主体的视野观，而是将劳动关系作为一个系统予以运作的整体，并从该系统中所存在的各个不同的利益集团角度出发予以审视劳动关系，并提出相应的劳动关系治理理念和规则。劳动关系系统论学说主要以邓洛普为代表。邓洛普认为，劳动关系系统和经济系统一样，都是对现实世界的逻辑抽象，建立和管理规则的程序是劳动关系系统最为核心的内容。④ 巴

---

① 应飞虎．权利的倾斜性配置．中国社会科学，2006（3）；应飞虎．信息、权利与交易安全——消费者保护研究．北京：北京大学出版社，2008

② 吴元元．劳动契约安排的制度逻辑——无固定期限劳动合同的法律经济学重读．现代法学，2009（1）；应飞虎．权利倾斜性配置的度——关于《劳动合同法》的思考．深圳大学学报，2008（5）

③ 吴飞飞．从权利倾斜到责任倾斜的弱者保护路径转换——基于法经济学视角的转换．广东商学院学报，2013（6）

④ Dunlop, John T. Industrial Relations Systems. Harvard Business School Press. 1993/1958, 51

德认为，劳动关系是一个追求平衡的系统，在劳动关系中应促进效率（efficiency）、公平（equity）和话语权（voice）三大目标的平衡。[①] 劳资利益的平衡，劳动关系的和谐应寻求效率、公平和话语权之间的平衡。[②] 邓洛普、巴德的系统论将劳动关系看作一个系统和整体。牛津学派的多元主义主张应通过集体协商，由劳资双方在自愿的基础上解决，政府和法律不应过多地介入和干预。[③] 但多元主义受到了海曼等学者的批判。海曼认为多元主义的理论假设，实际上是从结果来看待冲突和矛盾的解决过程。冲突和矛盾的解决很多时候并不是利益群体的互相妥协和包容的结果，反而是靠流血事件、暴力事件甚至是推翻整个规则方能实现。[④]

上述研究将劳动关系看作一个依赖于社会、经济现实条件运作的整体系统，而基于系统论和多元主义审视劳资关系，提出在劳资关系政策调整方面应不仅仅关注实体性规则，还应关注程序性规则；在价值目标选择方面应不仅仅关注公平，还应注意其与效率和发言权的平衡。这些为劳资关系政策调整的宏观研究提供了研究基础。

（四）我国劳动用工问题研究

对于我国劳动用工问题，国内外法学学者多主张应通过加

---

① ［美］约翰·W. 巴德. 劳动关系：寻求平衡. 于桂兰等译. 北京：机械工业出版社，2013：前言1－2

② 吴清军. 结构主义与经验主义的制度研究及转向——欧美劳动关系研究述评. 社会学研究，2015（3）

③ 吴清军. 结构主义与经验主义的制度研究及转向——欧美劳动关系研究述评. 社会学研究，2015（3）

④ ［英］理查德·海曼. 劳资关系：一种马克思主义的分析框架. 黑启明、于桂兰译. 北京：中国劳动社会保障出版社，2008：89－100

强劳工三权平衡劳资之间的力量，以实现劳资之间的实质性平等。国内学者普遍认为在我国劳动者劳工三权较弱的背景下，对劳资关系认定范围的扩展、对劳动合同和劳务派遣规制力度的加强是一种无奈选择，以常凯[①]等学者为代表。国内学者以刘俊[②]、王全兴[③]、郑尚元[④]、冯彦君[⑤]、董保华[⑥]、林嘉[⑦]、秦国荣[⑧]、谢增毅[⑨]等为代表则也认同现有《劳动法》存在管制过度问题，提出应适度放松《劳动法》的管制功能，通过注重劳资双方利益的平衡，公平、效率与发言权之间的平衡，应加大对劳动者的分层保护，赋予劳动者劳工三权以及工会职业化、民主化，实现对劳资关系管制与自治的平衡。

---

① 常凯．劳权论——当代中国劳动关系的法律调整研究．北京：中国劳动出版社，2004；常凯．劳动关系的集体化转型与政府劳工政策的完善．中国社会科学，2013（6）

② 刘俊、徐志强．工资制度的市场化改革问题．东南学术，2014（2）；刘俊．《劳动合同法》应结束对事实劳动关系的现实困惑．中国劳动，2007（5）

③ 王全兴．供给侧结构性改革中《劳动合同法》修改问题的思考．工会理论研究，2016（4）；王全兴．经济新常态形成中和谐劳动关系构建的思考．中国人力资源社会保障，2015（8）

④ 郑尚元．《劳动合同法》的功能与制度价值分析．深圳大学学报（人文社会科学版），2008（3）；郑尚元．劳务派遣用工管制与放松之平衡．法学，2014（7）

⑤ 冯彦君．“和谐劳动”的观念塑造与机制调适．社会科学战线，2015（7）；冯彦君．集体合同效力的生成与实现——以营造“和谐劳动”为目标．南京师大学报（社会科学版），2016（2）；冯彦君．劳动法上“合理”的多重意蕴及其应用．中国法学，2018（5）

⑥ 董保华．从裁员潮看《劳动合同法》的立法思路设计与调整．中国人力资源开发，2007（12）；董保华．中国劳动关系的十字路口——管制与自治：富士康、本田案件提出的法治命题．探索与争鸣，2011（3）

⑦ 林嘉、范围．劳动关系法律调整模式论——从《劳动合同法》的视角解读．中国人民大学学报，2008（6）

⑧ 秦国荣．劳动权保障与《劳动法》的修改．北京：人民出版社，2012；秦国荣．无固定期限劳动合同：劳资伦理定位与制度安排．中国法学，2010（4）

⑨ 谢增毅．劳动法与中小企业优惠待遇．法学研究，2010（2）

纵观学术界的研究成果可以发现：(1) 关于权利配置优化问题的研究主要是法理学界、经济法学、法律经济学领域等学者结合相关问题进行探讨。对劳动法领域权利配置优化问题的探讨主要集中于对《劳动合同法》问题的探讨。事实上，《劳动合同法》作为我国调整劳动关系的一部单行法，单纯探讨其权利配置的优化并不能有效解决劳动法的问题。(2) 法学界对劳动法问题的研究主要是以规范法学、法教义学的研究方法予以进行。劳动法作为调整劳动关系的法律，单纯从法教义学角度予以研究，往往容易主要考虑其公平、正义价值，难以有效预测到劳动法权利配置可能产生的负外部性问题。(3) 学术界有关权利泛化、权利倾斜性配置、个体劳动权、集体劳动权等问题的研究为本书的研究提供了思路启发和研究契机。本书将在既有研究的基础上，结合我国的具体情况，进一步分析如何对劳动法领域权利配置优化，并以此丰富既有的理论体系。

四、本书的分析框架

本书关于劳动法领域权利配置优化问题的研究，采取了对劳动法领域权利倾斜性配置进行追根溯源，从理论到历史变迁予以研究，进而对我国劳动法权利倾斜性配置存在的问题、根源分析之后，提出权利配置应考量的因素和优化路径。以下将对这一分析框架作出进一步解释。

（一）考察劳动法权利倾斜性配置的理论依据和历史变迁

劳动法为何要对劳动者权利予以倾斜性配置？其理论依据

和历史变迁是怎样的？这是分析我国劳动法权利配置问题和优化路径的前提。劳动法对劳动者权利倾斜性配置主要以弱势群体保护理论、人权理论，以及实质不平等理论为依据。

从历史变迁来看，劳动者被法律予以特别保护与工业革命的产生，工业化大生产的出现，大批的劳动力进入工厂成为雇员有着不可分割的关系。工业革命的同时期也是古典自由主义思想盛行的时期，启蒙思想家主张人是生而平等自由的，人人都享有大自然赋予的不可转让的权利，这些权利包括生命权、自由权、财产权和追求幸福权。受该启蒙思想的影响，诸多国家对劳动者权利的保护是通过民法来进行的。进入 19 世纪，随着积极权利概念的提出，福利国家的兴起，很多国家开始矫正民法对劳动者这种“具体的人”的忽视，通过对劳动者权利的倾斜性配置来保护其合法权益。西方国家劳动法所调整的雇佣关系经历了“从身份到契约”，再从“契约到身份”的历史变迁，并且在近年来为了增加劳动力市场的弹性，对劳动法进行了放松管制的改革。从经济形态的变迁来看，我国在历史上并未经历西方充分的商品经济和工业革命，而是从几千年的小农商品经济发展而来。产生于小农商品经济和儒家文化基础上的是我国几千年“家产制国家”之下的“家父长制法律”。中国几千年的法律文化是“情”“理”“法”的融合，缺少西方法律的“形式理性”和“权利神圣”。

（二）分析我国劳动法权利配置问题及根源

分析我国劳动法权利倾斜性配置问题及根源，是优化权利配置的重要前提。从我国劳动法权利倾斜性配置存在的问题来看，目前主要存在四个方面的问题。其一，集体权利配置不足。其二，主体间实质性权利配置不均衡。其三，信息性权利配置不足。其四，程序性权利配置不足。

《劳动法》制定于 1994 年，随着改革形势的发展，用工方式的多元化，《劳动法》的一些理论假设建立的基础发生变化导致对劳动者权利配置方面产生了不少问题。其一，基于正式法律制度万能的假设。以为通过完善劳动法律规范就可以有效构建和谐劳动关系，减少劳资矛盾和冲突。这种理论假设下的劳动法会存在忽略正式劳动法的弊端、忽视非正式社会规范的作用，以及易形成以法院为纠纷解决中心的权利救济模式。其二，所有劳动关系资强劳弱的理论假设。事实上，资强劳弱只是一个相对普遍的现象，现实中有相当一部分劳动者在劳动关系中并不弱，相当一部分用人单位也并不强。这种理论假设造成由于对雇主和雇员没有分层而违背劳动法倾斜性保护的立法宗旨，劳资冲突和矛盾增多，以及资源配置的不均衡。其三，实体法重于程序法的理论假设。受法律传统的影响，在对劳动者权利进行配置的时候，存在实体法重于程序法的错误假设。在实体法方面，对劳动者做了相对比较充分的权利配置。保护劳动者权益的程序性权利如用人单位内部劳动者的申诉权，当被用人单位辞退时劳动者的抗辩权，以及当用人单位不支付劳动报酬时劳动者的劳动留置权等，这些广义上的程序性权利在《劳动法》中没有配置给劳动者。这种理论假设容易造成增加用人单位的防御成本、不符合社会价值多元化社会现实、逆向选择福利最大化、实体性权利配置过度，以及挤压自治空间等一系列问题。出现上述问题的根源还在于立法过程存在对劳动法运行效果经济分析和社会分析不足，对妨碍规制目标实现的风险论证不足，等等。

（三）我国劳动法权利配置优化考量因素与路径

作为调整劳动关系的劳动法，应该着眼于化解劳资双方所存在的冲突和矛盾，使双方寻找共同利益，降低交易成本，减少交易摩擦而促使劳动关系步入正常轨道。我国劳动法在立法价值上不但应注重公平，还应注重效率之间的均衡。同时，鉴于我国幅员辽阔，各地劳资关系实践模式多样，用工模式差异较大，劳动关系类型较多，因此，法律还应考虑管制与自治之间的平衡，以促进双方共同利益为目的考量劳动法的立法宗旨、权利配置、调整方式等。以促进劳动立法在现实中有效“兑现”，将纸面上的劳动法变成现实中的劳动法，并使法律本身成为降低劳动关系运行“交易成本”，促进劳动关系运行的“助推器”。

在优化路径上，结合考量因素，应该从以下几个方面进行。其一，优化以集体协商权为主的集体劳动“三权”。其二，通过完善内部沟通程序、劳动关系变动程序、劳资纠纷调解程序等优化非诉程序性权利。其三，通过健全劳资双方在劳动关系运行过程中的告知义务、政府信息披露义务减少劳资双方的信息不对称，发挥声誉机制功能推动和谐劳动关系的建立。其四，劳动法应通过主体分层和劳动权分类在法律上区别对待，实现法律的公平性调整。其五，对劳动争议诉讼实施权配置注意司法效益。对劳资争议实施权设置特殊限制条件，以发挥非诉讼纠纷解决方式的分流功能。这在客观上也实现案件分流功能，使有限的司法资源真正被用到刀刃上。通过行政机关介入对证据的收集、承认政府初步证据的效力、政府或社会团体对私人诉讼的参与、行政机构实现私人请求权，对劳动者劳动争议诉讼程序赋权。其六，通过优化社会保险缴费责任，社会保险法对劳动法部分功能的替代优化权利配置。

五、本书的创新点

任何学术上的贡献都是边际的，这就决定了本书也是在前人基础上，将研究的广度或深度向前推进了一小步。本书若有创新，也一定是边际性的。

首先，从我国国内的研究来看，在劳动法领域权利配置的优化，学者主要关注的是劳动法部分权利配置的优化。对于劳动法领域权利配置的优化进行整体性研究并不多。尤其是对于我国劳动法领域权利倾斜性配置问题根源的分析，在既有研究成果中尚不多见。本书致力于这方面的研究，力争有一定的创新性。（1）对我国劳动法领域权利配置问题的根源从理论假设上进行分析。提出正式法万能、普遍资强劳弱及实体法优于程序法的理论假设是我国劳动法权利配置主体间配置不均衡、程序性权利配置不足，以及个体实体性权利配置过多的根源。（2）在权利配置优化路径层面，本书从宏观视角，提出通过优化非诉程序性权利、劳动争议诉讼实施权配置等来实现。

其次，本书系统总结了我国劳动法权利配置优化应考量的因素。结合劳动关系的系统论，巴德的公平、效率、话语权之间的平衡，提出在我国劳动法权利配置优化方面应对公平、效率之间的平衡，管制与自治之间的均衡，以及在权利配置结果方面以动态和谐为目标三个方面的要素予以考量。这些因素不同学者也有讨论和分析，本书的创新之处在于结合我国经济社会发展阶段、法理学界对公平效率等概念的认识，结合劳动法问题进行深入分析和阐述。

最后，在研究方法上，本书综合运用了法教义学、问卷调查法和法经济学的研究方法对我国劳动法权利配置存在的问题、根源、考量因素及优化路径进行了研究，突破了目前国内劳动法学界主要以法教义学为研究方法的局限性。

第一章

劳动法权利倾斜性配置的理论依据

尽管对于劳动法的立法定位，历史上一直有“单保护”“双保护”以及“对劳动者倾斜性保护”的理论之争。但从国内外劳动法的历史沿革来看，在劳动法从民法分离出来之后，劳动法的总体立法思路和立法宗旨主要趋向于“对劳动者的倾斜性保护”。就我国而言，2008 年《劳动合同法》在将违约金的相关法律规定取消之后，为了保护用人单位的利益，也规定了服务期与竞业限制等内容。因此，这也体现了我国对于劳动者权利的配置是倾斜性配置，不能说是单方面保护劳动者权利。

劳动法对劳动者权利的倾斜性配置可以说是利用国家公权力的干预予以进行的。这种倾斜性配置的政治意义及本质是相当清楚的，即它不只是个别当事人之间的权利义务关系，而是劳资关系当事人之间的权利关系必须放在整体的社会关系下予以观察和思考，不论是结构性，还是行为交互作用辩证性的。

传统的私法，特别是民法的规范体系，基本不会思考劳动关系社会意义的内容，尤其是对特殊情况与价值差异的关照与认知，甚至是法释义学体系中的内化处理，这种民法体系中缺乏“社会思考”的问题，正是劳动法脱离民法，对劳动者权利倾斜性配置的根源所在。因为，传统的民法以契约为出发点及基本类型，已无法适当处理劳资双方当事人截然不平等的社会关系。换句话说，私法发展史上从身份到契约的趋势及法律化、制度化的基本假设，无法处理当代劳动关系中的特殊“人与身份”的根本问题。因此，通过倾斜性配置给劳动者劳动权而构建的劳动法起着稳定社会秩序的功能。

19 世纪末 20 世纪初，劳动法对劳动者权利的倾斜性配置作为其立法宗旨与当时的经济社会和社会状况不无关系。从英国开始并最终蔓延到欧洲大陆的工业化带来了大规模的劳动关系。当时，人们依照民法坚持“自由的劳动合同”。在法律上，劳动合同的缔结和内容均取决于自由合意，但事实上，雇主相对于劳动者在经济上的优势地位导致劳动条件在很大程度上由雇主单方面决定，以致造成资方雇佣劳方过程中产生了超长的工作时间、工伤事故的频繁发生，以及在工厂和矿山中随意雇佣女性和儿童等损害人的生命安全、身体健康、人格尊严等问题。因此，为稳定社会秩序，平息劳动者日益高涨的反抗资本运动，各国出台了各种保护劳动者的法律①，并随着工会制度的发展，劳动者的抗争，以及民法自身调整的局限性，各国逐步建构并发展了劳动法的各种制度，而这些制度建立的理论基础主要有弱势群体保护理论、人权保护理论、实质不平等理论。

第一节　弱势群体保护理论

资源是稀缺的，相对而言，在劳动力市场中，雇主方相对于劳动者属于稀缺资源。而劳动者经常处于被“待价而沽”的地位，是被雇主挑选的对象。他们在社会关系中，经常处于

① ［德］雷蒙德·瓦尔特曼．德国劳动法．沈建峰译．北京：法律出版社，2014：29

被“绝对剥夺”的状态，又无相应的利益表达空间。无论是在政治上、经济上，还是社会上，他们相对于雇主都处于弱势地位。如果仍然适用民法上对双方能够“意思自治”和实现“契约自由”的假定，无疑是对社会现实中处于弱势地位的劳动者利益的忽视和漠视。因此，正视劳动者作为弱势群体，对劳动者进行保护的理论是对劳动者权利倾斜性配置的重要理论依据。

一、劳动者是弱势群体的理论假设

国际上最早将“社会弱势群体”作为研究对象始于 20 世纪初。查阅文献，没有“社会弱势群体”的概念，只有“社会脆弱群体（Social Vulnerable Group）”和“社会不利群体（Social Disadvantaged Group）”的概念。国内有学者将 Social Vulnerable Group 直接译为“社会弱势群体”。而将 Social Disadvantaged Group 译为“社会劣势群体”，其实并不准确。根据美国社会工作专家罗斯曼的理解，社会脆弱群体是指由于缺乏生活机会而造成的依赖性的人群，他们包括身体或精神残疾的人、年老体弱的人、丧亲或父母丧失资格的儿童。格特曼认为，脆弱群体是那些“由他们无力控制的环境和事件所压倒的人”，包括艾滋病人、无家可归者、性虐待者、社区和家庭暴力的牺牲者等。① 概括地说，脆弱群体是指身体健康而存在缺陷或有残疾障碍，并因此使其参与市场竞争和社会生活的能力受到严重影响、生活困难的人群。所谓社会不利群体，是一

① Gitterman A, Social Work Practice With Vulnerable Population Handbook of Social Work, 1991

个与“有利群体（Advantaged Group）”相对的概念，主要指长期、普遍存在于就业和社会生活各领域不利环境的群体，而这种不利环境是由结构性因素和制度性安排造成的。“不利”意味着生活机会和社会奖励分配中长时间和系统性的不公平待遇，主要表现在社会不平等程度上。根据斯比克的表述，这种不平等是相对于社会认可的正常化生活状态而言的，其比较标准和参照群体是普通民众及其一般生活状况，即这种不利地位导致了这一人群在生活水准和权利状态上低于普通民众。按照欧美学界和社会政策界的传统，Social Vulnerable Group 的概念包含 Social Disadvantaged Group 的涵义，而 Social Disadvantaged Group 的概念通常不包含 Social Vulnerable Group 的涵义。因此，国内有学者将“社会弱势群体”译为 Social Disadvantaged Group，而将“社会脆弱群体”和“社会不利群体”统称“社会弱势群体”。[①] 本文所称“社会弱势群体”主要是 Social Disadvantaged Group，并认为将“社会弱势群体”译为 Social Disadvantaged Group 更为准确，理由是：“社会弱势群体”的本质特征在于其“社会不利地位”，而非“体弱”或“残疾”等体能状态。

我国学术界对于“弱势群体”没有统一认识。学者们根据自己的研究，从不同的角度对弱势群体进行各自的界定。有的从社会工作的角度出发，认为弱势群体是指在遇到社会问题的冲击时自身缺乏应变而易于遭受挫折的社会群体；[②] 有的从经济角度出发，认为弱势群体是指由于各种内在和外在的原因，在生产和生活上有困难的社会群体；有的从政治和法律的

① 余少祥．法律语境中弱势群体概念构建分析．中国法学，2009（3）

② 王思斌．社会工作导论．北京：北京大学出版社，1998

角度出发，认为弱势群体是指在经济、文化、体能、智能、处境等方面处于相对不利地位的社会群体。[①] 此外，郑杭生先生认为，“社会脆弱群体是指凭借自身力量难以维持一般社会生活标准的生活有困难者群体”。[②] 陈成文先生在其专著《社会弱者论》中提出，社会弱者群体是一个在社会资源分配上具有经济利益的贫困性、生活质量的低层次性和承受能力的脆弱性的特殊社会群体。虽然学者们考察的视角有所差异，但可以说，现在社会学界和社会政策界对什么是弱势群体大体上达成这样一个基本共识：“弱势群体”作为一个集体名词、抽象名词不是一个严谨的法学范畴，更多地属于社会学领域。“弱势”是相对于“强势”而言的。因此，“弱势群体”就是一个相对概念，是对社会人群根据一定标准进行比较的结果，在此意义上，“弱势群体”是对在政治、经济、文化以及生理健康等方面处于弱势地位的人群的总称。[③]

二、劳动者作为弱势群体的理论依据

在就业选择时，一个求职者能够比较容易地与雇主签订比较满意或更好的工作合同时，他才能在谈判中处于有利地位。一般来说，只有训练有素而又短缺的劳动力，即只在他们数量非常有限的限度内，才会出现这种情况。作为商品和服务的提供者，雇主感兴趣的是尽可能廉价地生产和降低工资成本。[④] 大

---

① 李林．法治社会与弱势群体的人权保障．前线，2001（5）

② 郑杭生等．转型中的中国社会和中国社会的转型．北京：首都师范大学出版社，1996

③ 覃有土、韩桂君．略论对弱势群体的法律保护．法律评论，2004（1）：60

④ ［德］沃尔夫冈·多伊普勒．德国雇员权益的维护．唐伦忆、谢立斌译．北京：中国工人出版社，2009：1

多数个体雇员面临的是雇主提出的条件和入职后早已制定好的符合雇主利益的规则。这些规则涉及雇员的工作时间、具体的职责、与他人的合作等问题。每个雇员都应服从雇主的命令，因此，雇佣关系也曾被称作“统治关系”。[①]

与商品和服务市场的提供者不同的是，劳动者不能要求“缩小”供应，或者由于效益较低而暂时不以任何形式供应其劳动力。为了生存，劳动者被迫在低工资的情况下增加自己的供应（比如不断地加班），以保障自己最低限度的生活水平。这一现象被经济学家称为“竞争悖论”。劳动者是弱势群体主要在于劳动者对雇主存在身份上的从属性、劳动契约的附合化、双方信息的不对称，劳动者面临的较高职业安全卫生风险和多阶剥夺，以及在经济上对雇主的从属性。

（一）身份上的从属性

劳动者尽管在签订劳动合同前可以与用人单位相互自由选择，但是一旦签订劳动合同，即在身份上从属于用人单位，需要遵守用人单位的规章制度，听从用人单位的各种派遣，遵守用人单位的各种规则。德国代表性学说认为这种规则是指“除法律、团体协会、经营协定、劳动契约另有规定外，在雇主指挥命令下，由雇主单方面决定劳动场所、时间、种类等之他人决定劳动而言的”。换言之，人格上的从属性是“为劳动者自行决定之自由权的一种压抑，而劳务给付之具体详细内容不是由劳动提供者决定，而是由劳务受领者决定之”。在黄越

---

① ［德］沃尔夫冈·多伊普勒．德国雇员权益的维护．唐伦忆、谢立斌译．北京：中国工人出版社，2009：2

钦看来，人格上从属性的重要特征在于：其一，服从营业组织中之工作规则。例如工作日、时间之起止、休息等，经雇主规定，由雇主指派之监工人员执行。其二，服从用人单位的指示命令，即用人单位有权通过企业管理规则、劳动力的通盘调配、工作职场规则、工时、工作地点、工作方法、程序等对劳动者进行指示和命令。一般来说像打卡，进出大门检查，对工作时间、地点、结果或工作过程所做的指示是否一律服从，则应以具体情形了解判断。其三，接受考察与检查义务。以确定是否遵守工作规则，或雇主指示。其四，接受制裁。对于劳动者违反用人单位规章制度之情形者，用人单位得以行使惩戒权对劳动者的工作态度、工作活动过程等进行某种程度的干涉与强制。受雇人应对错误行为负责，制裁方式可以从口头训诫到开除解雇。黄越钦认为这是体现劳动契约人格从属性效果最强之处，也是最根本所在。

（二）劳动契约的附合化

在签订劳动合同的过程中，表面上来看，双方可以自由协商和沟通，劳动者如果不满意可以不签约，如果有不同意的条款也可以提出修改和拒绝。但现实中，在资源稀缺的劳动力市场中，劳动者为了“获得一纸合同”而处于被迫签约的状态比比皆是。因为劳动力与其他商品不同，具有比一般商品更大的弱点。其一，劳动力无法储存，劳动者的劳动力如果当天不能出售，则意味着经济收入缺少了积累，如果长时间处于待岗状态，则不但经济上不能累积，反而会使得技术变得不熟练，劳动力品质下降。其二，劳动力有必须卖断的性质，劳动力无法取回，在时间因素限制下，任何劳动力无法像一般商品可以在契约无效时恢复原状。其三，劳动力往往是维持生活的唯一来源，因此与生存的关系密切。其四，劳动力与劳动者人身不可分。

因此，劳动合同基本上是由用人单位起草好，里面的劳动条件、薪酬待遇等条款基本上是预先拟定好的，劳动者在签订劳动合同的过程中极少存在跟用人单位平等协商的可能，只能选择接受或者不接受。就劳动条件而言，劳动者鲜有机会跟用人单位讨价还价，就劳动契约内容和条款自由平等协商。尤其是用人单位基于信息和知识优势，还可能会在劳动合同条款上做一些“手脚”。比如，所谓的工资 6000 元，或许当初面试时承诺的是 6000 元，一般意义上，劳动者的理解是能够实际到手的工资。但是，用人单位在劳动合同里面写明的工资是劳动者的“毛收入”，也就是说如果扣掉税收，扣掉劳动者个人支付的各种社会保险费，到劳动者手中的工资可能只有 4000 元左右而已。在现实中，一些企业甚至连依法应由用人单位承担缴费义务的社会保险费也从劳动者的工资中扣除，还有一些企业甚至将劳动者的加班费也提前算到该工资里面。[①] 因此，劳动者与雇主基本不存在真正的劳动契约自由，而只是单方面执行雇主拟定劳动契约中的条件而已。而这种市场运作的后果则是：劳动者不得不接受过长时间的工作、不公平的工资待遇，以及不健全的社会保险待遇等。

而在劳动者进入用人单位后，用人单位又会基于各种管理

---

① 在现实中，用人单位利用自己的信息优势和知识优势，各种为劳动者“挖坑”和“埋雷”的现象数不胜数。很多劳动者往往掉入这种“坑”里而不自知；或者即便是事后知道，也往往一声叹息，而多采取“沉默”来接受这种被埋的“坑”或者“雷”。

方面的便利，而制定各种职场的工作方式、工作规则等，作为其支配管理的依据，以为其工作提供便利。对于诸多工作规则，劳动者甚少能进行相应的改变。不但刚开始签订的契约具有附合性，用人单位基于其工作需要而制定的各种规章制度，虽表面上而言会采取所谓的民主形式征求劳动者意见，但实际上则变成了“走过场”，这是另外一种劳动契约的附合化。在这种劳动契约的附合化背后明显显示了劳动者的弱势群体地位，他们没有发言权，没有利益表达的空间，很多时候就只是“沉默的大多数”，或者即便是有意见，也迫于自己的弱势地位而不敢声张，最多拿起“弱者的武器”[①]，通过怠工、磨洋工等方式抗争。

（三）信息的不对称

劳动者处于弱势地位的重要原因之一，还在于劳动者与用人单位在信息上常常处于严重的不对称。在签约前，劳动者对于用人单位的诸多雇佣信息和情况都不了解。无论是薪酬待遇构成、雇主资产安全性、信用，以及工作环境、职业安全卫生风险等，劳动者均处于“无知之幕”的状态。即便是在签约后，用工过程中，劳动者对于自己的工作所存在的劳动安全卫生、雇主对自己的工作评价等方面也经常处于信息不对称和弱势。而在劳动者被雇主辞退或者离职，甚至雇主因各种原因搬

① “弱者的武器”是詹姆斯·C. 斯科特提出的一个概念，他通过对马来西亚的农民反抗的日常形式——偷懒、装糊涂、开小差、假装顺从、偷盗、装傻卖呆、诽谤、纵火、暗中破坏等的探究，揭示出农民与榨取他们的劳动、食物、税收、租金和利益者之间的持续不断的斗争的社会学根源。［美］詹姆斯·C. 斯科特. 弱者的武器. 郑广怀、张敏、何江穗译. 南京：凤凰出版传媒集团、译林出版社，2011

迁、破产、倒闭等信息上劳动者也处于弱势。一朝醒来，人去楼空、老板不知去向的现象在现实中比比皆是。[①] 等到劳动者拿起法律武器诉讼，因基本所有的用工证据和材料均由占有优势地位的用人单位所保管，难以获得证明自己劳动关系或者加班、工伤等方面的证据，导致败诉现象屡见不鲜。

基于雇主和雇员在信息方面的不对称，以及雇员在信息上的弱势地位，各国劳动法均通过规定雇主的告知义务来均衡劳资双方信息不对称问题。我国《劳动合同法》第八条规定："用人单位招用劳动者时，应当如实告知劳动者工作内容、工作条件、工作地点、职业危害、安全生产状况、劳动报酬，以及劳动者要求了解的其他情况。"同时，《劳动合同法》还规定了用人单位在其他方面的告知义务，如《劳动合同法》第四条规定："用人单位在制定、修改或者决定有关劳动报酬、工作时间、休息休假、劳动安全卫生、保险福利、职工培训、劳动纪律，以及劳动定额管理等直接涉及劳动者切身利益的规章制度或者重大事项时，应当经职工代表大会或者全体职工讨论，提出方案和意见，与工会或者职工代表平等协商确定。在规章制度和重大事项决定实施过程中，工会或者职工认为不适当的，有权向用人单位提出，通过协商予以修改完善。用人单位应当将直接涉及劳动者切身利益的规章制度和重大事项决定公示，或者告知劳动者。"用人单位在辞退劳动者、经济性裁

① 欧阳想法．工人称老板跑路 他们工资向谁要．九江视听网，http：//www.jjntv.cn/2019/1216/130364.shtml，2019 年 12 月 16 日，访问于 2020 年 5 月 25 日。赵丽云．外企老板跑路急坏工人 184 名工人工资终有着落．半岛网－半岛都市报，http：//news.bandao.cn/news_html/201210/20121015/news_20121015_2000138.shtml，2012 年 10 月 15 日，访问于 2020 年 5 月 25 日

员等方面，均需要提前告知工会及劳动者，这体现了对劳动者知情权的倾斜性保护。

（四）较高的职业安全风险

在古典工业社会中，财富生产的“逻辑”统治着风险生产的“逻辑”，而在风险社会中，生产力丧失了其清白无辜。从技术—经济“进步”的力量中增加的财富，日益为风险生产的阴影所笼罩。[①] 产生于晚期现代性工业化大生产，伴随着机器等的使用，背井离乡全靠一己之力通过委身于雇主而获得“衣食住行”的劳动模式为劳动者带来了各种各样的风险。这种风险既包括劳动关系运行过程中因所从事行业带有危险性而产生的身体方面的风险和危害，还包括因工作压力而带来的各种精神风险，以及担心失业产生的各种不安和焦虑情绪等。而且，可以说，劳动者在用工模式中所处的地位不同，工种不同，某些劳动者比其他劳动者受到更多的影响。[②] 比如，对于非熟练工人来说，失业的风险比熟练工人大得多。与相应的在工厂里工作相联系的来自工作压力、放射性物质和有毒化学物质的风险，在不同职业间的分配是不平等的。对于低收入群体而言，因为害怕失去收入，就会有更高的忍受限度。[③]

威尔等人认为工伤和职业病对个人劳动力市场收入有着长

① ［德］乌尔里希·贝克．风险社会．何博闻译．南京：译林出版社，2004：6

② ［德］乌尔里希·贝克．风险社会．何博闻译．南京：译林出版社，2004：21

③ ［德］乌尔里希·贝克．风险社会．何博闻译．南京：译林出版社，2004：37

期的影响[①]；雷威尔经实证研究发现，美国加利福尼亚州的工伤劳动者在受伤后最近5年内收入减少约40%。[②] 利等人认为工伤还会对整体经济造成巨大成本，美国1992年职业灾害造成的经济损失约为当年GDP的3%。[③] 我国每年因安全生产事故造成的损失约250亿元，相当于GDP的2%。工伤事故除带来巨大财产损失和经济损失之外，更造成以农民工为主要群体的劳动者因工受伤，致残乃至死亡。工伤不仅损害劳动者健康权，破坏劳动者劳动力再生产机制；且控制不力还将导致社会人力资源的大规模萎缩以致损害生产力和经济发展的持续性。因工受伤群体的增加不但会导致社会医疗成本和福利成本的增加，如处理不当还会引起矛盾激化进而影响社会稳定。[④]

在工伤事故和职业病方面，劳动者相对于雇主显得非常的弱势。一方面，很多雇主为了降低生产经营成本，所发放的劳动防护用品不达标，使用过程中出现破损未及时更新。这导致很多防护用品在实践中不但起不到职业危害防护作用，甚至在某种程度上会起反作用。另一方面，因安全检查频率不够，检查技术不够专业，或者检查人员责任心不够，

---

① Weil D. Valuing the Economic Consequences of Work Injury and Illness: A Comparison of Methods and Findings. American Journal of Industrial Medicine , no. 4, 2001, p18 - 37

② Reville R. T . “The Impact of a Disabling Workplace Injury on Earnings and Labor Force Participation” in The Creation and Analysis of Employer - Employee Matched Data. New York. 1999. p89

③ Leigh J. P. Markowitz S. B. Fahs M. Shin C. Landrigan P. J. Occupational Injury and Illness in the United States. Estimates of Costs, Morbidity, and Mortality. Archives of Internal Medicine , no. 14, 1997, p157

④ 翟玉娟．职业灾害救济法律制度研究．厦门：厦门大学出版社，2009：1

甚至对于检查出来的安全隐患情况，因更新成本过高没有对机器设备进行更新升级、消除安全隐患，因此导致安全检查并未能有效起到降低职业安全风险的作用。这些都给劳动者带来了极大的人身安全用工风险。因此，各国与之相适应而建立的工伤保险法律制度尽管对于降低劳动者理赔难度，使因工受伤的劳动者获得及时补偿有一定的作用，但是由于生命和健康的不可挽回性，即便是工伤保险制度的建立，也很难弥补因工伤而给劳动者所带来的经济和精神方面的损害。

笔者曾经于 2013 年对 1143 位被调查者基于其对于工伤事故影响因素问题的认识进行了调查和测量。

1. 工伤事故影响因素自我认知

在调查中，针对工伤事故影响因素的自我认知，判断数据同时收集了未发生工伤者和发生工伤者两部分群体（见表 1）。描述性统计分析显示，在受调查者当中，未发生工伤者和发生工伤者对工伤诱发因素判断基本一致，都强调安全意识和工作环境两大因素，二者都有超过 50% 的受访者认为员工缺少安全防范意识是发生工伤事故的重要原因。选择机器老化或故障、劳动保护品缺损或不达标的未发生工伤和发生工伤者基本一致，分别维持在 30% ~40% 和 10% ~20%。这表明生产环境、条件和硬件设施是发生工伤事故的重要因素。还值得注意的是，在“其他”选项中，没有发生工伤者达 7.6%，而发生工伤者则达 37%。结合访谈情况和问卷中补充填写情况得知，其他情况主要是上下班途中受到机动车事故伤害，以及其他在工作过程中所产生的各种不可抗力、意外因素。

表1　工伤事故影响因素自我认知

工伤事故原因	未发生工伤		发生工伤		全部	
	人数	比率（%）	人数	比率（%）	人数	比率（%）
机器老化或故障	328	36. 2	81	30. 7	409	35. 8
缺少安全防范意识	567	62. 7	124	52. 1	691	60. 5
劳动保护缺损或不达标	121	13. 4	32	17. 6	153	13. 4
工作过于疲劳	363	40. 1	20	8. 4	444	38. 8
缺少安全防护技能	347	38. 3	92	10. 9	439	38. 4
工作环境恶劣	242	26. 7	69	11. 8	311	27. 2
未按安全规范操作	108	11. 9	21	8. 8	129	10. 4
其他	69	7. 6	88	37. 0	157	22. 3
合计	905	—	238	—	1143	—

2. 工伤事故影响因素客观测量

描述性统计分析已经发现农民工职业安全风险受很多因素的影响。到底是哪些因素对农民工工伤事故产生影响？以下将通过 logistic 回归分析探索农民工工伤事故的客观影响因素。其中在表2中，将数据分四层进入回归模型，分别为：第一层为基本人口和经济特征变量（年龄、性别、教育程度、技术工人）；第二层加入用工单位安全状况变量（配备劳动防护用品、安全检查状况）；第三层加入农民工个体工作安全防护意识变量（适用安全规程态度、参加安全培训态度）；第四层加入工作强度变量（平均每天工作时间、平均每周休息时间）。

表 2　工伤事故影响因素 logistic 回归分析模型

	模型一		模型二		模型三		模型四	
	B	Exp（B）	B	Exp（B）	B	Exp（B）	B	Exp（B）
年龄	0.726***	2.067	0.741***	2.097	0.768***	2.155	0.762**	2.138
性别	-0.006	0.994	-0.024	0.977	0.076	1.079	0.081	1.084
教育程度	-0.24*	0.786	-0.228	0.796	-0.22	0.802	-0.199	0.82
技术工人（1=是）	0.55**	1.734	0.527*	1.694	0.485*	1.625	0.466*	1.594
配备劳动防护用品	—	—	0.19	1.21	0.172	1.188	0.167	1.182
单位安全检查状况	—	—	-0.216	0.806	-0.128	0.88	-0.103	0.903
适用安全规程态度	—	—	—	—	0.372**	1.451	0.368**	1.445

续表

	模型一		模型二		模型三		模型四	
	B	Exp（B）	B	Exp（B）	B	Exp（B）	B	Exp（B）
参加安全培训态度	—	—	—	—	-0.076	0.927	-0.082	0.922
平均每天工作时间	—	—	—	—	—	—	0.169	1.185
平均每周休息时间	—	—	—	—	—	—	0.014	1.014
常量	-2.563***	0.077	-2.626***	0.072	-3.212***	0.04	-3.558***	0.028
负2对数似然值	649.555	—	648.304	—	640.044	—	639.06	—
模型卡方	85.051	—	86.302	—	94.562	—	95.546	—
Nagelkerke R方	0.179	—	0.181	—	0.197	—	0.199	—

3. 人口与经济特征因素对工伤事故的影响

年龄、是否技术工人与是否发生工伤事故之间具有显著的正向相关性，说明年龄较大、是技术工人的农民工工伤事故的发生比显著高于年龄较小、非技术工人的农民工。在模型一中，技术工人的工伤事故发生比是非技术工人的 1.734 倍。在模型四中，年龄较大者工伤事故发生比是年龄较小者的 2.138 倍。教育程度与是否发生工伤事故之间存在显著负相关性。从模型一来看，教育程度较高者工伤事故发生比仅是教育程度较低者的 0.786 倍，这说明教育程度越高，发生工伤事故的可能性越低。性别与工伤事故发生之间没有显著相关性。

技术工人、年龄、教育程度是影响工伤事故的基础性要素。技术工人因从事的工作技术性更强，职业危险性增加，因而发生工伤事故的可能性更大。随着农民工年龄的增加，身体机能、体力下降，也会增加其职业危险性，容易造成工伤事故的发生。一方面，很多教育程度高的农民工多从事管理性工作，职业安全危险性相对较小；另一方面，即使部分农民工从事基础操作性工作，因教育程度高，其操作技能、安全防范意识更强，因而也导致其工伤事故发生率更低。因此，针对技术工人、年龄较大者及教育程度较低者群体特点制定相应的职业安全风险防范措施是政府应该关注和努力的方向。

4. 单位安全防护措施对工伤事故的影响

对于用工单位提供安全防护措施的情况，运用了劳动防护用品发放情况及安全检查情况 2 个指标予以测量。结果看到劳动防护用品发放和安全检查情况对工伤是否发生没有显著影响。其中，劳动防护用品与工伤发生之间呈现负相关，有劳动防护用品与没有劳动防护用品的工伤发生比在模型二中最高，为1.21。回归分析结果表明，用工单位的安全防护措施对于预防职业危险，降低工伤事故发生率没有起到相应的作用。

5. 农民工安全意识对工伤事故的影响

农民工个体工作安全意识是农民工发生工伤事故的重要预测变量，从模型三开始加入适用安全规程态度和参加安全培训态度，模型的决定系数从0.181增至0.197。其中，适用安全操作规程态度有明显影响，B值在模型三中为0.372，在模型四中为0.368。这说明遵守安全规程消极者发生工伤事故的可能性显著高于遵守安全规程积极者。参加安全教育培训态度与工伤事故发生关系呈负相关性，没有显著性。这或许与很多用工单位提供的安全教育培训流于形式、不够实用、经常占用劳动者下班和其他休息时间而导致安全教育培训效果不佳有关。很多用工单位尽管提供了安全教育培训，但因为自身经验不足、同行业间交流较少、安全意识不够高，以及追求利润最大化的驱动心理使得提供的安全教育培训质量不高，且因多占用劳动者休息时间培训引起反感进而影响安全教育培训效果。

结果表明是否遵守安全操作规程直接影响着农民工职业安全风险系数。但很多劳动者基于侥幸、懈怠、过于自信、疏忽大意等心理，不严格遵守安全操作规程，从而造成了工伤事故悲剧的发生。这种心理的形成跟农民工年龄、教育程度、是否从事技术性工作，以及安全教育培训是否到位均有一定关联性。因此，对高危群体提供有针对性的、有较高质量和效果的安全教育培训，以及将高危职业安全操作流程规范化是提高农民工风险防范意识，降低职业安全风险应该努力的方向。

6. 工作强度对工伤事故的影响

工作时间对工伤事故发生与否的影响，运用平均每天工作时间和平均每周休息时间两个指标予以测量。将工作时间与其他变量一起纳入模型进行 logistic 回归分析时，发现工作时间与休息时间对工伤发生没有显著影响。但值得注意的是，工作时间较长、休息时间较短者工伤事故发生比仍然高于工作时间较短、休息时间较长者。由于依据我国《工伤保险条例》和《社会保险法》中有关法定构成工伤的范围，因长期超时加班而引起的肩周炎、颈椎病、腰椎间盘突出等身体性疾病、过劳死等均尚未纳入法定工伤范围。因此，上述分析结果与我国法定工伤认定范围不包括加班等劳动强度过大引起的疾病和死亡有关。这造成现实中大量因工作强度过大而引起的身体性、精神性疾病乃至死亡无法获得工伤保险法律制度的保护。

尽管农民工工伤事故影响因素自我认知调查结果显示用工环境恶劣、劳动防护措施不足是造成工伤事故的主要原因，但客观测量结果却发现用工单位安全防范状况对工伤事故的发生影响并不显著。这与很多用工单位安全培训、安全检查流于形式，发放劳动防护用品破损、不达标，以及不愿意及时更新老化甚至故障机器不无关系。在我国主要依赖控制型立法和执法措施来监督用工单位职业安全风险，以及工伤保险制度完全代替了侵权责任过错追究机制的背景下，必然会出现用工单位安全防范不力或者将安全防范措施只是用来作为应付执法部门检查而非真正用以降低单位职业安全风险的现状和结果。

由于我国工伤认定范围没有将超时加班、劳动时间过长、劳动强度过大引起的身体性、精神性疾病甚至“过劳死”纳入法定保障范畴，导致超时加班引起的系列身体性疾病、“过劳死”无法认定为工伤，也无法获得工伤保险制度的保护。而在日本，早在20世纪70年代已经将因工作原因引起的抑郁症、自杀等精神性疾病纳入工伤的范畴，并通过工伤保险予以保护。① 我国的工伤认定范围会造成大量用工单位无视劳动者身体健康，过度消费使用劳动者。长期而言，并不利于劳动力资源的可持续发展。

从调查情况来看，工伤事故发生尽管有不可抗力、意外因素，工作场所职业安全风险系数高，以及个体职业安全防范意识和个体特征等仍然是影响工伤事故的主要因素。因此，基于客观调查到的工伤事故影响因素了解其症结所在，并通过制度完善能有效减少工伤事故的发生，降低职业安全风险，保护劳动者职业安全权益。

而事实上，在提高生产力的过程中，相伴随带给劳动者的风险总是受到而且还在受到忽略，而与之相联系的危险也总是被推后考虑或者完全不加考虑。但是这些在生产过程中所产生的各种风险即使是很微小的可能性也具有其威胁性后果。② 如果法律不通过管制加以干预，用人单位对女性的就业歧视很难

---

① 郑晓珊．日本过劳自杀法律救济之借镜——从富士康“跳楼门”事件之反思谈起．民商法论丛（第51卷）．北京：法律出版社，2012：24－45

② ［德］乌尔里希·贝克．风险社会．何博闻译．南京：译林出版社，2004：73

通过市场的力量加以消除。只有通过法律的干预和规制，劳动者在受雇过程中所面临的就业歧视，灵活、多样和分散的就业体系所带来的失业风险，工伤风险尽管不可能完全消失，但却可以相应地降低。

7. 经济上的从属性

尽管经济不是判断弱势群体的唯一标准，但却是最为重要的标准。劳动者一旦将受雇作为其经济收入的唯一或主要来源时，即意味着其受雇单位所支付薪水的数量、时间，以及稳定性均与其生活质量息息相关。在现实中，多数劳动者为了不被降低薪水或者解雇而导致收入锐减或者稳定性受损，不得不接受或者忍受雇主所提出的苛刻用工条件。

人身上的依附性、契约的附合化、信息上的弱势、经济上的附属性，以及较高的职业安全风险为劳动者属于弱势群体提供了充分的依据。劳动者的这种弱势地位使得民法的理论已经无法予以解释和调节，因为其调节的结果会使强者更强、弱者更弱。为了抗衡商业资本组织的优势地位以及劳动契约附合化，很多发达国家纷纷扬弃将劳动法作为民法特别法旁支的历史，建立起以劳动者基本权为中心的劳动法领域。

第二节　人权保护理论

人权保护理论是对劳动者权利倾斜性配置的重要渊源。在劳动法产生以前，民法已经注重对劳动关系的规范，但是，近代民法所形成的所有权神圣、意思自治和过错责任等一系列理念更注重的是劳动者提供的劳动的质量，将其看作商品而予以界定，忽视了劳动者所提供的劳动与其他商品属性的区别。而人权理念更加强调“人之为人”的特殊性，强调对人格尊严和人本价值的尊重。[①] 劳动法的出现和发展逐步摆脱了单纯将劳动视为商品的价值理念，而是以劳动者为中心，以保护劳动权为核心而予以展开。因此，劳动法对劳动者倾斜性保护无疑与人权理论的发展以及将劳动权界定为人权的认识不无关系。

人权概念产生于工业革命发展初期，基于个体权利的自由主义人权观，强调在有限政府和法治框架内注重个体的公民权利和政治权利；而以社会连带理论为基础的社群主义人权观，则在政府职能的扩张性体制中侧重公共性基调的经济权利、社会权利和文化权利。[②] 被称为“世界人权宪章”的《世界人权宣言》《公民权利和政治权利国际公约》和《经济、社会及文化权利国际公约》，体现了不同语境和社会发展阶段形成的人权观和制度性表达。不同时期对人权概念有不同的认识，故对劳动法领域内人权保护的认识也具有较大的差异。

一、消极自由下的人权保护

英国现代政治哲学家赛亚·柏林受贡斯当思想的影响在《自由四论》中将基本权利分为两种：一种是积极自由，另一种是消极自由。后来，人们在宪法学中引入了柏林的二分法理

---

① “人权”是“人的权利”（human right），是一个人做人的权利，是一个人要求他人和社会把自己当人对待的权利。因此，人权是一种是“人”（humankind）皆应享有的权利。具体请参见陈忠林．自由·人权·法治——人性的解读．现代法学，2001（3）：17

② 刘红臻．人权的制度表达．法制与社会发展，2004（1）：8

论，提出了消极权利（negative right）和积极权利（positive right）的分类。[①] 消极权利观认为个人的权利是在没有他人强制、依据市民社会中自由的法则获得的，个人不需要社会、国家或集体的帮助即可享有财产权、自由权，等等。对于这些权利，国家只能消极地“不作为”。消极权利观适应自由资本主义市场经济发展而得以重视。这一观点为防止国家侵犯个人权利，将国家描绘成“必要的恶”，一个巨大的“利维坦”，从而将国家从私人领域完全排除出去，只剩下自治的私人空间以及与之相应的纯粹私人性权利。消极权利观是自由放任的市场经济的反映，在促进社会经济繁荣的同时，也带来了贫富的两极分化，导致社会实质的不平等和不公正问题。[②]

（一）宪法上的人权保护

对消极自由下人权的保护应该从人权保障和宪法中的基本人权体系来研究。近代人权宣言大抵以 18、19 世纪自由主义观念为基础。各国宪法对人权保障的规定，以美国 1776 年弗吉尼亚州的独立宣言最为著名。其中第一条规定：“人人生而平等，造物主赋予他们某些不可转让的权利，其中包括生命权、自由权和追求幸福的权利。为了保障这些权利，人们建立起来被管辖者同意的政府。任何形式的政府，一旦破坏这些目标，人民就有权利去改变它或废除它，并建立一个新的政府。”1787 年美国的宪法，依照独立宣言的精神，在第一条第九节第二项及第三项，规定了人身自由，并于修

① 林来梵．宪法学讲义（第二版）．北京：法律出版社，2015：299－300

② 董保华．社会法原论．北京：中国政法大学出版社，2001：175

正案第一条到第九条，为保障人民自由及其他权利进行了规定。

法国1789年人权宣言第一条规定：“人之出生及生存，有自由及平等的权利。社会的差别，除依据公共利益而出现的社会差别外，其他社会差别一概不能成立。”第二条规定：“任何政治结合的目的都在于保护人的自然的和不可动摇的权利。这些权利即自由、财产、安全及反抗压迫。”基于天赋人权的思想，而提倡人生而平等。

上述宪法的立法精神，多强调个人天赋的基本权利和自由，对于个人自由的干涉，应该在最小限度，以保护人类自然的权利。也就是说，个人天赋的权利和自由，原则上无须限制，仅仅在于妨碍社会秩序，损害他人自由时，才可以通过国家权力，加以限制。法国1789年人权宣言第四条规定：“自由是指能从事一切无害于他人的行为；因此，每个人行使其自然权利，只以保证社会上其他成员能够享有相同的权利为限制。此等限制只能以法律决定之。”第五条规定：“法律仅有权禁止有害于社会的行为。凡未经法律禁止的行为即不得受到妨碍，而且任何人都不得被迫从事法律所未规定的行为。”

（二）个人主义与消极自由主义思想根源

18、19世纪宪法的思想基础以卢梭为代表。在卢梭看来，“根本不存在没有法律的自由，也不存在任何人是高于法律之上的。一个自由的人，服从但不受奴役；有首领但没有主人；服从法律但仅仅是服从法律”。因为在社会契约中，每一个公民都“不是服从任何别人，而是服从他们自己的意志”。因此，自由就是“社会及政治的自由”，“只有服从人们自己为自己所规定的法律，才是自由”。每一个公民“全都遵守同样的条件并且全部应该享有同样的权利”。国家和法律“并不区别对待构成国家的任何个人”。

个人主义与消极自由主义思想，是18世纪末期至19世纪思想的总根源。18、19世纪宪法对于人权保障的规定，深受其影响。个人主义，极端尊重个人，以个人为主体，以个人为中心。依照天赋人权、社会契约的观念，国家的任务，仅仅在于限制妨碍他人自由的行动，对与他人自由无关的行动，国家不得随意干预。自由主义者，受边沁等功利哲学观念的影响，认为人人均有利己之心，而且各有聪明才智，倘若国家不加干涉和限制，让他们自由竞争，则整个社会会因个人聪明才智的发挥，而实现幸福安康的结果。所以，最好的政府，就是最少管制的政府。政府的任务，仅仅在于对外保护国家不受其他国家的侵略，对内维护正义、安定秩序等。

消极自由下的人权是对古典时期自由主义经典人权观的制度化表达，被称为第一代人权。其强调人权的自由价值，属消极人权（强调免受干涉性和国家的不作为性）和个体人权（反对以集体行动的名义施加限制）。在此权利框架内，国家获得“夜警国家”的职能设定，除对于权利保护承担即时性义务外，权利控制得到强调，权利侵害倾向受到戒备。

（三）消极自由观下的劳动者人权

在消极自由观下劳动者的人权主要通过民法来保护。民法崇尚形式平等、契约自由和所有权绝对。因此，劳动者在整个劳动关系中被假定为与雇主是主体平等的另一方当事人，他们能够凭借自己的聪明才智选择适当的雇主，签订适当的劳动合同。企业的财产所有权归属于雇主，由雇主予以支配，劳动者应该尊重雇主对财产所有权的掌控、支配和使用。

1. 平等的人格权

人格权是财产权和自由契约权得以实现的最基本的前提和条件。根据法国1804年《拿破仑民法典》的规定，个人民事权利的人格是与生俱来的，既不可剥夺也不得由本人放弃。个人的人格权是不依附于任何人而独立存在的权利能力。每个人在权利范围内只服从其本人的意志而不受他人制约，任何人都不得妨碍他人自行决定本人的事务，政府也应当尽量避免对私人权利的干预。每个人都要对自己的行为后果独立承担责任，而且仅仅对自己的行为负责，不因与己无关的行为受牵连。

平等的人格权包含三层意思：第一，法律一方面将现实的差别抽象化而使之从法律中消失，另一方面则避免人为地制造和扩大差别。这就完全撇开了等级和身份关系，而使每个人在法律上处于同等的地位。梅因认为这是社会的一大进步，并得出“近代一切社会进步的运动，到此为止，是一个从身份到契约的运动”。① 第二，意味着每个人的权利范围完全一致。他完全排斥特权或差别待遇，谁也不会在该领域内得到比他人更广泛、更充分的权利或受法定义务的约束。第三，在法律上，每个人的权利都受到同等程度的法律保护。②

将劳动者与雇主均视为无差别的个体，并同样尊重他们的

① ［英］亨利·萨姆奈·梅因．古代法：与社会远史及现代观念的关系．郭亮译，北京：法律出版社，2016

② 程燎原、王人博．权利论．桂林：广西师范大学出版社，2014：88

人格权是自由资本主义时期人权保护的主要体现。这对于缺少特殊身份、地位的雇主和劳动者无疑是一大社会进步。但是却忽视了劳动者与雇主之间在资源占有上极大的不匹配。因此，在现实中会造成雇主在劳动力市场中形成的对劳动者的特殊性别等歧视，以及一旦形成劳动关系之后，劳动者对雇主产生的人身上的依附性，雇主可能利用其手中的惩戒权侵犯劳动者人格权的可能性。

2. 对个人财产权的绝对保护

对于个人财产权的保护在这个时期达到了登峰造极的程度，“风能进、雨能进、国王不能进”就是因对个人住宅所有权保护而产生的一个著名典故。在雇佣关系中，基于对个人财产权的保护，雇主被认为作为企业财产的所有权人可以对自己的财产进行随意的支配和使用。劳动者的劳动力是作为财产一样被租赁给企业所使用，在租赁关系持续期间，企业有权对占有的劳动者的劳动力作为生产要素进行使用和支配。劳动力也是一种商品或者是劳动者拥有的一种财产，其有权利决定是否出租或者不出租，出租给哪个雇主，他人也无权随意干涉。

劳资双方可以就劳动者劳动力的使用进行约定。因此，劳动者的劳动力被视为商品可以在市场上进行交换是自由资本主义时期的一大特征，也是劳动法产生的前提和基础。因为只有劳动者能占有、支配自己的劳动力，才能产生大规模的劳动力交易关系。

3. 对契约自由的放任

自由签订契约的权利在 19 世纪被看作一种基本权利。当事人可以按照他们自己的意思自由签订合同，而不受对方身份、地位等条件的约束。在自由资本主义时期，劳动关系被看作纯粹的契约关系，具体体现于当时的《拿破仑民法典》以及后来的《德国民法典》《瑞士民法典》《日本民法典》的相关规定。1804 年《拿破仑民法典》第 1710 条规定："劳动力的租赁，谓当事人约定，一方为他方完成一定的工作，他方支付报酬的契约。"① 契约被视为一种完全不包含伦理道德因素的利益交易手段和方式，如裴迪南·滕尼斯所理解的，契约应该是"根本不受什么品格制约，而是只要求有一些人，他们由于有一些可以作为数量计算的能力或财富而符合个人的概念……他们相互在内心里的无所谓态度，绝不会妨碍他们缔结的可能性和概率，而是毋宁说，这种漠不关心会有利于这种可能性和概率"。② 自由资本主义时期将劳动关系视为与其他社会关系一样的契约关系的做法，突破了以前身份性社会关系的弊端，是一种巨大的社会进步。但是，这种对双方契约自由的假定和完全放任忽视了劳动者在契约过程中因为信息不对称、资源稀缺性等处于弱势地位而可能导致的不自由的现实。

4. 自由结社权

结社权又称团结权，是宪法保障的生存权的重要内容，已是各国法学界的共识。③ 在该人权观念下，劳动者作为个体难以有效地在力量上与雇主均衡，因此需要通过联合起来与雇主予以磋商、施压，以获得自身应有的利益。没有结社权，就无法形成合法的雇员组织和团体，也就难以形成与雇主予以平衡

---

① ［德］拉德布鲁赫．法学导论．米健、朱林译．北京：中国大百科全书出版社，1997：81

② ［德］裴迪南·滕尼斯．共同体与社会．林荣远译．北京：北京大学出版社，2010：217－218

③ 常凯．论不当劳动行为立法．中国社会科学，2000（5）：73

的力量，所谓的劳资力量均衡，保护劳动者权益即为一句空话。可以说，在某种意义上，对劳动者权益的倾斜性保护就是以承认劳动者的结社权为前提的。常凯认为团结权的存在是对雇主不当劳动行为予以规制的前提。[①] 结社自由兼属第一代和第二代人权的两个不同范畴。[②] 作为个体性权利，意味着个人有权依其自愿选择与他人结社。作为集体权利，意味着所缔结社团有权为其成员的共同利益而进行活动。作为公民权利，其保证个人的结社自由权不受国家或私主体的干预受到保护。作为政治权利，其承载着民主政治的运行和维护。作为经济权利，其意味着成员利益的组织化主张与谋求。同时，结社自由既是积极权利又是消极权利。是否及如何结社，取决于主体的自愿选择，不得受到禁止、强迫和任意干涉。

中国是否承认团结权，是海内外争论比较大的一个问题。有些海外学者认为中国没有团结权，他们的理由是中国不能自由组织工会。常凯认为团结权和自由组织工会是两个问题。前者指可否组织工会，后者指如何组织工会。在他看来，从法律规定上看，中国是有团结权的。[③] 宪法规定：“中华人民共和国公民具有言论、出版、集会、结社、游行、示威的自由。”工会法也规定，劳动者“都有依法参加和组织工会的权利”。中国政府已经签署了《经济、社会及文化权利国际公约》和《公民权利和政治权利国际公约》。这两个国际人权公约中关于团结权的规定，是我国完善和加强团结权立法的重要参照。

---

① 常凯．论不当劳动行为立法．中国社会科学，2000（5）：75

② 刘红臻．人权的制度表达．法制与社会发展，2004（1）：12

③ 常凯．论不当劳动行为立法．中国社会科学，2000（5）：75

二、积极自由观下的人权保护

过分强调国家的消极无为，产生了大量的社会问题，贫富差距悬殊、环境恶化、劳工运动、消费者保护运动、女权运动风云迭起。随着社会的发展，西方国家开始意识到完全的消极自由所带来的种种弊端，并通过国家干预对社会中的弱势群体的人权予以保护。积极权利是指弱势主体通过国家的积极行为来实现其利益的一种权利。“就是个人要求国家加以积极行为的权利，这类权利主要是指各种社会福利权利或各种受益权利，如社会救济权、公民的工作权、休假权等。对于这些权利，国家不得消极地不作为，而必须积极地作为，它有不可推卸的实施义务。”[①] 从积极自由的角度出发，国家不能再像自由资本主义时期一样，放任自由自治的私人权利在竞争的市场上互相冲撞，而是应该从实现个人利益与社会利益相协调的角度有所作为，为社会弱者提供必要的保护。[②] 受社群主义和法团主义的影响，这个时期对劳动权有了新的认识，开始从积极权利的角度探讨对劳动权的保护。

（一）社群主义对劳动权的认识

社群主义（Communitariamism）又译为公共社会主义，其代表性人物为美国学者 A. 麦金太尔和加拿大学者 C. 泰勒。社群主义主张社会团体的“集体权利”。社群主义认为社会团体是一种有机的社会组织。社群主义从三个方面对消极自由主

① 俞可平．社群主义．北京：东方出版社，2015：100

② 董保华．社会法原论．北京：中国政法大学出版社，2001：177

义提出批评。

1. 用社会本原取代消极自由主义的个人本原

“自由主义要求我们把自己从所有社会关系的特殊性中抽象出来，成为没有任何差别、没有任何特殊性、完全中立的，没有任何偏见的抽象的个人。”① 社群主义认为：“事实上，个人并不是一种先验的存在，个人是由他生活于其中的社会纽带、他所遵循的理想、为他的生活提供结构的社会组织，以及形成他的意识和习惯的传统所构成的。”“脱离一切社会关联域的自我和权利是不存在的……”在社会与个人的关系上，社群主义者主张社会优先于个人的存在，社会是个人的本原。② 迈克·桑德尔认为，任何一个人无不受到社会历史背景、经济政治地位、文化传统、家庭生活等的影响。在现实生活中，任何个人都必然受到各种归属（Attachments）的制约。人们在选择职业和婚姻时，并不必然拥有一种所谓完全按照自己自由意志的理性选择，相反他们会为他人（家庭、朋友、社区、政府、上帝）为他设定的目标而做出奋斗和选择。③

2. 用“成员资格”取代消极自由主义“个人自治”

社群主义强调个人对社会的“依赖性”，即认为个人取得权利的前提条件是一定的“社群”资格，他必须归属于一定的群体才能享受其作为成员应享受的权利。任何个人都归属于一定的社群，如国家、阶级、民族、地区等，这个人总是某个社群的成员。抽象地讲，个人权利是没有意义的。如公民权，

---

① 俞可平．社群主义．北京：东方出版社，2015：100

② 韩震．公共社团主义的兴起及其理论．中国社会科学，1995（1）：25

③ 俞可平．社群主义．北京：东方出版社，2015：31－33

是国家的成员资格权，集体协商权是工会会员的资格权。成员资格是人类社会中最基本的社会利益。只有作为成员的人才有可能享有安全、荣誉等。[①] 在沃尔泽和米勒看来，个人的各种期望、利益、价值、义务、善恶观、目标、立项、判断等都来自于个人所处的家庭、城市、部落和国家。这些构成了个人的生活经验，成为其道德起点。[②] 麦金太尔也提出："自我必须在诸如家庭、邻里、城邦、部落等共同体中并且通过他在这些共同体中的成员资格发现他的道德身份。"[③]

3. 用"共同的善"取代个体的优先性

自由主义认为人都是自己行为的道德主体，都有选择"善"的自由。社群主义认为道德基础不应该建立在个人权利上，而应建立在人与人的社会联系中。共同的善是对那些共有价值的追求，它要求限制个人选择和追逐自己的生活方式的自由。个人的善首先也是社会的善的反映，社群的公共之善对社群成员的个人之善拥有优先性。公共的善有物化和非物化两种形式。非物化形式主要表现为各种美德，而物化形式就是各种公共利益。物化形式的公共利益可分为两大类：一类是非产品形式的公共利益，如街道卫生、企业中的某些民主管理规则；另一类是产品形式的公共利益，如各种各样的社会福利。如果公共利益受到损害，不光是个人受到损害，而是同一社群的所有其他人也受到损害。[④]

---

① 俞可平．社群主义．北京：东方出版社，2015：37

② 俞可平．社群主义．北京：东方出版社，2015：68

③ ［美］阿拉斯戴尔·麦金太尔．追寻美德：伦理理论研究．宋继杰译．南京：译林出版社，2003：42

④ 俞可平．社群主义．北京：东方出版社，2015：117－122

（二）法团主义对集体权利的认识

法团主义（Corporatism）有多种译名，如社团主义、合作主义，其主要倡导政府吸纳工会、雇主协会之类的组织合法地参与政府决策，法团主义对自由主义提出了批评。其代表性人物是美国的学者 P. C. 斯密特和 P. J. 威廉姆森。社团主义特别突出社会组织和社会团体的作用，注重社团对维持社会秩序、整合社团利益、协调国家与社会利益的作用。它主张社会团体是中介国家与社会的组织，负责将社会利益组织、集中和传达到国家决策体制中，作为交换，社团的若干事项也应接受一定程度的国家控制。①

传统市民社会认为，个人是社会的基本原则，而社会团体如商业团体（行会、商会等）只是工具性的存在，并且处于多元竞争的状态。但是在社团主义的视野下，现代市民社会的个人不是无序的“大众原子化的形态”，“社会是一个结构的体系，每个个体的权利和责任反映了他在社会中的位置，社团主义试图取代自由主义的合约体系，倒转梅因‘从身份到契约’的命题……”在社团主义看来，个人必须作为特定社会团体的一员，才能享受社团带给他的权利和利益，社会团体就是负责整合其成员的利益，通过与国家的合作更好地满足其成员的利益。②

（三）积极自由观下的劳动者人权

随着对经济、社会和文化领域人类尊严、自由和保障的关

---

① 张静．法团主义．北京：中国社会科学出版社，1998：23－25

② 董保华．社会法原论．北京：中国政法大学出版社，2001：173

注，社群主义人权观和法团主义人权观更加关注弱势群体的扶助与保护，以谋求社会正义和平等，并强调人权的平等价值。其既属个体性人权又属集体性人权，既表现为消极权利又表现为积极权利。[①] 在该框架内，国家设定了更多的“福利国家”的职能，以尽其资源能力通过适当方式实现该类权利的渐进性义务。国家假定诸多弱者存在理性认知、资源等方面的困境和不足，因此在法律上通过禁止或者赋权等形式对弱者予以倾斜性保护。

自从进入工业革命以后，大批农民背井离乡，进入工厂成为工人。他们的所有收入来源主要依靠雇佣劳动而获得。因此可以说，以雇佣形式进行的劳动是工人维持生存的主要方式。自从马斯洛提出了需求层次理论之后，其所构建的需求层次模型日益获得实证和认可。对工人来说，满足生理需求的主要渠道就是能够找到工作，受雇获得相应的收入而换取维持生理需求的面包和食物。

此外，工作（劳动）不仅是谋取经济生存的手段，也是人实现其价值和个性发展的需要。法治人文关怀的根本指向乃是个体的幸福生活。人与其他动物的根本区别在于，人在生存的基础上始终寻求生存的意义和价值，即对可能幸福生活的追求。赵汀阳认为：“虽然生活事实只是社会性的，或至少是与社会性相关的”，但“为了社会机制而生活，生活就会变得麻木或虚伪，而且终将不幸福。因为这样的生活违背了生活的本意，使生活失去了它本来的目的”。[②] 而工作除了能使劳动者

---

① 刘红臻．人权的制度表达．法制与社会发展，2004（1）：12

② 赵汀阳．论可能生活．北京：中国人民大学出版社，2004：8－9

得到生存的基本要素外，也是其获得幸福的重要来源和场所。工作权（劳动权），缘自其对人的尊严、社会公平正义的关注，不仅是获取物质保障所必要的权利，也是实现人全面发展所必需的权利；不仅是经济社会权利的核心，也是基本人权的核心。而由于劳动者在经济、社会地位等方面的弱势和信息渠道获取的狭窄，导致其在寻找工作、签约以及履约过程中均存在权利实现受阻的情形，因此，国家有义务通过搭建平台，构建相应的法律机制，对劳动者的工作权进行倾斜性保护。通过制定就业歧视法、劳动基准法以及解雇限制等一系列的强制性规定来限制雇主的意思自治和用工自由，来保障劳动者的生存权。可见，工作权、平等就业权、结社权等一系列劳动权均是在第二代人权基础上发展而来。①

三、体面劳动概念下的人权

近年来，在人权发展的基础上，劳动社会倡导“体面劳动”的理念。在 1999 年 6 月举行的第 87 届国际劳工大会上，国际劳工局新任局长胡安·索马维亚向大会提交了《体面的劳动》的主旨报告。该报告首次提出了“体面劳动”的概念，指出，“国际劳工组织当今的首要目标是促进男女在自由、公正、安全和具有人格尊严的条件下，获得体面的、生产性的工作机会”，并提出了实现体面劳动的四项战略目标，即：第一，促进和实施工作中的基本原则和权利，即实施 8 个核心国际劳工公约规定的基本原则和权利，包括废除童工劳动、反对

① 有学者认为结社权既有第一代人权的特征，又有第二代人权的特征。结社权既要求国家不能禁止，不能随意干预，同时也要求国家给予相应的支持。

强迫劳动、消除就业和职业歧视、承认结社自由和集体谈判；第二，创造更充分的、其质量可以让人接受的就业机会；第三，提供广泛而有效的社会保护，包括社会保障和劳动保护；第四，通过政府、有代表性的工人组织和雇主组织共同参与的三方机制，加强社会对话。2000 年在联合国落实社会发展首脑会议的特别会议明确支持国际劳工组织的体面劳动计划，并将实施这一计划作为主要工作之一。2005 年联合国大会将体面劳动确定为联合国系统推动实现的千年发展目标之一。

体面劳动中的“劳动”一词内容宽泛，不仅包括工薪劳动者、自营就业者和家庭工人及在非正规经济领域的各种活动，多是由女性承担的无经济收入的家庭工作也是其中一项重要内容。体面劳动强调男女在获得工作机会和劳动过程中的自由、公正、安全和人格尊严，即男女劳动者享有工作获得权、自由择业权和平等就业权，消除就业和职业歧视；享有取得劳动报酬的权利和获得休息、休假时间的权利，反对强迫劳动；享有职业训练和教育的权利；享有在职业劳动中的安全和健康的保障、免遭职业伤害的权利；享有获得社会保险和福利的权利；享有结社自由和集体谈判权等。[①] 体面劳动的提出，可以说是人权理论在劳动社会的深入延展，推动人类在一个安全、自由、公平、舒适的环境下劳作，并保障劳动者享有发展权，日益成为国际社会普遍追求的人权价值。

---

① 李朝阳．体面劳动视域中的女性劳动权益问题研究．甘肃社会科学．2011（1）：13

第三节　实质不平等理论

在劳资关系中，劳动者不但在经济上而且在人格上从属于雇主，两者之间存在严重的实质性不平等。因此，劳动法通过法律的设定将这种由于“社会力”悬殊而形成的“不利益”予以排除，通过确保劳动者一定的合理的劳动条件，以实现劳资之间实质的平等。因此，劳动法的形成和发展均是以劳资双方存在力量上的悬殊，民法所假定的形式平等，抽象人格难以解决劳资关系不均衡、不对等之问题症结为契机的。在该假定中，实质不平等的理论假定也是源于以下法律理念的矫正和发展。

一、从契约到身份的回归

近代以来，欧洲大陆法确定的民法，以抽象的人格、所有权神圣、契约自由和自己责任为主要模式。[①] 随着社会的发展，由于它忽视了社会中人的千差万别，无视雇主与雇员在契约签订过程中力量的不均衡和不对等的情况。导致相当一部分雇主在劳动契约的签订和履行过程中说一不二，几乎没有雇员意思自治的空间和余地。因此，民法的现代模式开始注意到对身份实际差异的关注，认识到基于形式平等的抽象人格，会造成在现实社会关系中，经济上的强者对经济上的弱者的支配，各国都试图从劳动法上改变这种状况。

---

① 梁慧星．民法总论．北京：法律出版社，2001：4

（一）从抽象的人到具体的人

自由资本主义时期，假定每个主体都是抽象、没有区别的，是自己利益最佳判断者的“理性经济人”，他们不存在经济实力、社会地位、信息能力等方面的差异。“缔约者双方相互平等地在法律生活中扮演多重的角色，就像人站在自己的镜像前，他千百次重复相同的行为，总有一个跟他一模一样的人立在对面，宛若挥之不去的幽灵。”[①] “在民法典编纂者心目中，给民法典以烙印的理想形象，不是小人物、手工业者，更非领薪阶层的理想形象，而是有产者的市民阶级的理想形象；他们有识别力，明智、敢于负责，同时也精忠本行和热爱法律。”[②] 抽取了雇主与雇员之间在经济地位、社会实力、信息占有等各方面存在千差万别的假定是一种对现实的美化和忽视，这种认为每个人都是自己利益的“最佳判断者”的“经济人”假设更是一种理想的假设。

事实上，雇主与雇员由于从经济地位到信息能力的巨大差异，雇员在劳资关系中基于信息的盲点和生存的压力，而被迫做出各种“不理性”的选择。如不知道工作场所的职业安全卫生风险，抱着侥幸心理选择一项安全风险较高的职业或者劳动防护用品不充分、不合格的企业就业，最终得了职业病或者受了工伤。再比如在双方签订合同过程中，劳动者基于雇主美好的承诺进入企业，但实际上工作待遇、工作条件与雇主当初

---

① ［德］拉德布鲁赫．法律智慧警句集．舒国滢译．北京：中国法制出版社，2001：146

② ［德］K. 茨威格特、H. 克茨．比较法总论．潘汉典等译．贵阳：贵州人民出版社，1992

的承诺相去甚远。

劳资双方之间存在的巨大差异是客观事实，是劳动法从民法中分离出来的根本性原因，是对民法基于抽象的人假设的反思，是对劳资关系中具体的人存在较大差别的关注。只有注意到这种劳资双方巨大的差异，才会对劳动者的利益进行关注，并对其权利进行倾斜性配置和保护。里佩尔在其《职业民法》中认为："我们必须给法律上的抽象人（例如所有权人、债权人、债务人）以及为进行论证而架空了的人（例如甲、乙）穿上西服和工作服，看清他们所从事的职业究竟是什么。"[①] 因此，法律理应对劳资关系中相对于雇主处于弱势地位的劳动者与雇主不平等的事实予以客观看待，对于他们的弱势地位的原因予以充分关注，并在法律上通过权利倾斜性配置，来矫正双方的实质不平等，才是真正的公平正义。

（二）表面平等下存在着不平等

虽然从表面上来看，劳动者作为劳动力的占有者，可以自由地决定将自己的劳动力出售给哪个雇主、是否出售以及出售的时间和地点。但是这种表面平等下却掩盖着很多不平等。因为劳资双方经济地位、社会实力、信息占有能力等各方面的巨大差异，导致劳动者经常被迫做出一些违背自己内心意思的决定。甚至为了生存，而不得不听从雇主的一些不合理、不公平的安排和决断。皮埃尔·勒鲁认为："社会在

---

① ［日］星野英一．私法中的人．王闯译．民商法论丛（第 8 卷）．北京：法律出版社，1997：187

宣布竞争的同时，直到现在并没有做其他事情，只做了一件大丑事：这就是把社会组织得活像一块圈地，一群被捆绑和被解除了武装的人在里面听任另一群用优良武器装备的人肆意宰割。”①

1. 存在着隶属关系

劳动者一旦进入雇主单位，雇主就获得了对劳动力的支配权。“在这方面实际上占优势的是最可怕的不平等。真正的竞争并不存在，因为只有一小撮人占有劳动工具，其他人不得不在悲惨的情况下沦为工业的奴隶。”② 雇主为了经济利益和利润最大化可能会利用其手中的管理权和惩戒权要求雇员做出各种超过其身体承受限度的工作安排。一旦双方达成一个合意，确立了雇佣关系，情况便急转直下：“原来的货币占有者，现在摇身一变成了资本家，在前面趾高气扬地走着，而劳动力占有者作为他的工人其后跟随。一个是目空一切、得意扬扬，一心琢磨着发财；一个是战战兢兢、畏畏缩缩，就像到集市上出卖自己的皮一样除了遭受蹂躏外没有任何指望。”③

随着劳工的抗争和劳工运动的发展，雇主也在不断地修改这种附属关系下掩盖的不平等，通过工厂内的晋升、培训机会等来制造工人之间的横向冲突，通过计件工资、绩效考核等将每个工人吸纳进一套独特的行为和语言中，布若威称之为“同意的生产”。④ 这种工厂内的赶工游戏强化了工人之间的横

---

① ［法］皮埃尔·勒鲁．论平等．王允道译．北京：商务印书馆，1998：27

② ［法］皮埃尔·勒鲁．论平等．王允道译．北京：商务印书馆，1998：27

③ ［德］马克思．资本论（第一卷）．北京：人民出版社，2004（2）：205

④ ［美］布若威·迈克尔．制造同意——垄断资本主义劳动过程的变迁．李荣荣译．北京：商务印书馆，2008

向冲突而弱化了工人与雇主之间的纵向冲突，并有助于掩盖和确保剩余价值。[①] 这种隶属关系充分体现了劳资双方之间的实质不平等。

2. 经济力量的差异

劳资双方的实质不平等还体现为劳资双方经济力量的差异。一般而言，能够成为雇主的人经济实力相对雄厚。他们没有生产资料，在劳资关系中成为较为强势的一方主体。而对于很多劳动者而言，他们往往经济实力薄弱，没有承受风险的能力。打工挣钱是他们的唯一出路。比如在我国，新自由主义的空间策略与中国经济发展的地理不平等相结合催生了农民工这一特殊的劳动力市场，当打工收入不足以持续性满足他们在城市里抚养子女、居住、教育的开支时，他们不得不像候鸟一样奔波在家乡与打工地之间。在与雇用方进行协商签订劳动合同时，他们很难占据平等的地位，与雇主平等协商缔结劳动合同。

二、从个人主义到人本主义

劳资关系最初是由个人本位为基础的民法进行调整。民法的思想基础是个人主义，[②] 个人是民法形成的基础和主要构成要素。梅因指出："所有进步社会的运动……个人……成为民事法律所考虑的单位。"[③] 民法崇尚自由平等、个体独立、主体平等和意思自治。民法的个人本位对于打破家庭、国家等对个人的束缚，促进个体充分发挥其聪明才智十分重要。

---

① 黄岩．工厂外的赶工游戏——以珠三角地区的赶货生产为例．社会学研究，2012（4）：190

② 马克思恩格斯全集（第1卷）．北京：人民出版社，1956：128－129

③ 梅因．古代法．沈景一译．北京：商务印书馆，1981：96－97

但是个人本位的民法会拉大个人之间的差异，优胜劣汰、适者生存的丛林法则会最终导致强者更强、弱者更弱，并最终影响社会公平和社会稳定。而近代劳动法更加注重从人本立场出发，以对劳动者人格之完成、社会地位之向上、经济地位之改善，作为劳动法的基本宗旨，也更加符合社会的实质性平等。

（一）劳动力不是纯粹的商品

民法的调整对象是平等主体之间的财产关系和人身关系。作为人身关系重要内容的人格权在《拿破仑民法典》只字未提。董保华认为，“当时正处于自由资本主义时期，资产阶级所关心的是有关商品经济发展的自由竞争和契约自由，宪法确认的人格权核心是私有财产神圣不可侵犯……”[①] 因此，当时对人权保护的核心是财产权利。近代民法的三大原则——主体平等、契约自由、过错责任都是对财产权的保护。

随着人权思想的深入人心，现代民法针对人格、尊严和人格利益的漠视掀起了一场向人“回归”的运动。19 世纪末的《德国民法典》扩大了对姓名权、生命健康权、自由权的保护。但是这种保护仍然是在民法的框架下进行的。在自由竞争的市场经济中，公司的规模越来越大，甚至形成了一些托拉斯、卡特尔。受泰勒管理思想的影响，雇主为了提高生产效率，将每个劳动者视为生产线上的一个“螺丝钉”，导致工人为了生存，不得不参加工厂的“赶工游戏”（the game of making out）。[②] 赶

---

① 王立明．人格权法新论．长春：吉林人民出版社，1994：40，转引自董保华．社会法原论．北京：中国政法大学出版社，2001：63

② ［美］布若威·迈克尔．制造同意——垄断资本主义劳动过程的变迁．李荣荣译．北京：商务印书馆，2008

工游戏意味着工人致力于在工作中寻找应对严酷工作条件的方式，在枯燥的工作中添加游戏的成分，从而使被掏空意义的工作重新注入新的需求。赶工游戏转移了工人对严酷工作条件根源的关注。通过在游戏中对最直接工作环境的掌握，胜出的工人在车间体验到了想象的自由。因此，工人的文化生产使得工人同意对自身的剥削。这种“工作的霸权组织”（hegemonic organization of work）使得劳动者的人格尊严等通过工厂里的另一种用工游戏来获得。

但劳动者不是纯粹的商品，他们应该被尊重、被理解，更需要在工作中获得相应的休息，而不是纯粹成为工作的机器。随着劳动者人权理念的变化，劳动法开始注重对劳动者作为“人”本身的尊重，并在法律上对劳动者的平等就业权、休息休假权、民主参与管理权等予以保护，以摆脱将劳动者视为纯粹商品所带来的各种问题和弊端。

（二）劳动者应具有交换权利

阿马蒂亚·森在其《贫困与饥荒》中提出交换权利的重要性，其认为在市场经济中，一个人可以将自己所拥有的商品转换成另一组商品。这种转换可以通过贸易、生产或两者组合来实现。在转换中，他能够获得的各种商品组合所构成的集合，可以称为这个人所拥有东西的“交换权利”（exchange entitlement）。[①] 在阿马蒂亚·森看来，在给定一个人的所有权组

① “交换权利映射”（exchange entitlement mapping）是这样一种关系，即它为每一个所有权组合指定了一个交换权利集合。如果一个人的交换权利集合中没有包含有足够食物的可行商品组合，那么，这个人就可能面临饥饿的威胁。具体请参见［印度］阿马蒂亚·森．贫困与饥荒．北京：商务印书馆，2004：8

合（包括其劳动力）的情况下，决定一个人交换权利的因素有：（1）他是否可以找到一份工作，如果可能的话，时间有多长，以及工资是多少；（2）他出手自己的非劳动所得资产能够得到多少收入，购买他希望得到的东西需要花费多少钱；（3）用他自己的劳动力以及他可以购买和管理的资源（或资源提供的服务）能够产生什么；（4）购买资源（或资源提供的服务）的成本是多少，他能够出售产品的价值是多少；（5）他有权享受的社会保障福利以及他必须缴纳的税金等。一个人避免饥饿的能力依赖于他的所有权，以及他所面对的交换权利映射。[①] 如一个人有劳动力，但是经常处于失业状态，无法找到工作，交换权利就无法实现，就会面临饥饿的威胁。经济的某些变化可能会影响到一个人的就业机会，从而导致其交换权利恶化。或者一个人货币工资的增加可能落后于物价的上升，也会对其交换权利产生不利的影响。[②] 因此，劳资双方是否会有充分自由的交换权利，劳资双方能否通过自由的交换，实现彼此的价值是劳资关系形成的基础。正如阿马蒂亚·森所说，相当一部分劳动者无法通过劳动力市场实现劳动力交换。比如，部分劳动者因为雇主的“刻板印象”[③] 或者由于各种原因暂时丧失进入劳动力市场进行权利交换的基本物质保障资本，这种不公平的交易环境，如果法律不加以规制，则会损害交易环境本身的公平公正。

---

① ［印度］阿马蒂亚·森．贫困与饥荒．北京：商务印书馆，2004：9

② ［印度］阿马蒂亚·森．贫困与饥荒．北京：商务印书馆，2004：10

③ 在现实中，相当一部分雇主基于各种历史文化等因素，会对女性等部分劳动者产生“就业歧视”，这种就业歧视损害了公平公正的劳动力交易市场，如果法律不予以规制，则不但会加大雇主的交易成本，本身对于女性雇员而言也不够公平公正。

三、从意思自治到意思限制

民法崇尚意思自治，契约自由，尊重当事人之间的自由意志，其认为当事人是其利益的最佳判断者，他人无法也难以代替当事人作出适合其自身利益的选择。交易应该以当事人的意思自治为基础和前提。但是，这种意思自治的前提是双方当事人经济、社会地位和实力均衡，否则不可能实现真正的意思自治和意思自由。因此，劳动法通过劳动基准法、劳动条款的标准化以及解雇限制等一系列强制性规定，对劳资关系形成和履行过程中可能存在的意思不自治而导致的实质不平等进行矫正和干预，以维护公平的社会生活。1802—1872 年的英国工厂法是世界市场经济发展史上的第一部劳动法。马克思称之为社会对其生产过程自发形式的第一次有意识、有计划的反作用。[①] 这种对意思自治的限制主要源于劳资双方信息的不对称、资源稀缺性的不同。

（一）信息不对称

信息占有是影响人们选择是否真正“自治”，能否成为亚当·斯密所说的“理性的经济人”的前提。如班纳吉等认为很多人之所以选择具有盲目性，就在于他们存在信息占有方面的盲点。他在考察非洲的穷人之后，得出这样的结论，“他们之所以不愿意去买有营养价值的食品、不愿意在某些方面买单，比如购买蚊帐来抵御一些健康风险，是因为他们不了解这

① 姚挺．世界第一部劳动法——英国工厂法的借鉴作用．北京：东南学术，1999（6）：111

些相关信息。比如：很多人愿意相信他们自己的选择，是因为他们本身不具备高中的生理知识，他们就没有理由去相信医生的能力和专长。由于缺少科学信息知识和来源，导致他们的选择十分盲目。他们将希望寄托于一些巫师、心理安慰等”。[①] 意思自治的前提需要自己拥有劳动契约有关的信息。但是在现实中，劳动者基于其知识、能力等方面条件的限制，在信息占有方面经常处于弱势地位，或获取信息的成本过高，使得劳动者在劳动关系中所做的表面上意思自治的选择是在信息没有充分占有前提下做的一种不得已的选择，很难实现真正的意思自治。

（二）资源稀缺性不同

自古以来，由于创办企业需要一定的资金、实力、抗风险能力等诸多要素，因此雇主相对于雇员总是一种稀缺资源。绝大多数劳动者在劳动力市场上同质性很强，被替代性很高，相对于雇主而言属于饱和资源。因此，在劳动力市场，雇主总是处于优势地位的卖方市场。劳动岗位的稀缺，劳动力的供大于求成为一种社会常态现象。大多数劳动者在劳动力市场中不仅是被雇主随意挑选的对象，而且一旦工作表现不好，就可能被辞退，处于失业状态。在现代社会，甚至出现 GDP 越增长，就业岗位越减少的怪象。因为高科技导致原有的岗位不再需要原来那么多的劳动者，或者干脆连原有的岗位都被淘汰掉了。从形式上看，就业是一个人对岗位的占有，而实质上，就业是

---

① ［印度］阿比吉特·班纳吉 、埃斯特·迪弗洛．贫穷的本质：我们为什么摆脱不了贫穷．景芳译．北京：中信出版集团，2013

对社会财富的占有，是社会财富分配的初始方式。任何岗位都需要相应的社会财富在背后作为支撑，任何劳动都是生活资料与劳动力相结合，二者不仅缺一不可，而且后者以前者为前提。比如：要当一名工人，需要有相应的雇主存在。在一定时期，雇用劳动力的社会资源总是一定的和有限的，是不会随着就业者的增加而增加的。由于就业岗位的紧俏，找不到工作的劳动者就成为社会上“多余”的人，就从一个社会人退化为一个“生物”。

这种就业岗位的稀缺性，导致劳资双方很难在劳动关系中处于意思自治状态。劳动者为了生存和发展被迫接受一些不合理的条件。进入企业后，也因为“仰雇主鼻息”面对一些不合理的管理规章制度不得不忍气吞声，不敢随意发表意见，生怕自己的饭碗朝不保夕。因此，资源性稀缺导致劳动者很难做到真正的意思自治。

第二章

劳动法权利倾斜性配置的历史变迁

劳动法对劳动者权利倾斜性配置在历史上是怎样演进的，可以通过对相关资料的梳理来观测其动态变化过程。从劳动法的诞生过程来看，劳动法不是横空出世而是追溯于民法，其对劳动者权利的倾斜性配置同样经历了一个漫长的历史变迁过程，各种不同思想，劳工运动和工会运动，经济和社会的发展都成为影响其变迁的重要因素。

第一节　劳动法权利倾斜性配置的国际变迁史

劳动关系作为一种社会关系，自古以来就存在，但是并非自劳动关系出现，这种社会关系中的劳动者就受到法律的倾斜性保护。劳动者权利的法律保护经历了漫长的历史过程，与工业革命的产生、工业化大生产的出现、大批的劳动力进入工厂成为雇员有着不可分割的关系。早期劳动关系用民法来调整有其一定的缺陷性。进入 19 世纪后，随着积极权利概念的提出，福利国家的兴起，很多国家开始制定劳动法，对劳动者这种“具体的人”进行调整，通过对劳动者权利的倾斜性配置来保护其合法权益。

一、18、19 世纪：从身份到契约的转变

（一）身份时代：一元法律结构

在工业化大生产之前，劳动关系虽然在罗马法时期是对自由人以债权法的契约关系来规范的关系，但是整体上而言，整个自然经济时代人们被束缚于等级体制和人身依附中。公法与私法并没有分离，“在庄园主的统治下，法院依附于某个地方权贵，而这权贵无不敌视司法权的分立，一种绝对的权力观念几乎不容许任何人维护自己的权利，以与政体相对抗”。[①]“在这里，政治国家与市民社会合二为一，市民社会为政治国家所吸收。一切私人领域都具有政治性质，就是说，市民生活的要素，如财产、家庭、劳动方式，已经以领主权、等级和同业公会的形式成为国家生活的要素。”[②]

对于劳动关系的规制也经历了从不自由到相对自由的阶段，劳动者在劳动关系中经历了被视为物品可以随意买卖到劳动力可以租赁、雇佣的几个阶段的变迁。而且劳动者在社会上也分为几个等级，有的是奴隶，有的是自由人等。不同的身份享有的权益自然不同。

第一个阶段是不自由劳动时代。在巴比伦及希腊的上古时代，人分为市民和奴隶。柯林市民每人平均可以拥有十六名奴隶，奴隶提供劳动力在法律上的形式为：奴隶为主人提供劳动

---

① ［美］艾伦·沃森．民法体系的演变及形成．李静冰、姚新华译．北京：中国政法大学出版社，1992：189

② 马克思恩格斯全集（第 1 卷）．北京：人民出版社，1972：326. 转引自董保华．社会法原论．北京：中国政法大学出版社，2001：25

时，二者关系为基于公法的支配关系，并无私法的意义，而奴隶为其主人之外的自由人提供劳动时，奴隶的地位在法律上是被当作一种物而存在，即奴隶的主人可以将奴隶借贷给他人使用，奴隶并无任何的选择余地。随着后来生活的逐渐复杂化，劳动除了依赖奴隶外，尚需要依赖自由人，农业劳动等对自由人的使用仍然不是以自由契约的形式出现的，而是以类似奴隶劳动的方式使用。自由人可以从相对人处获得相应的对价给付，但是以消费借贷的方式受领，而且在一定期间内应该以劳动力的给付清偿。因此双方在此期间，是一种债奴法律关系。

第二个阶段是租赁劳动时代（罗马法时代）。在该时期，奴隶劳动关系仍然与第一个阶段情形类似，因为当时贵族阶级普遍可以使用奴隶，奴隶并没有法律上的人格，与物的概念相当，可以成为买卖、赠与或租赁的标的。主人对于奴隶拥有所有权的各种权能。但这并不是说不存在自由人的劳务。伴随着自由人劳务需要的增加，罗马法上的租赁概念，除了原来以物的形式租赁外，还增加了劳动租赁（即雇佣）和工事租赁（即承揽）。虽然表面上已经有了自由契约的形态，但并非所有各种类的劳动均可以采用这种方式，只有低级的体力劳动者可以如此，高级劳动是另外适用委任的规定，即没有报酬请求权，是以谢金的方式给付的。当时认为，只有下层的贱民才从事有偿劳动。但到了后期，这种报酬请求权相对来说比较普遍，高级劳务者也开始要求支付谢金。公元 533 年的君士坦丁民法典中，雇佣契约是承揽契约的附属物，承揽契约又是租赁契约的附属物。在 14、15 世纪，罗马法上的劳动租赁法及承揽的概念（工事租赁），又被德国及其他欧洲大陆国家引进。

第三个阶段是团体主义时代（日耳曼法时代）。罗马法是以债权法的契约关系规范劳动关系，而日耳曼法对于自由人劳务的使用，是以身份法（家族法）为基本理念，将自由人看成家属成员。日耳曼的法律关系以人格者相互间“个人的连锁关系”为基础，而非建立在绝对的个人对立基础上，因此日耳曼思想中的劳动关系是主从间的忠勤关系及上下身份的结合关系。与罗马法纯粹债权关系相反，日耳曼劳动法有强烈的身份色彩，劳动关系具有主从间的服从关系，家臣对于主人有服从与勤劳的义务，以及主人对于家臣有保护与扶养的义务，而且主人也有代表家臣的权利。当时的契约当事人，通常有两种：一种是农人与其雇工；一种是主人与其仆人。日耳曼劳动思想的最大特色即并无高级与下贱的劳务之分，同属于法律的规范之下。日耳曼法并没有对劳动有一种卑下的厌弃思想，反而认为是对上级服务忠勤的表现，甚至认为是一种名誉的事情，这或许跟日耳曼国家勤勉的民族性有一定关系。这种身份法性格的契约，一直到 12 世纪才逐渐转化为债权契约，只是其内涵上仍然带有身份法的痕迹，即劳工被要求负有忠实义务。虽然伴随着日耳曼民族在 14、15 世纪继受罗马法的劳动租赁及工事租赁，新增雇佣契约与承揽契约而受到进一步影响，但身份性仍然根深蒂固地保留着。在这一阶段，德国盛行以人格法上共同体关系理论来解读劳动关系的本质。

在整个工业化大生产之前，整个社会，除了王室有权对个人统治，要求个人提供劳务外，社会上也存在一些使用自由人劳务的情形。但是，不但对奴隶的使用不存在雇主与奴隶之间的平等关系，即便是对于自由人劳务的使用，也根本不存在平等地共同形成工资条件及工作条件。

（二）从身份到契约：二元法律结构的产生

到了近代，17、18 世纪，开始出现劳动契约当事人地位平等的基本理念。劳动者具有了独立的人格，能平等地与雇主订立以劳务交换报酬的合同。近代市民社会已经不再承认劳动者仅仅是权利的客体而非权利的主体。在法律上，劳动者仅为雇主提供“劳动力”，劳动力已经能够在概念上截然分开，只是在外表上，劳动力始终附着于劳动者的身体而难以切割而已，劳动者尚且需要到雇主指定的处所工作，这更加令人难以界定权利主体与权利的不同区分。

这种从身份到契约思想的转变跟几个方面的社会变革有着密不可分的关系。其一，就是工业革命的发展。资本主义发展正处于自由竞争时期，生产技术出现了划时代的变革，推动了生产的规模化。一个新的社会阶层——商人阶层成为社会的中坚力量，他们亟须立法对他们的利益保护。要求打破在商品交易中身份桎梏对商业交易的影响，亟须意思自治和契约自由。其二，启蒙思想的影响。18 世纪是一个思想碰撞的时代，一大批启蒙思想家从各自的理想出发，认为人是生而平等自由的，人人都享有大自然赋予的不可让渡与不可剥夺的权利，这些权利包括生命权、自由权、财产权及追求幸福权等。受这种自然权利启蒙思想的启发，法国 1789 年的《人权与公民权利宣言》指出，“人生来并且始终是自由的，在权利上是平等的”；“一切政治结合的目的都在于保存自然的、不可消灭的人权；这些权利是自由、财产权、安全和反抗压迫”。美国 1776 年的《独立宣言》宣布：“我们认为以下真理是不言而喻的：人人生而平等，人人都享有上帝赋予的某些不可转让的权利，其中包括生命权、自由权和追求幸福的权利。”“为了保障这些权利，人们组成自己的政府，政府正当权利来自被统治者的同意。”启蒙思想家所倡导的自然法变成了宪法；启蒙思想家所厘定的“天赋权利”变成了现实的宪法权利或文化的自然权利。这些权利包括人身自由权、言论出版自由权、信仰自由权、财产权和结社权等。[①] 其三，古典自由主义思想的影响。古典自由主义学者以洛克、托马斯·潘恩、霍布斯等为代表，认为国家这个“利维坦”是为了避免社会的邪恶和混乱而不得不建立的组织形式，它至多不过是一种必要的恶，是社会的一个工具。因此，主张市民社会和国家分离。以亚当·斯密为代表的古典自由主义经济学派更是主张经济自由、经济自主，主张对市场自发秩序的尊重。“18 世纪伟大的知识发现就是市场的自发秩序，这个发现是，在合适的规则结构之下，追求自利的个人也能够促进他人的利益。结果是产生了一个社会协作的巨大网络——精妙的、扩展的社会分工系统；市场参与者之间的合作，既不需要这些参与者理解结构，也不需要他们在行为中提升到一般道德戒律之上。所需要的是一个适当的‘宪政背景’——一个合适的规则结构，以及落实这些规则的安排。”[②]

这种社会的发展、思想的变革促成了法律的变革。1804 年《拿破仑民法典》将亚当·斯密“自由放任”的经济学思想转化为“契约自由”的法律语言。契约自由、意思自治成为民法典中最重要的法律思想和基本原则，也成为自由资本主义时期

---

① 程燎原、王人博．权利论．桂林：广西师范大学出版社，2014：85 – 86

② ［美］杰佛瑞·布伦南、詹姆斯·M. 布坎南．规则的理由——宪政的政治经济学．秋风等译．北京：社会科学出版社，2004：2 – 3

《欧洲各国民法》制度赖以建立的最重要的一块基石，在长达百年的时间内，被奉为神圣、不可动摇的法律准则。①

受上述社会变革和思想启蒙的影响，对劳动关系的规制也开始有了显著的发展。18 世纪自然法思想认为对人全面的支配关系是一种反人伦的关系，要求将一切对人的束缚、压迫的法律制度予以撤废，将人从所有的桎梏中解放出来，恢复对人类人格的绝对支配。劳动关系也因此逐渐丧失其身份要素，慢慢渗入债权要素，成为两个人格间劳务与报酬的交换关系，劳动成为买卖关系中的商品，劳动关系成为纯粹的债权关系。1896 年德国民法、1911 年瑞士债法均规定了雇佣契约，至此，劳务关系才开始正式与借贷、租赁观念分离，在债权法上取得独立的地位。法国则仍然将劳务关系规定为租赁关系。

17、18 世纪的西方经过社会的变革在法律层面形成私法与公法相对立的二元法律结构。私法以个人为本位，其本质是保障个人的权利，在形式上表现为一系列授权性规范。公法是以国家为本位，其本质是限制权力，防止权力的滥用。在英美国家，有人直接把行政法称为“控权法”。② 劳动关系从公法的体系规范中摆脱出来，进入了私法领域规范。

二、19 世纪：从契约到身份的转变

古典自由主义思想对于自由资本主义时期市场经济的发

① 尹田．契约自由与社会公正的冲突与平衡．载梁慧星．民商法论丛（第2卷）．北京：法律出版社，1994：251－256

② 刘楠．论公、私法二元结构与中国市场经济．载梁慧星．民商法论丛（第4卷）．北京：法律出版社，1996：42

展、经济的繁荣以及社会的进步起到了非常重要的作用。在法律上很多国家建立了公法与私法分割的二元结构，很多国家开始崇尚“小政府、大社会”的管理理念，提倡政府只做社会的“守夜人”角色，这对于市民社会的形成起到了非常大的推动作用。但是，即便是在自由放任的时期，国家对社会经济干预的职能并未完全解除。亚当·斯密在《国富论》中提出政府应承担三种职能：保护国家不受外国侵犯，维护社会公正和秩序，建设并维持一定的公共事业及公共设施。[①]

（一）社会法学派及影响

20 世纪初，受德国的古典哲学、英国的古典政治经济学、英法的空想社会主义的影响，工人运动日益增多。1831 年和 1834 年，法国里昂工人发起两次规模较大的罢工，内容不仅仅涉及提高工价，还涉及一些政治性质的要求。1842 年，英国爆发了以工人为主体的《宪章运动》。1844 年，普鲁士王国所属西里西亚纺织工人以提高工资要求被拒绝为导火索。工人运动的频频爆发，揭示雇佣劳动与资本之间的矛盾日益尖锐化，使得国家不得不通过政治和法律的手段进行调节。凯恩斯经济理论的兴起为国家的干预提供了重要的思想基础。凯恩斯在《就业、利息和货币理论》中提出自由放任的市场经济会存在运行失灵的问题，必须扩大国家的经济职能，抛弃自由放任的政策，通过加强对经济的宏观调节来实现公平与效率的均衡。

---

① ［英］亚当·斯密. 国民财富的性质和原因的研究（下卷）. 北京：商务印书馆，1972. 转引自董保华. 社会法原论. 北京：中国政法大学出版社，2001：34

在现代西方法哲学思潮中，社会法哲学派独树一帜。社会法学（sociological - jurisprudence）的最初理论形态，是法国孔德（Auguste Comte）的社会学理论和实证主义哲学，以及英国斯宾塞（Herbert Spemcer）的有机体生物学法学理论。正式开端是叶林和契克。德国的鲁道夫·耶林（Rudlof Thering）所倡导的法哲学以“社会的目的”为核心，即法律当来自社会目的，为社会目的服务。奥托·封·祁克（Otto Von Gierke）强调，社会集团的内部生活和活动及社会中的规范是法的渊源。社会法学派把法学的传统与社会学的概念、观念、理论和方法结合起来研究法律现象，注重法律的社会目的、作用和效果，强调社会不同利益的整合，在价值观念上是“社会本位论”，强调社会整体利益，义务本位。[①] 社会法学派认识到，社会问题之所以产生，是因为个人无法以其有限的经济能力，承受生活中出现的灾害与变故。通过对社会正义的呼唤，修正交易关系中所形成的经济能力差异，填补弱势群体无法自力生活的社会缺陷。

1802 年，英国通过了《学徒健康与道德法》。该法通过规定纺织工厂童工的工作时间每天不得超过 12 小时，来对劳动者权利进行倾斜性配置。标准工时制度有关加班时长最长工作时限的确立充分反映了劳动法价值理念的深刻变化，它本身也经过了一个长期发展演变的过程。[②] 在工业革命之前，劳动者是日夜兼程地拼命工作。产业革命初期，世界上一些工业国家的日工作时间长达 16 小时左右。而英国早期资本主义时期的

---

① 董保华．社会法原论．北京：中国政法大学出版社，2001：36 - 37

② 秦国荣．法律平衡与劳权保障：现代劳动法的价值理念及其实现．南京师范大学学报（社会科学版），2007（2）：22

劳动立法，尤其是18世纪之前的英国劳工立法，与“现代的工厂法强制地缩短工作日”的规定截然不同，它“力图强制地延长工作日”。[①] 当时的劳动立法强制规定工人劳动的最低工时标准每天一般不得少于12小时。劳动立法对最高工时制度的强制设立，毫无疑问是对传统民法契约自由原则的突破与超越。因为如果单纯从民法的角度说，用工者要求延长工时和劳动者要求限制工时似乎完全属于双方自由权利的法律冲突，即用工者可以依照劳动契约“坚持他作为买者的权利，他尽量延长工作日，如果可能，就把一个工作日变成两个工作日”，而工人也可以“坚持他作为卖者的权利，他要求把工作日限制在一定的正常量内”。这样，如果法律仅仅基于尊重当事人意思自治而对此采取不干预态度，则“这里就出现了二律背反，权利同权利相对抗，而这两种权利都同样是商品交换规律所承认的”。[②] 德国则在1919年颁布了《魏玛宪法》，开始以“社会”为本位，对劳动、教育、环境保护、公共交通等方面进行规制，逐步形成了以社会权为核心、调控法为形式的立法体系。随着社会法的产生，三元法律结构得以形成。[③]

（二）劳动法对民法的矫正

随着经济、社会的发展，民法也不断变革，并且针对民法理论预设中关于主体平等和意思自治进行了矫正，实现了从抽

---

① 马克思．资本论．第1卷（上）．北京：人民出版社，1975：300

② 马克思．资本论．第1卷（上）．北京：人民出版社，1975：262

③ 董保华．社会法原论．北京：中国政法大学出版社，2001：35

象到具体、从理性到伦理的制度变迁。[①] 民法中的意思自治在现实中经常因为劳资双方力量的不均衡而在现实中无法实现。但是相当一部分学者和国家认为劳动者等弱势群体“身份”特质的凸显，靠民法已经无法适应这种身份的扩张。诸多国家开始加强对劳动契约的干预，通过注重劳动契约中“身份”属性的差别来矫正正义，减少因契约中抽象人格所产生的不平等，从而成为保护弱者的工具。劳动法从保障社会利益，加强对社会生活干预角度出发，要求对形式平等而实质不平等的劳动关系进行单独调整。

从劳动法形成的发展缘起来看，传统理论认为，劳动法的目的与正当性，就是所谓的“社会保护”。本质上，劳动法就是劳工保护法，它保护劳工免受资本主义经济过程与体系的直接剥削。劳动法作为社会法通过国家干预，对所有权、契约自由、意思自治等私法权利进行限制，将对劳动权优先保护作为许多国家劳动法的基本调整主旨和基本原则，[②] 积极创造条件实施保障弱者的相关权利。即在特定条件下，当对劳动者利益的保护与对用人单位利益的保护发生冲突时，劳动法应优先保护劳动者利益。例如，在劳动过程中，当安全与生产发生冲突时，应当坚持安全重于生产的原则，即使生产受到影响，也必

① 近代民法到现代民法的制度变迁就在于：其一，改变了传统民法对交易主体政治地位或是经济实力的差别，忽视了劳动者与企业这种经济实力不对等的差别。其二，所谓传统民法假定每个私法主体为“自己最佳利益的判断者”的前提是主体具有理性的知识和计算能力，能够收集必要的信息，对备选方案进行比较，会做出能更好地满足自身偏好的选择，但是在现实中多数人缺少上述理性，并且甚至很多时候是感性的，更加注重情感上的满足。尚继征．揭开身份的面纱——私法上的身份和身份权利研究．北京：法律出版社，2014：102－107

② 董保华．社会法原论．北京：中国政法大学出版社，2001：15

须采取措施以确保安全。

自19世纪末20世纪初以来，各国对劳动关系的干预有以下特点：其一，国家制定劳动保护法规保护劳动者；其二，将劳动关系社会化，制定代表高度社会意义的劳动合同法；其三，利用团体协议使劳资双方从对立走向合作，以协约自治处理劳资问题；其四，实行社会保险政策，将劳动损害赔偿转变为一份强制分担危险的保险制度。包括在劳动法中规定了劳动基准法律制度，用以限制劳资双方的意思自治，防止资方在雇佣劳动者和使用劳动力过程中的恣意和任意妄为。这种限制主要通过对劳动契约的管制限制劳资双方的自治空间。

劳动法基于维护劳动者基本权益的价值取向，设定了以最低工资保障制度、最高工时制度和劳动安全卫生制度等为主要内容的劳动权益保护制度。如1839年普鲁士《矿业工厂青少年雇佣法》明确规定雇主不得雇用未满9岁的儿童，对于未满16岁的青少年劳工每日工作时间不得超过10小时。1853年将9岁修正为12岁。1881年德国工厂法，首次使用了劳动契约的概念，这一契约类型的产生，也是因工业革命后为保护劳工的需要而逐步形成的。德国在19世纪末通过社会保险的立法，为劳动者在疾病、意外、残疾及老年给付提供了保护。近年来，国际劳工组织更是提出了“体面劳动”的口号，要求各国应通过立法要求用工单位不仅应为劳动者提供符合安全卫生标准的工作与生产环境，而且应尽可能为劳动者提供能够减少劳动者体力付出的现代化高科技工作条件。

三、20 世纪劳动法：从管制到灵活的转变

随着经济全球化的发展，跨国企业等所带来的传统工业体系的转变，使得国家通过劳动法对劳动力进出市场予以干预。但是基于保护劳动者利益而通过规定最低工资标准、最高工时、工时弹性化的限制等进行的管制对雇主的雇佣行为产生了负面的影响。相当一部分雇主因法律给其造成的限制与负担，不愿意在人事政策上大胆开放，特别是针对劳动力市场上的“边缘团体”，比如中高龄劳动者、身心障碍劳动者、妇女（怀孕的妇女）。劳动法中的管制与保护，事实上成为对劳动者本身不利的紧身衣。在雇主看来，主张保护劳工的法律越多，只会让越来越多的劳动者失业。而且劳动关系的弹性化，劳动关系形式的多样化，也需要以调整标准劳动关系为主要模型的劳动法予以检讨。

（一）劳动关系的变化

20 世纪末期，世界发生了重大的变化，苏联解体、欧盟成立、世界贸易组织兴起，互联网开始成为经济生活的一部分。这种世界局势的变革对劳动关系产生了非常大的影响，并体现出以下几个特点。

1. 劳资对抗开始转向劳资合作

经济全球化带来的资本流通，使商品的世界化程度加大，国与国的交流交往逐渐加深，导致劳动者与雇主之间被认为是两个利益根本对立的阶级的意识形态开始变化。通过劳资共同合作提高经济效率，改善工作环境，实现劳资双赢逐渐成为共识。这种意识形态的转变与劳工运动的减少、西方国家社会保

障制度的改革有着不可分割的关系。尤其是1929—1933年自美国爆发的全球性经济危机后，使人们认识到这是一个风险无处不在的社会，单纯的劳资对抗不能解决劳动者面临的工资、工时以及职业安全卫生问题，需要通过合作、对话，以及社会保障制度对社会风险的转移来解决劳资双方之间的矛盾和冲突问题。因此，第二次世界大战以后，解决劳动问题的主要手段，开始逐步超越单纯劳动法的范畴，借由社会法建立的社会安全网来解决。

2. 劳动关系弹性化增加

进入21世纪，随着第三产业的发展，互联网技术的发达，仅2001—2005年，欧盟国家灵活用工（包括自雇）占就业总人数的比例从36%上升至40%，尤其在新的就业机会中，灵活用工占据了60%。[①]日本在2014年的临时工、兼职者、派遣员工等灵活就业者（non - regular workers employees）占总就业人口的37.4%，达到1962万人，[②] 2015年则上升到37.5%，而在1985年，这个比例只有16.5%。[③] 2000年，中国的非正规就业在城镇总就业规模中已经超过正规就业。灵活用工使劳动关系逐渐复杂化，也使劳动法面临新的挑战。多数国家的劳动法均是围绕着标准的劳动关系而予以规制的。标准的劳动关系的特征往往是8小时工作制，一周工作5天，一般在同一间工厂，根据受雇者的能力和受雇期间长短定月薪，

---

① 李干．弹性与安全：审视《劳动合同法》的修改．探索与争鸣，2016（8）

② See The Japan Institute for Labor Policy and Trainning, Labor Situation in Japan and Its Analysis: General Overview. 转引自：涂永前．应对灵活用工的劳动法制度重构．中国法学，2018（5）：216

③ ［日］香川孝三．他山之石：国外专家如何看待“灵活用工”．人力资源，2016（11）

具有解雇保护，劳动条件受到团体协议的保障。现在，劳动关系弹性化的增加使劳动法的规制出现了缺陷，需要加以立法研判。

3. 劳动关系主体的差异化

劳动法作为保护劳动者权益的法律，最初并没有意识到劳动关系主体之间存在的巨大差异性。不但雇主经营资本大小、经营风险承担能力、公司规模等方面存在巨大差异。就雇员而言，内部也存在很多分层。董保华以社会阶层为基础认为应将劳动者群体分为经理和专业技术人员、产业工人、半失业人员、失业人员，并且基于上述人员的划分而予以分层规制。① 也有学者以职业和社会地位相结合的标准把劳动者分为优势、中间和一般阶层。② 有学者认为应以知识作为划分劳动者层次的标准，依此为标准，将劳动者分为知识富足型劳动者、知识平均型劳动者、知识贫乏型劳动者。③

---

① 董保华、邱捷．劳动合同法的调整范围应作去强扶弱的调整．中国劳动，2006（9）

② 认为一般层级劳动者主要包括一般产业工人、进城务工人员、失业服务业人员、下岗职工、失业半失业人员；中间层级劳动者主要包括部分技术人员、基础管理人员、一般知识分子等；优势层级劳动者主要包括具有管理权力、专业技术知识的白领阶层。李环．和谐社会与中国劳动关系．北京：中国政法大学出版社，2007：37－56

③ 知识富足型劳动者权利意识强，明确权利保障方式，与雇主进行谈判的能力较强，对雇主的从属性较弱；知识贫乏型劳动者的权利意识不强，不清楚保障其权利的途径，收入水平较低，其知识技能对雇主的重要性不大，在劳动力市场上无竞争力，可替代性极强，与雇主没有谈判能力可言，对雇主的从属性严重。王天玉．求同存异：劳动者的身份认定与层级结构．广东社会科学，2011（6）：230－236

（二）劳动法的实施困境与反思

1. 劳动法在欧盟实施面临的困境

在经济全球化、经济危机等多重因素的影响下，西方诸多国家认识到过度对劳动者权利进行配置会造成管制过度，影响劳动力市场的灵活性，造成很大的负外部性。如1998年欧盟15国合同平均管制指数为2.43，德国和法国分别高达3.1和2.8，而同期美国这一指数仅为0.20。对劳动合同的高度管制使得劳动力在部门和企业间自由流动的困难加大，企业无法根据生产需要及时调整劳动力投入，造成生产活动中严重的资源浪费或资源短缺。[①] 此外，欧盟各国最低工资标准普遍高于美国等国家。例如，在1990年，德国最低工资为平均工资的69%，比利时为61%，法国为61%，卢森堡为62%，希腊为70%，荷兰为72%。[②] 对就业者的过度保障削弱了工资对劳动力供给的价格效应，提高失业者再就业的机会成本，使得劳动参与率普遍较低，失业者再就业动力不足，失业率特别是自愿失业率和长期失业率明显偏高。2004年，欧盟15国长期失业人口占总失业人口比率高达42.5%，失业时间超过1年的占总数的49%，其中核心大国如德国、法国、意大利分别为56.3%、40.4%、49.2%。这种偏重于保障劳动者的制度安排无疑还降低了对劳动者就业适应能力的需求，导致人力资源开发投入不足，特别是在适应以信息技术为代表的应用技术变革、产业结构调整以及经济全球化方面行动迟缓，并使得欧盟

---

① 丁纯．欧盟劳动力市场的困境、成因与改革．国际经济评论，2006（6）

② 胡姗姗．最低工资研究．吉林大学硕士学位论文，2007

国家的教育培训与美、日相比，就业导向不明显，受教育者特别是青年就业意愿偏低，合格劳动力供给不足，且与需求不相适应，低技能劳动者、青年劳动者大量失业。①

表1　1997 年以来欧盟 25 个成员国的总和就业率的变化情况②

（单位:%）

年份 / 就业率	1997	1998	1999	2000	2001	2002	2003	2004	2005	2006	2007
总和就业率	60. 7	61. 2	61. 8	62. 2	62. 6	62. 4	62. 6	63. 0	63. 5	64. 5	65. 4
女性工人	51. 4	52. 0	53. 0	53. 7	54. 3	54. 4	54. 9	55. 6	56. 3	57. 3	58. 3
老年工人	35. 7	35. 8	36. 2	36. 6	37. 5	38. 7	40. 3	41. 0	42. 6	43. 6	44. 8

资料来源：http：//epp. eurostat. ecHeuropa. eu/portal/page/portal/statistics/search_database

2. 理论界的反思

美国主流经济学基于 20 世纪 60 年代末期的通货膨胀、石油危机、国家预算赤字、企业投资减少、国际竞争力锐减、官僚体系的肥大化、战后婴儿潮成年后引发人口结构的变迁、国际资本分工暨竞争市场的改变、国际原料市场因政治局势而产生之动荡不安等现象，开始全盘对于国家介入经济过程进行反思，进而主张“市场思考的复兴”。这种基于劳动力市场失灵而实施管制功能建立的国家官僚体系会因为无成本收益概念、

① 丁纯．欧盟劳动力市场的困境、成因与改革．国际经济评论，2006（6）
② OECD Economic Outlook（2007）

缺乏获益控制、预算之难以估算性等因素造成“国家失灵”。[①]第二次世界大战后，凯恩斯学派的需求导向政策的实施：所得重新分配、更多的国家介入、刺激需求，结果均使得它的重要目标——充分就业、货币稳定、不断的经济增长一一落空。需求政策的施行结果，没有创造更多的需求，只是带来整体经济发展的失衡，更多的国家权力扩张的实施，更少的个人自由幸福。自此，经济学开始转向供给导向的经济政策主张，即重点在于废除经济活动及投资障碍，激励更多的生产，开放生产过程与产品升级的空间，鼓励市场上的勇于冒险，主要采取的手段如平衡国家预算赤字，促进资本的形成，奖励更多的投资，更多的自我资本积累。其基本思路为：国民经济资源的最有效利用，应该让市场上的供给者决定，因为只有他们才能合理而正确地预估未来市场上的需求量。国家的重心，应在于建立一项长期导向的经济政策，目标是创造有力而值得信赖的框架条件，以改善个体经济的投资条件。国家的重要任务，不在于去过度干预与介入经济行为的过程，甚至自己成为经济主体，而在于创造基本的框架条件与行为规则，促进开放市场的形成，让经济主体进行得以发挥功能的竞争。供给导向的经济政策在劳动相关领域中所主张的措施，主要为：贯彻所谓生产力导向的工资政策，工资增长率应低于劳动生产力增长率，使工资不再产生轻财富重分配的效果，企业租税应予减免，团体协约、社会福利及环境保护相关的管制法律及形式应予废除或至少相当程度地削弱，以整体上使企业之获

---

① 我国各地设立的最低工资标准、社会保险收费与使用收益、劳动监察所存在的一系列失灵和失效问题，也在某种程度上印证了上述观点和说法。

利生产增加，即能增加投资，创造就业，而国家亦应相对放弃公共就业促进的措施等。

（三）部分国家劳动法的改革

1. 欧盟国家劳动法的改革

2005 年欧监委制订的《增长与就业综合指导计划（2005—2008）》明确提出了改革劳动者保障制度，增强劳动力市场弹性的问题，包括八项就业指导方针（第 17—24 条），确立了欧盟劳动力市场和就业领域的核心政策要点：(1) 执行旨在实现充分就业、提高工作质量与效率并加强社会与地域凝聚力的就业政策；(2) 促进工作"生命周期法"（life - cycle approach）；(3) 确保包容性劳动力市场，增加工作吸引力，并为求职者（含弱势和失业人群）支付报酬；(4) 改善劳动力供给与劳动力市场需求匹配状况；(5) 提高弹性与就业保障，减少劳动力市场分割，适当重视社会合伙人；(6) 确保有利于创造就业（employment - friendly）的劳动力成本提高及薪资决定机制（wage - setting mechanisms）；(7) 扩大并提高人力资本投资；(8) 改造教育与培训体系以适应新的能力要求。此后在新里斯本战略（renewed Lisbon Strategy）中，欧洲理事会（European Council）广泛重申了这些指导方针，并特别强调在劳动力市场弹性和就业保障之间取得平衡并减少劳动力市场分割的方针，即所谓的"弹性保障"（flexicurity），以求劳动力市场弹性和社会保障能够相互补充而不是相互排斥。[1]

---

[1] ［德］迪特·伯劳尼格．欧盟劳动力市场政策——"分权"与"集权"之间难以拿捏的平衡．国研网编译．德意志银行研究报告，2008. 5. 21

总体来看，欧盟改革的思路是要用“弹性保障”代替过去偏重于保障而忽视劳动力市场运行效率的做法，将政策重心由对雇佣关系和劳动者个人的保障转变为提高工人的就业能力，促进企业与劳动者的相互适应。即应创造更加具有包容性——更少歧视、更多样化也更具有弹性的劳动力市场（包括更有弹性的企业内部劳动力市场和外部劳动力市场），推动企业对日益加快的技术进步和经济结构转变做出适当反应，以实现充分就业、提高工作质量与效率并加强社会与地区凝聚力三大目标。①

表 2　欧盟五国的弹性保障模式

国家	层次	执行者	法令形式	特征
意大利	行业	行业中的社会伙伴	集体谈判	企业代表达成“联合管制自由职业者”的协议，来增强对此行业人群的保障和接受培训的权利。此协议导致了更深远的对于这类劳动者的管制，并减少了他们作为终身雇用劳动者的代替者的使用
西班牙	国家	政府、工会以及雇主组织	1994—2001年间的各种社会协议	双边及三边会谈，有时仅包含政府及一边社会伙伴的参与，使得一系列致力于提高西班牙兼职工作者地位的法令得以颁布和实施

① ［德］迪特·伯劳尼格．欧盟劳动力市场政策——“分权”与“集权”之间难以拿捏的平衡．国研网编译．德意志银行研究报告，2008. 5. 21

续表

国家	层次	执行者	法令形式	特征
德国	企业	社会伙伴	集体谈判	工会与戴姆勒－克莱斯勒和西门子公司达成协议，以延长工作时间为条件来停止对于工人的解雇
芬兰	国家	工会和雇主组织	修改 1996 年工作时间法案的建议	“工作时间银行”：加班时间和节假日工作时间能够以放假时间和额外收入的形式自由存取。此模式建立在扩大地区劳动力市场以及自我雇用的服务上
奥地利	国家	政府	法律	兼职工作退休方案：允许 50 岁以上（含 50 岁）女性工作者和 55 岁以上（含 55 岁）男性工作者在保持原收入的前提下减少 40%~60% 的工作时间

资料来源：T. WilthagenandM. Velzen，The Roadtowards Adaptability，Flexibility and Security，Paperprepared for the Europe an Commission/DG Employment Thematic Review Seminaron “*Increasing Adaptability for Workers and Enterprises*” Brussels，21 September 2004

2. 德国劳动法的变革

德国有关劳动力市场弹性化的讨论，至少自 20 世纪 70 年代伊始，即与劳动市场法制措施的去管制密不可分。随着德国失业问题的恶化、企业竞争力的衰退、国际贸易市场的结构变迁等，所产生的有关重新思索国家角色，乃至检讨传统“凯恩斯主义”“需求导向的经济政策”脉络下，德国劳动力市场开始进行一系列的法律改革。

1984年在德国的基民党所谓的《斯图加特提纲》中，强调必须重新建构劳动市场，必须将工时弹性化，提出《兰德罗夫文件》，宣示要推行“克服经济不振与对抗失业的新政策思维”，就劳动领域而言，重点是废除妨碍就业或教育职业训练的劳动法保护规范。其他主张之相应措施为：劳动保护不得再为企业制造负担，企业的工时弹性化不应再有任何限制，解雇保护法应重新检讨，至少不能再扩张，发展工作分享模式，放弃德国国内法向欧洲法趋近的强化行动，重新检讨劳动促进法、育婴假、病假继续支付工资、身心障碍者劳动保护法等。并且在1984年的《自由主义宣言》中，提出劳动市场结构必须加以改革，应代之以个人化的组织形式（即以个人取代工会的协商议价），全盘回到昔日个别法领域中的契约自由原则。在上述两项指导性政党方针下，联邦政府开始提出一连串有关劳动市场去管制的主张，这些建议包括：减少社会福利给付；减少企业有关退休金与健康医疗保险的负担额；全盘弹性化与自由化劳动市场，如弱化解雇保护、废除或至少修正企业变更时的社会计划义务、减少企业对于劳工病假时之继续支付工资的义务、减少劳方共同决定的空间及事项、降低工资成本及工资附随成本、建立提前退休规范、企业年金制度应向减轻企业负担的方向改革、放宽部分工时工作、废除或至少松动有关对身心障碍及青少年劳工的保护。

在1982年右派执政联盟取得政权后，德国联邦政府开始进行一连串的劳动市场去管制准备工作。相较于美国或西欧诸国，德国仍然是去管制步调上较为缓慢而保守的国家。20世纪80年代初期以来，德国劳动法制在去管制脉络下的实践活动，大致进行了几项重要的改革。[①]

第一，1985 年就业促进法以前的微调修正：《青少年劳工保护法》。

在弹性化的诉求下，德国联邦政府依据去管制的政治经济论述，意图破坏劳动法原先的规范结构，包括透过劳动契约法、劳动保护法与社会法所建立的劳动者生存保障的实体标准，以及透过集体劳动法所形塑集体纷争解决程序机制的双元体系是极其明显的。1984 年通过对《青少年劳工保护法》的修正，针对青少年假日工作禁令进行了放宽（第 5 条第 4 项），职业学校就学期间禁止雇佣禁令的松动（第 9 条第 1 项第 2 款），青少年夜间工作时间的放宽（第 14 条第 2 项第 2 款），延长青少年劳工轮班的时间范围（第 12 条），等等。而且有关集体法层次方面，嵌入一般集体劳动法中的有利原则，准许对劳工不利之其他团体协约（如契约团体协约）、广场协定或个别劳动契约，取代该团体协约而适用（第 21a 条第 2 项）。在《青少年劳工保护法》中所呈现的“法定的团体协约开放条款”“行政机关基于便宜性、措施性考量的偏离法律权限”，将去管制的主张加上细腻的法律技术外衣，堪称德国劳动关系去管制的滥觞。

第二，劳动法去管制的里程碑：《就业促进法》。

德国联邦政府于 1985 年通过施行的《就业促进法》，全面挑战作为当代劳动法与社会法核心基础的“典型劳动关系”。该法具体指涉在于“劳动关系之形成”与“工作时间结

① 近 30 年来德国所通过的去管制脉络下的立法，难以数计，单是 1999—2003 年，与去管制相关的劳动法制改革就超过 70 项。

构之形成”的双重弹性化，以有利于企业整体劳动力的灵活支配。

（1）对于定型契约进行了放宽，在该法第1条第1项中大幅度加以放宽：对于新雇用的劳工，得允许至少1年6个月的定期，雇用21人以下劳工的新成立小契约，得缔结长达两年的定期契约，而且只要双方当事人合意，雇主即毋庸任何理由及论证，得以订定非不定期劳动关系的契约。

（2）派遣劳动关系的延长：在该法第8条规定，派遣公司派遣前往要派公司提供劳务的情形，劳工得在同一要派公司最多至6个月，而取代原先派遣劳动法3个月的规定。

（3）鼓励采取部分公司劳动形态：对于原先法律上禁止“随传随到工作”，该法第1条第5项将其加以合法化，即使缺乏当事人之间的约定，只要由雇主单方就可定其部分工时的范围。

（4）第2条针对企业组织法中的社会计划义务：在企业变更主要造成劳工实质不利影响时，雇主依企业组织法即有与员工代表商定社会计划的义务，以补偿涉及劳工之损失。而在该法新规定下，企业成立的最初4年内，完全免除社会计划的义务，再者，如企业变更主要涉及解雇劳工者，则必须远超当时法院所肯定的劳工数目者，才需适用社会计划的规定。

1996年10月1日通过施行的《劳动法上之就业促进法》进一步松动解雇保护制度。依该法规定，解雇保护法适用最低门槛为10人以上的工厂（原先为5人）。并且解雇保护方面引入了“不可或缺核心劳动力的保障”，即解雇保护法第1条第3项规定：“基于知识、能力、贡献，或基于维系工厂均衡的人事结构的目的，工厂有相当利益应继续雇用的劳工”可以由雇主单方面决定是否继续雇用，而不受社会选择标准的拘束。[①] 而且法院对该方面的审查也仅仅是限于“明显的重大瑕疵”（第4条），方可否认其合法性。在定期契约方面，统一规定最高定期契约期限为两年，两年期限内3次延长为合法。有关休假方面规定，雇佣满6个月方可适应，而且在计算休假工资时，排除加班工资的计入。

第三，社会民主党政府的转折：2003年Hartz第4法（Hartz IV）。

2003年，德国国会依据联邦政府《议程2010——升级与成长》，落实Hartz委员会的建议包括立法，其中Hartz第4法——《劳动市场改革与失业救助暨社会救助合并法》，包含许多有关劳动市场去管制的规定。其中有关劳动法部分的包括以下几点。

（1）企业经营事由解雇社会选择标准，除了之前仅限于劳工之年资、年龄、扶养义务，还要加上考虑劳工家庭状况与身心障碍类型。

（2）解雇保护法第4条规定，3周提起解雇保护诉讼的除斥期间，是以只要期间届满而未起诉，除非具有其他“解雇应为无效”的事由（如第6条），否则雇主之终止契约行为视为自始合法有效，该其他事由如：未经员工代表会听证、营业移转禁止之列的解雇、违反诚实信用之解雇、抵触歧视禁止或惩戒禁止之解雇。

---

① 这里的社会选择标准是指要考虑劳工工作的年限、年龄、扶养义务以及家庭状况等。具体请参见BT－Drucksache 15/1516，15/1728，15/1749. 15/2259；Adomeit，Die Agenda 2010 und das Arbeitsrecht，S. 58 ff.

（3）企业成立4年之内，可以缔结同样最长期限为4年的定期契约，而且不需要具备实质事由。该法还规定了失业者寻求工作机会的可期待性、失业救助与社会救助的整合等，但减轻国家的负担，将劳动市场上的管制形式加以弹性化与去管制，则是相同的脉络。①

第二节　劳动法权利倾斜性配置的国内变迁史

从西方国家劳动法所调整的雇佣关系发展历程和劳动法发展历程来看，其是经历了“从身份到契约”，再从“契约到身份”的历史变迁，并且在近年来为了增加劳动力市场的弹性，对劳动法进行了放松管制的改革。西方国家所调整的劳动关系是经过了商品经济的充分酝酿和发展，在劳动体系和模式上相对成熟，随着各种劳工力量、劳工运动的增强，通过与雇主的反复博弈，经过劳工的“双向运动”影响和形塑着劳动法的产生与发展。而我国无论是经济形态还是劳动法的发展历史与西方均有着比较大的差异。从经济形态的变迁来看，我国在历史上并未经历西方充分的商品经济和工业革命，而是从几千年的小农商品经济发展而来。产生于小农商品经济和儒家文化基础上的是我国几千年的“家产制国家”之下的“家父长制法律”，② 刑法、行政法等法律十分发达，而由于缺少充分发展的商品经济和城市自治以及各利益集团的充分博弈，导致在积贫积弱的商品经济的发展背景下没有发展出西方调整商品

---

① 详见 Adomeit, Die Agenda 2010 und das Arbeisrecht, S. 65 ff.

② ［德］韦伯．经济与社会（下）．林荣远译．北京：商务印书馆，1997. 170

经济的“私法”文明和“私法”制度。中国几千年的法律文化是“情”“理”“法”的融合，缺少西方法律的“形式理性”和“权利神圣”。[①] 而随着鸦片战争的爆发，西方列强的入侵和近代工业的发展、工人运动的兴起，我国劳动法在北洋政府执政时期以及中国共产党执政时期得到了一定程度的发展。本节将重点阐述中国共产党建立和发展过程中劳动法的历史发展和变迁。

一、革命战争时期：阶级冲突意识主导下的倾斜性保护

从 19 世纪马克思主义传入我国以来，资产阶级占有劳方剩余价值是造成劳资冲突的主要原因的思想和观念一直占据主导地位，并成为开展工运的理论依据。

（一）阶级冲突思想

马克思运用唯物辩证法考察社会和生产，提出在劳动关系中存在着劳动的异化，雇主是通过占有劳动者的剩余价值而获得超额的利润。马克思针对劳资关系，提出了几个观点：其一，劳资关系是无产阶级与资产阶级的对立关系。其二，劳资关系是剥削与被剥削的关系。资本家是资本的所有者，工人在劳动环境和劳动产品中被异化了，劳动力成为

---

① 对该问题，学者马克斯·韦伯、滋秀贺三以及中国学者黄宗智、梁治平等均有详尽论述。具体请参见［德］韦伯．经济与社会（上、下）．林荣远译．北京：商务印书馆，1997；［日］滋贺秀三等．明清时期的民事审判与民间契约．王亚新等编译．北京：法律出版社，1998；黄宗智．民事审判与民间调解：清代的表达与实践．北京：中国社会科学出版社，1998；梁治平．法辨：中国法的过去、现在与未来．北京：中国政法大学出版社，2002

“最受摧残的商品”。其三，资本家之所以获得超额利润，是因为占有了劳动力。这些剩余价值是劳动力创造出来的。即机器、厂房、原材料等不能创造剩余价值，专利、配方、设计、软件等无形生产资料也不能创造剩余价值，而管理劳动也同样不能创造剩余价值，剩余价值是靠生产要素中唯一的能动因素——劳动力创造出来的。资本是通过凭借垄断地位无偿占有劳动者所创造的剩余价值而导致的。资本家及其集团垄断了生产条件，劳动者只能靠出卖自己的劳动力从事生产活动，才能维持生存。因此，所谓劳动者的独立和离职的假象是靠“雇主的经常更换以及契约的法律虚构来保持的”。[①]

由于生产资料为私人所有，因此，在雇佣劳动关系中就会产生剥削，并且会产生各种侵害劳动者健康和生命的问题。马克思认为：“资本是根本不关心工人的健康和寿命的，除非社会迫使它关心。”[②] 马克思的“剩余价值”论说认为雇主作为资产阶级，其剩余价值和利润的产生是建立在剥削和压榨劳动者的劳动力上的。受马克思剥削和剩余价值论的影响，很多社会主义国家建立了阶级冲突的理念和理论，并基于阶级冲突理论而构建了调整劳资关系的法律。这种阶级冲突的理论假设把劳资双方完全看成对立的两个阶级，他们将劳资双方看成“一方是铁石心肠的企业家和贪婪的资本家，另一方是高尚的穷人和受剥削的工人”。[③] “阶级学说指出，人有不同的社会地

① 马克思．资本论（第1卷）．北京：人民出版社，1975：629－630

② 马克思．资本论（第1卷）．北京：人民出版社，1975：299

③ 路德维希·冯·米瑟斯．社会主义——经济与社会学的分析．王建民译．北京：中国社会科学文献出版社，2012：443

位，所以社会阶级的存在是不可否认的。”[①] “根据马克思主义理论，社会分裂为两大阶级，其成员在阶级斗争中自然而然地会意识到其利益。正是阶级冲突不可调和的理论，使工人们联合起来参加反对资产阶级的合作行动。阶级冲突的意识形态所产生的阶级意识，才是这场斗争的实质。”[②] 由此形成的理论假设中认为雇主是恶的，一定会压榨和剥削劳动者，为了防止雇主的恶和过度压榨和剥削劳动者，应该保护劳动者的利益，劳动者应该通过罢工、抗争等手段反对雇主的剥削。

这种阶级冲突的理念将劳资关系之间定位为对抗性的劳动关系，使劳资双方成为敌人，这为劳工运动的风起云涌和对资方的反抗埋下了思想的种子。

（二）对劳动者权益保护的探索

在阶级冲突的理论假设下，国内各地劳资冲突和劳资斗争十分普遍。为了化解劳资冲突，1922 年，中国共产党第二次全国代表大会通过的《关于工会运动与共产党的决议案》，将订立“团体契约”作为工会最重要的任务之一，是因为“单独契约是有利于雇主掠夺的工具，他利用这一工具便可随意来进退工人及操纵劳动力的卖价。因此，不得由雇主与工人单独缔结，须由工会代表工人同雇主协定”。[③] 1924 年，孙中山以

---

① 路德维希·冯·米瑟斯．社会主义——经济与社会学的分析．王建民译．北京：中国社会科学文献出版社，2012：294

② 路德维希·冯·米瑟斯．社会主义——经济与社会学的分析．王建民译．北京：中国社会科学文献出版社，2012：308

③ 张希坡．革命根据地的工会运动和劳动立法史．北京：中国劳动出版社，1993：229

大元帅令的方式公布了《工会条例》，确立了工会有权与雇主或雇主团体缔结协约。

1930 年，在工人斗争的压力下，国民党政府颁布了《团体契约法》，这是中国历史上第一部专门的集体合同法。该法承认工人团体有与雇主或雇主团体缔结团体契约的权利，但该法没有得到实施。1931 年，在江西瑞金召开的中华苏维埃第一次全国代表大会通过了《中华苏维埃共和国劳动法》，对集体合同的定义、内容、法律效力等问题做了明确规定。抗日战争和解放战争时期，各抗日根据地和解放区政府颁布的法规中，对集体合同制度也做了相应规定，如陕甘宁边区总工会于 1940 年制定了《陕甘宁边区工厂集体合同暂行条例》，并在这些地区普遍实行了集体合同制度。

1945 年，毛泽东在《论联合政府》中就劳资利害关系问题进行了阐述，进而于 1947 年在《目前形势和我们的任务》中明确提出了“劳资两利”的思想，这一思想成为新中国成立初期企业处理劳动关系的指南。新中国成立初期，在以“动员一切力量恢复和发展生产事业”为中心任务的前提下，国家一方面倚重私人资本主义工业，对民族资产阶级采取伸缩性的限制政策，使私营工商业得到恢复和发展；另一方面通过努力发展经济，在一定程度上满足劳动者的就业与生活需要。由于在制度安排和实际操作中都注意兼顾劳资双方的利益，剥削被控制在一定范围内，劳资矛盾得到缓解，劳动关系总体上处于缓和状态。①

---

① 洪泸敏、章辉美．新中国成立以来企业劳动关系的历史变迁．江西社会科学，2009（8）：21

（三）对纠纷解决方式的探索

受儒家思想的影响，古代中国和现代中国的民事法律实践中的判决长期显得面目模糊。按照儒家道德理想，普通人之间的“民事”纠纷应当通过民间调解而非法庭判决来解决。因为按照儒家道德观念，一个儒家道德君子不应该自降身份卷入纠纷，而应该以“忍”和“让”为主。真正有修养的君子不会让自己卷入纠纷或诉讼之中，否则就是道德修养未达到境界的一种体现。与此类似，我党也推崇以调解为主，在革命战争时期发展了一套调解制度，用以解决包括劳资纠纷在内的纠纷和矛盾，这为新中国成立后调解制度的发展提供了历史基础和渊源。

二、计划经济时期：劳资利益一体化

新中国成立后，对于工人的社会地位、经济地位给予了政治上的重视，并且由于初期是计划经济体制，我国企业的劳动关系主要是公有制经济。因此，劳动关系由国家（通过企业行政）与职工构成。企业行政与职工都不具有独立的主体身份，而是一种劳动行政关系。其特点是国家代表劳动关系双方利益，强调劳动关系只是分工不同而利益是完全一致的，即国家代表企业、企业代表职工，有了国家和企业的利益便有了工人的利益。因此，在利益关系的处理上，是以共同利益为出发点，将具体利益包含在总体利益中。劳动关系就其性质而言，是一种具有浓厚政治色彩的所谓“同志式”的合作关系。①

---

① 常凯．劳权论——当代中国劳动关系的法律调整研究．北京：中国劳动社会保障出版社，2004：86

（一）公私合一的一元化结构

新中国成立后相当长一段时间，国家通过高度集中统一的管理体制对包括劳动关系在内的生产关系进行管理。生产资料由国家占有，劳动关系也被国家高度管制。从 1956 年到改革开放前，城镇个体劳动者从 7000 多万人减少到 1978 年的 15 万人，城市里基本是国营一统天下，几乎所有的物质资源都进入公有领域。同时，国家对劳动者实行统包统配的就业制度、统归统调的工资制度、统包统揽的保障制度。一个人要想获得基本的生存，必须从国家那里获得资源和机会，劳动者不得不将自己的劳动纳入国家权力的调控中，从而丧失了自己对劳动的支配权。①

在计划经济体制下的劳动关系属于一种劳动行政关系，国家通过行政手段管理劳动关系。劳动关系双方利益的确定、劳动力的配置和调整、劳动就业、工资、劳动保护、社会保险等，完全由国家负责并靠行政手段予以解决。作为劳动者的职工和作为经营管理者的厂长、经理都没有形成独立的利益群体，双方的利益都包容在“工人阶级利益”和“国家利益”之中，劳动关系双方都是国家和企业的“主人翁”。厂长、经理，虽然享有更多的管理权，但在工资收入和经济地位方面，与一般工人相差无几。②

在此阶段，国有企业在国家的经济和社会发展中占有主导地位，而私营企业、外资企业占非主导地位。鉴于前提认为国

① 董保华．劳动法原论．北京：中国政法大学出版社，2001：47

② 常凯．劳权论——当代中国劳动关系的法律调整研究．北京：中国劳动社会保障出版社，2004：88

有企业与工人的利益跟国家利益是一致的，给予工人的福利待遇往往采取国家“大包大揽”的方式予以给付。国有企业对于劳动者的生、老、病、死均由“单位”形成统管，计划经济体制下的国家与工人阶级关系，呈现为一种国家运用直接全面覆盖的政治权力，以单位为轴心展开的准全能主义的国家—单位—工人阶级结构。①

在计划经济中，国家和社会是重合的，个人利益被抽象到国家利益中，国家、企业、个人是一种纵向排列。从法律角度来看，这一时期，我国是“公法一元化”，实际上表现为“行政一元化”。而国家行政机关本身并不受法律的制约，而只是对上级领导的一种服从。这种自上而下，以行政隶属关系为纽带而建立起来的社会关系具有极其浓厚的人身依附性质。因此，在改革开放前我国总体性的社会结构中，不存在独立于国家的市民社会。②

（二）劳动关系的特征

新中国成立后相当长时间，我国采用统包统配的方式使劳动力和用人单位建立了固定工式的终身劳动关系。1950 年，为了解决大批失业人员就业的突出问题，政务院规定，企业需要雇佣员工，都要向劳动介绍所申请，由劳动介绍所统一介绍。随着经济的恢复和发展，各部门用人增多，1952 年 7 月，政务院又提出劳动力的统一介绍逐步向统一调配过渡的政策，不经批准，不得私招乱雇。1957 年以后，国家采用全国统一

---

① 李锦峰．国企改制过程中的国家与工人阶级：结构变迁及其文献述评．社会，2013（3）：207

② 董保华．劳动法原论．北京：中国政法大学出版社，2001：47

招收的办法，把每年新成长的劳动力“包下来”，然后再统一分配到企业，逐步形成了统包统配的劳动用工制度。固定工随着统包统配制度的建立而成为主要的用工形式。到 1956 年，全国职工中的固定工已占到职工总数的 91%。1971 年，企业大量的临时工、合同工也都转为全民所有制固定工。固定工制度的确立，意味着中国出现劳动力能进不能出的“终身制”劳动关系的现象。①

虽然在计划经济体制下，劳动者的劳动就业权得到充分的保障，但是这种“铁饭碗”“大锅饭”产生了两方面效应：一方面，劳动力计划性配置低效。国家既有权利强制性配置，又有义务责任安排保证就业、发放工资维持劳动力生产再生产、负责职工社会保险退休养老等，这样就消灭了劳动力市场。劳动者不能追求效率，不能按效率配置，企业冗员充斥。另一方面，从劳动者来说，导致劳动力素质退化。“铁饭碗”没有失业风险，“大锅饭”干好干坏一个样，使得劳动者关闭自己，丧失了开发、提高自己素质的动力和压力；统包统配、能进不能出，使用非所学、用非所长的劳动者只能滞留于国家安排的岗位中，劳动力闲置浪费荒废，直至消失。②

计划经济体制下的劳动关系从 20 世纪 50 年代中期到 60 年代后期定型，一直延续到 80 年代中后期，主要特征表现在以下几个方面。

（1）劳动关系类型的单一化。全国范围内只存在一种单

---

① 常凯．劳权论——当代中国劳动关系的法律调整研究．北京：中国劳动社会保障出版社，2004：1288

② 常凯．劳动关系学．北京：中国劳动社会保障出版社，2005：165

一的公有制经济劳动关系，主要表现为劳动关系主体一方的用人单位的经济性质为全民所有制和带有全民性质的城镇集体所有制，劳动者也都是全民所有制固定工身份的职工。到20世纪60年代中期，企业短期性、季节性和临时性用工大量转为固定工，临时性劳动关系范围很窄，其他非公有制经济劳动关系一般不存在。

（2）劳动关系归属国家化。用人单位无权自行招用劳动力，而要由国家下达用工指标，在指标内招工；劳动者无权自择职业，而要由国家统一分配安置就业。劳动关系建立后，工资分配、保险福利等，都是由国家统一制定政策，统一进行调整。用人单位的主要任务是协调和监督劳动者完成政府下达的生产计划而非经营决策。在这样的情况下，劳动者在形式上与企业建立的劳动关系，实际上是与国家之间的关系。所以计划经济时期的劳动者被称为“国家职工”。劳动关系并非归属于企业，而是归属于国家。

（3）劳动关系内容政治化。工人阶级是领导阶级，是生产资料的所有者，在企业中具有主人翁地位，这种地位反映在劳动关系的诸多方面。比如，劳动者就业采用由国家统包统配的固定工终身就业制度；工资分配实行平均主义的“大锅饭”式的工资制；社会保障采取国家和企业包起来的各项劳动保险和企业集体福利制度。此外，计划经济条件下的企业不单纯是经济组织，他们作为“无产阶级专政下的基层单位”，还承担着规范国家与职工以及职工之间的政治和社会关系等多方面职责。

（4）劳动关系三方利益的一体化。在企业劳动关系中，企业是国家的企业，职工是国家的职工，劳动者和劳动力的使用者都没有独立的主体身份，双方没有形成相对独立的利益主体。虽然企业经营管理人员和职工之间存在利益方式的差异，但是企业管理者以及工人之间的利益基本上是一致的。职工的利益是由国家和单位代表的。虽然企业内也存在工会，但工会并不是作为职工利益的代表，而是作为国家和单位的行政助手发挥作用，职工对国家实际上是一种依附关系。

（5）劳动关系运行的行政化。用人单位和劳动者建立劳动关系是通过政府的行政命令来实现的。劳动关系一旦建立，没有政府的行政指令，终身保持不变，直至退休。企业人员严格限制流动，劳动关系一方的劳动者身份不可转换。如果需要，也是由国家用行政的方式进行调配。涉及劳动条件、劳动标准以及劳动关系相关事务，也都是通过自上而下的行政手段来决定，工人无须介入，企业也只需执行国家政策或指令即可。①

（三）国家本位的劳动法

新中国成立到改革开放前的劳动立法是围绕着社会主义建设而展开。20 世纪五六十年代，我国也颁布了一些劳动法，如在工会方面，1950 年中央人民政府颁布了《中华人民共和国工会法》。在劳动就业方面，劳动部先后于 1950 年和 1952 年颁布了《关于救济失业工人的指示》《关于劳动就业问题的决定》等。在社会保险方面，1951 年政务院颁布了《中华人民共和国劳动保险条例》。在工资方面，国务院于 1956 年发布《关于工资改革的决定》《关于工资改革中若干具体问题的规定》《关于新公私合营企业工资改革中若干问题的规定》等文

---

① 常凯．劳动关系学．北京：中国劳动社会保障出版社，2005：129

件，根据按劳分配原则建立起全国统一的工资制度。在劳动保护方面，国务院于1956年同时颁布“三大规程”，即《工厂安全卫生规程》《建筑安装工程安全技术规程》《工人职员伤亡事故报告规程》，以及《关于防止厂、矿企业中砂尘危害的决定》等文件，1963年国务院又发布了《关于加强企业生产中安全工作的几项规定》。

上述法律法规只是属于针对劳动关系的某些方面做出的规定，全国并未形成统一调整劳动关系的劳动法。而且在统一劳动行政关系的模式下，上述劳动法律法规也没有有关类似于劳动者权利和用人单位义务的明确的分配性规定。对于这种国家本位下劳动法无法有效发挥作用的弊端，毛泽东等国家领导人有所察觉。以《论十大关系》为标志，党开始从仿效苏联模式转变到积极探索，希望找到一种更适合中国国情的经济规制模式。此外，陈云在党的八大的发言中，提出了“三个主体，三个补充”（也称“三为主，三为辅”）的改革设想。1956年，党的八大政治报告中指出：“在这里，有必要指出这样一个事实，就是上级国家机关往往对于企业管得过多、过死，妨碍了企业应有的主动性和机动性，使工作受到不应有的损失。应当保证企业在国家统一领导和统一计划下，在计划管理、财务管理、干部管理、职工调配、福利设施等方面，有适当的自治权利。”可惜的是，这些想法被以后的“大跃进”“文化大革命”引入了歧途。[①]

在整个“大跃进”和“文化大革命”期间，相当多的劳动法制被肆意践踏，许多合理的管理制度被说成修正主义的

---

① 董保华．劳动法原论．北京：中国政法大学出版社，2001：48－49

“管、卡、压”，立法上基本处于停顿状态，生产遭到更严重的破坏。这期间提出的“一大二公”“斗私批修”都是对个人私产的坚决否定。[①] 不存在独立于国家的市民社会，劳动者不能对劳动力进行自由支配，用人单位不能对生产资料进行占有、支配，不能拥有相对自由的“进人”“用人”权利，也就自然没有真正的劳动法。

三、市场经济初期：意思自治主导下的劳动法

20 世纪 80 年代末期至 2008 年，我国开始进行市场经济改革的深入探索，对于劳动关系的行政化干预开始转为市场经济手段的干预。受亚当·斯密思想的影响，一些经济学家认为社会财富的核心在于个人财富的追求与创造，在于自由经济，在于自由经济的内在性质和动力，这个动力便是作为经济人的市民在国家提供的法律秩序的框架内追求利益的最大化。

微观经济学和自由主义学派对马克思的阶级冲突论进行了反思。[②] “当代经济学家认为关键在于劳动力市场的结构。如

---

① 董保华．劳动法原论．北京：中国政法大学出版社，2001：49

② 对于工厂是否有剥削工人，微观经济有关工资的经典理论是“边际主义”（marginalism）。边际主义认为，工人为工厂提供劳动力，从而增加工厂的产出，工厂这种产出的增加正是工人劳动力的边际产出（marginal product）。劳动力市场的竞争致使工人的工资相当于其劳动力的边际产出：一名工人可以辞掉现有工作去另一家工厂工作，而这第二家工厂的产出将因为其劳动力的投入而获得增加。假如第二家工厂因此增加的产出超过原先那家工厂付给该员工的工资，则第二家工厂可以通过向该工人支付更高的工资引诱其投自己门下。这一竞争过程会抬高该工人的工资，直至工资水平等于女工劳动力得到最佳应用时的边际产出。边际主义逻辑同样适用于工厂主。边际主义认为，竞争促使各项生产要素（factor of production，如资本、劳动力、土地等）的价格等同于其边际产出。如果工人的工资等于其边际产出，那么她并没有受到剥削；扶弱资本家的边际产出等于其获得的利润，则资本家也不是剥削者。

果雇主必须相互竞争以求雇得能干的工人，他们向工人支付的工资就无法低于工人创造出的财富的市场价值。”[①] 而要把“工资压低到边际产出以下，就必须借助卡特尔、农奴制、债务劳役（bonded labor）或其他类似制度瓦解竞争”。[②]

（一）逐步实行自由的劳动力市场

这一时期国家对国企进行放手、放权，并对非国有企业劳资关系用工自主权予以尊重。因此，对劳资关系的规制是以尊重劳资双方的意思自治和契约自由为主要调整方式。

1. 对国有企业进行市场化改革

1986 年，国务院颁布了《国营企业招用工人暂行规定》《国营企业实行劳动合同制暂行规定》《国营企业辞退违纪职工暂行规定》，对传统的固定工制度进行重大改革。实际上，对固定工的改革经历了几个阶段的变化。第一个阶段是从 1984 年开始“优化劳动组合”。即通过层层招聘组合，厂长聘任车间主任、车间主任聘任班组长、班组长挑选工人，经过考核择优组合或招标组合后，对优化出来的富余工人由企业内部消化，妥善安置。第二个阶段是从 1991 年开始的“破三铁”。

---

① 因为雇主向一名工人支付的产品价值如果超过工资，雇主就从该工人的劳动力中获得利润，但是竞争将会阻止雇主这样获得利润。因为假如雇主支付的工资低于产品价值，别的雇主可以用略高一些的工资吸引其跳槽。因此，雇主之间的竞争会提高女工的工资，直到其水平接近劳动力产品的边际价值。[美] 罗伯特·库特、[德] 汉斯－伯恩特·谢弗．所罗门之结：法律能为战胜贫苦做什么．北京：北京大学出版社，2014：45

② [美] 罗伯特·库特、[德] 汉斯－伯恩特·谢弗．所罗门之结：法律能为战胜贫苦做什么？．北京：北京大学出版社，2014：50

即打破固定工的“铁饭碗”“铁交椅”“铁工资”，在企业内部真正形成“干部能上能下、职工能进能出、工资能升能降”的机制。[①] 第三阶段从 2002 年开始，实行国有大中型企业主辅分流辅业改制分流富余人员的改革，国有企业的“社会职能移交和辅业剥离”，[②] 意味着国有企业全面解除了原来对职工所承担的社会责任。于是，从国家经由企业直到工人个体的这条纽带逐渐成了一种纯粹经济性的联系。而在工人方面，则形成了“两种劳工力量国企改制以来，国家政治权力逐渐呈现碎片化的威权趋势，国家与工人阶级关系的轴心转变为资本，其关系围绕着资本展开而逐渐形成为一种碎片化威权主义的国家—资本—工人阶级结构”。[③]

2. 注重对雇主私人财产权的保护

这个时期更加注重对雇主私人财产权的保护，有学者将私人财产权视为政治社会的基础和细胞，认为没有私人财产权，一个现代民族国家的国家形态也就不可能产生，市民社会的经济关系、市场秩序形态就更无从说起。国家（政府）通过给予私人财产一种法律上的制度保障，从而使得个人在追求幸福和自由的财产占有中具有自主的支配权利，并在不非法损害他人利益的前提下获得国家公权力的保障，这是一条不容他人侵犯的权利原则，甚至国家（政府）的强制权力和公共权力也

---

① 常凯．劳动关系学．北京：中国劳动社会保障出版社，2005：166

② 罗昌平、张伯玲、欧阳洪亮、张冰．通钢改制之殇——我国钢铁行业重组过程中的职工权益保护问题研究．财经，2009（17）：30－36

③ 李锦峰．国企改制过程中的国家与工人阶级：结构变迁及其文献述评．社会，2013（3）：207

不能非法侵犯。[①] 可以说在市场经济条件下，劳动关系是一种以利益为基础，以雇佣为基本形态的经济关系。利益是经济发展的基本驱动力，利益是市场经济条件下处理经济关系的基本原则，也是劳动关系处理的基本原则。劳动关系作为一种利益关系，劳资双方都有各自不同的利益，资方以追求利润最大化为目标，劳方以追求收入最大化为目标。

在上述探索下，一个世界上最为庞大的劳工群体也正在形成。其构成通常被认为主要有两个部分：一部分是农民进入城镇务工成为工人的"农民工"；另一部分是原有国企工人转变而成的劳动力市场中的工人和因制度转轨而失业下岗的工人。他们的权益如何保护、如何规制，是需要直接面对的问题。

（二）劳动法的探索：从碎片化到制度整合

在市场经济初期，我国主要通过颁布单行法的形式对劳动者权利进行碎片化的倾斜性配置。1988 年，国务院颁布了《女职工劳动保护规定》。1992 年，第七届全国人民代表大会通过了《中华人民共和国妇女权益保障法》《中华人民共和国矿山安全法》。在工会方面，1992 年，第七届全国人民代表大会通过了新的《中华人民共和国工会法》。在劳动争议处理方面，1993 年，国务院颁布了《企业劳动争议处理条例》。这一时期的劳动关系的形成、运行主要靠市场机制予以调节，劳动就业、工资报酬等主要靠劳资双方协商予以

① 高全喜．论政治社会——关于中国现代社会的一种政治经济学考察．载许章润．民族主义与国家建构（第一卷）．北京：法律出版社，2008：82－83

确定。而随着市场化的变化，劳资双方利益差别越来越大，劳资冲突和矛盾也不断加剧，[1] 国家开始通过宏观调控手段，通过制定劳动法律法规、劳动法律政策来对劳动关系进行调控和规范。

1995 年《劳动法》的颁布，标志着我国对劳动关系适用民法调整历史的结束，开启了对劳动关系全面的管制。但是，由于我国市场经济刚刚起步，各地经济发展不平衡，无论是资方、劳方还是政府，适用《劳动法》的意愿和力度均相当弱。因此，从实践的角度来观察，该阶段对劳动关系的调控仍然是以意思自治和契约自由为主要方式和手段。

（三）劳动法的问题：以国有企业为原型配置权利义务

任何一种法律制度都有其特定的主体模型预设作为逻辑前提，即从“现实中的人的缤纷外表中萃取理想的模型”，并以此理想模型为假想对象展开规则设计。[2] 因为任何法律关系按照其内容作为权利和义务界定、划分，其主体也就相应地分为权利主体和义务主体。在此以生育保险为例，分析我国劳动法配置劳动权利和劳动义务存在的问题。

生育保险立法作为规范生育保险关系的法律制度，其主体模型包括义务主体模型和权利主体模型。从参加生育保险、承担生育成本的法律规定来看我国劳动法的主体模型选择和预设，其义务主体模型经历了从“国有企业”到用人单

---

① 常凯．劳权论——当代中国劳动关系的法律调整研究．北京：中国劳动社会保障出版社，2004：86－89

② 邬砚．从单一走向多元：《劳动合同法》主体模型的解析与重构．现代法学，2013（4）：183

位的演进和选择，而权利主体模型经历了从“国有企业职工”到劳动者的演变。对于生育成本，不同学者有着不同的界定。基于生育保险制度功能定位考虑，文中所称生育成本仅仅是指女性从怀孕到哺乳期之间产生的生育医疗费、收入损失等成本（包括男女实施计划生育措施）。综合我国现行生育保障制度来看，为了保障女职工孕期、产期、哺乳期（以下简称三期）的权益，其一方面规定生育保险费全部由用人单位予以缴纳，职工个人无须承担；另一方面规定用人单位的诸多法定义务：女职工在孕期进行产检的，视为正常劳动时间，工资照发；如用人单位依法缴纳了生育保险费，则女职工因为生育（计划生育）而产生的医疗费、产假津贴由生育保险基金予以支付，否则由用人单位全部负担；女职工在三期，用人单位不得随意解雇女职工，否则视为违法解雇，需依法向其支付赔偿金。从上述规定来看，因女职工生育产生的直接成本和因生育暂时中止工作额外用工的间接成本均由用人单位予以承担。这种几乎由用人单位承担职工生育成本的立法思维是上述呈现生育保险现状的主要原因，其根源在于我国当初立法设计对义务主体模型的最初选择为“国有企业”，权利主体为“国有企业职工”所致。这种预设和原定模型的选择与市场经济背景下的实际主体的多元化不相适应，也与工业化背景下生育需要从人口政策、促进公平就业的国际立法趋势考虑相悖。

1. 劳动法义务主体：以国有企业为模型

自 20 世纪 60 年代，生育保险制度就作为国有企业对本单位女职工的福利而予以存在。随着经济体制的转轨，尽管国有企业本身需要进行市场化改革，市场主要用工主体也已经成为以营利为主要目的的企业，但无论是国务院 1988 年颁布的《女职工劳动保护规定》，还是 1995 年劳动部颁布的《企业职工生育保险试行办法》，由用人单位承担劳动者生育成本的思维在立法中一直没有消除，用人单位被要求承担劳动者生育医疗费、生育期间工资、生育假期等一系列的成本、负担、风险。在工伤、医疗、养老、生育、失业 5 种社会保险中，工伤和生育两种社会保险费用是由用人单位独自缴纳，因而成本和风险几乎全部由用人单位承担。

2. 劳动法权利主体：以国有企业职工为模型

义务主体模型选择最初是国有企业，权利主体模型则是当时处于改革攻坚阶段的国有企业职工。在计划经济体制下，我国一直将社会保险作为国企劳动者的劳动保险予以设计，生育保险等只不过是为了消除国有企业职工对劳动合同制的担心和疑虑提供的权利体系。[①] 1995 年《劳动法》的颁布，延续“国有企业”保障职工劳动保险的立法思维，立法中要求用人单位承担劳动者的 5 种社会保险费用。由于立法对于“劳动者”的范畴没有界定，用人单位范畴和劳动关系成为认定“劳动者”范畴的重要标准。但是以《劳动法》“劳动关系”为标准确立被保险主体的立法思维并未消除。《劳动法》对于劳动者劳动权益的保护仍然在某种程度上延续了“单位人”和“具体人”的思维。即《劳动法》既关注到了劳动者在劳动关系中作为个体劳动者与用人单位力量的不均衡，同时受到原计划经济“国有企业”对职工利益“大包大揽”思维的影

---

① 周长征．劳动法中的人——兼论“劳动者”原型选择对劳动立法实施的影响．现代法学．2012（1）：107

响，希望用人单位承担劳动者的“生老病死”等一切负担的思维并没有改变。由于“劳动者”原型的选择不当，我国对劳动关系的调整机制天生就带有体制色彩过强、覆盖面过窄、权利体系大而全等问题。[①]

3. 对促进劳资合作做了探索

劳动法强调对劳动者保护的同时，对于促进劳资合作也做了一些制度方面的改革和探索。1990 年 9 月 7 日，全国人大常委会批准了《三方协商促进实施国际劳工标准公约》，对三方协商原则做出了承诺。1996 年 5 月，劳动部、全国总工会、国家经贸委、中国企业家协会在《关于逐步实行集体协商和集体合同制度的通知》中明确提出：“在有条件的地区应当逐步建立由劳动行政部门、工会组织、经贸部门和企业家协会共同组成的三方协商机制，定期就劳动关系中存在的重大问题进行协商。”2001 年修订的《工会法》第三十四条规定：“各级人民政府劳动行政部门应当会同同级工会和企业方面代表，建立劳动关系三方协商机制，共同研究解决劳动关系方面的重大问题。”这些都为我国三方协商机制的建立奠定了法律基础。[②]

四、2008 年至今：劳动法管制力度加强

随着市场经济的发展，劳动关系领域出现了许多新问题和新变化。比如：劳资双方收入差距的扩大导致劳资之间的利益冲突进一步显性化，劳务派遣等非典型用工越来越多，劳动者之间的分层越来越多。《劳动法》从立法理念到立法技术都存

---

① 周长征．劳动法中的人——兼论“劳动者”原型选择对劳动立法实施的影响．现代法学．2012（1）

② 程延园．集体谈判制度研究．北京：中国人民大学出版社，2004：53

在一些不足，主要体现为：第一，法律条文过于抽象和原则，可操作性比较弱。如现实中存在大量企业不跟劳动者签订书面劳动合同的情形，导致认定劳动关系相对比较困难，而《劳动法》对此没有作出明确的规定。《劳动法》颁布之初主要解决有法可依的问题，立法遵循了宜粗不宜细的原则，导致实施层面弹性空间较大。又如《劳动法》第二十条规定："劳动者在同一用人单位连续工作满十年以上，当事人双方同意延续劳动合同的，如果劳动者提出订立无固定期限的劳动合同，应当订立无固定期限的劳动合同。"由于该规定适用需要两个条件才有可能签订无固定期限劳动合同，基于劳资双方信息占有和谈判博弈等各方面的考虑，很容易被用人单位规避。第二，劳动法的适用范围过窄，"劳动者"与"劳动关系"的界定不清晰。一方面把大量的农民工、非正规就业人员排除在法律适用范围之外；另一方面把作为资方代言人的高级管理人员也纳入进来。第三，法律责任规定不明确，导致企业的违法成本过低，法律实施效果不理想。如针对企业违法解雇、未签订书面劳动合同、针对女性等弱势群体劳动者的就业歧视等诸多问题没有规定相应的法律责任。第四，集体劳动关系调整不到位，关于集体协商的程序、集体合同的效力及履行、解决争议的方式等内容都有待加强。①

为了加强对劳动者的倾斜性保护，2008 年以来，国家层面对于劳动关系的干预力度增加，希冀通过这种强制性的"压力型"法促进资方在法律框架内与劳方建立长期合作型劳动关系。在该预期下，我国开始通过加大对劳动合同、劳务派

① 林嘉．劳动法的原理、体系与问题．北京：法律出版社，2016：4

遣、就业歧视等方面的规制力度向资方施压，并通过要求加大劳动监察力度、劳动仲裁免费、欠薪保障等一系列的制度和措施来迫使资方改变以往短期用工、任意解除劳动合同、任意损害劳动者利益的行为。

《劳动合同法》通过规定未签订书面劳动合同法律责任、试用期适用条件、无固定期限劳动合同适用范围及法律责任、解雇保护条件和水平提高等加大对劳动者倾斜性保护力度。① 《劳务派遣暂行规定》通过对劳务派遣公司的注册资金、行政许可、劳务派遣适用岗位“三性”、法律责任等规定给劳务派遣穿上了法律的“紧身衣”。部分学者对此发出了疑问，认为这种倾斜性保护力度的增加，增加了用人单位的用工成本，倾斜保护过度，可能会对边缘劳动者和失业劳动者形成“挤出”效应，增加失业率等问题。② 因此，上述对劳动者权利的倾斜性配置主要是通过《劳动合同法》《劳动合同法实施条例》等对个体性劳动权利的配置。对于集体性劳动权利的配置并没有明显的变化，这不得不说是一个遗憾。

---

① 学界普遍认为，尤其是未签订书面劳动合同 2 倍工资法律责任的规定，无固定期限劳动合同适用范围的扩大，以及解雇保护标准的日趋严格，体现了国家对劳动者倾斜性保护力度的加大。

② 吴元元．劳动契约安排的制度逻辑——无固定期限劳动合同的法律经济学重读．现代法学，2014（6）；应飞虎．权利倾斜性配置的度——关于《劳动合同法》的思考．深圳大学学报（人文社会科学版），2008（3）

第三章

我国劳动法权利配置的问题

为了保护劳动者权益，我国通过很多法律对劳动者的权利进行倾斜性配置。保护个体劳动者权益的法律如《劳动合同法》，保护集体劳动者权益的法律如《集体合同规定》，主要保护劳动者权益的实体法如《劳动合同法》《劳动法》《就业促进法》《工资支付暂行规定》等，保护劳动者权益的程序法如《劳动争议调解仲裁法》《民事诉讼法》等。再加上各省市颁布的地方性法规、地方政府规章以及法院出台的各种司法解释，使我国劳动法对劳动者权利配置的规定纷繁复杂，层次不一，体现出两个阶段性的特点：2008 年之前，《劳动法》对劳动者配置了较多个体实体性权利，但由于对于用人单位配置的义务和责任不够明确，导致相当一部分劳动者的权利无法实现。为了保障劳动者权利的实现，2008 年，通过《劳动合同法》《就业促进法》《社会保险法》等，明确对用人单位配置义务和责任来强化劳动者的权利。

通过对劳动法配置更多的实体性权利，目的是有效保护劳动者权益，形成我国劳动法律规范的特点。但现实是变化万千的，面对着全球化、信息化和风险社会带来的各种新型用工关系的涌现，单纯靠成文法为劳动者配置较多实体性劳动权利的方式未必能实现立法目的。为此，本文尝试运用法律经济学、法社会学、规范法学等研究方法对劳动法的权利配置所存在的问题做一个梳理、归纳和分析，揭示和剖析劳动法在权利配置方面存在哪些问题。

第一节 集体性权利配置分析

劳动法是针对具有从属性、听从他人指示、为他人利益工作的劳动者进行特别保护的法律。即通过对个体劳动权配置平等就业和选择职业的权利、获得劳动报酬的权利、休息休假的权利、劳动安全卫生保护的权利、接受职业培训的权利、享受社会保险和福利的权利、提请劳动争议处理的权利等，实现劳动者权利保障的目的。但是，要形成劳动关系双方相互制约和平衡的机制，单靠劳动者个人的力量很难实现，即使依靠个体劳动法和劳动基准法介入强行矫正劳资双方力量的不平衡，也容易矫正不足或矫枉过正。将劳动者组织起来，通过集体的力量来实现这种平衡，在自然状态下平衡与协调劳动关系是现代劳动关系的主要特点，也是市场经济发展的必然趋势。并且这种方式会使得工会可根据市场经济的发展和劳动关系的变化，随时与用人单位协商和解决双方在劳动关系运行过程中遇到的各种问题，并通过不断博弈，实现劳动关系新的平衡。

个体劳动权的实现需要借助集体的力量，因为集体的力量必然大于个体的力量，劳动者应当团结起来，组织工会，通过工会的组织力量来维护劳动者个人的权利。对于《劳动法》没有规定或者不可能规定的空白点，就需要由工会与用人单位通过集体协商与签订集体合同进行约定，弥补法律规定的空白，并为劳动者设定将来的劳动权利。所以，强化集体劳动权是《劳动法》立法宗旨的必然要求。

然而，我国将矫正劳资利益不平衡的重心放在加强《劳动合同法》对个体劳动关系的管制力度上，而没有有效发展集体权利，这导致了我国在立法上仍然是重"个体权利"轻"集体权利"。

集体劳动权利是基于集体劳动关系的存在而产生的。劳动关系可以分为个体劳动关系和集体劳动关系，集体劳动关系（Collective Labour Relations）是在个别劳动关系存在和发展的基础上形成的，是劳动者通过行使团结权，组成工会来实现自我保护，并进而平衡和协调劳动关系。集体劳动关系的一方是工会组织，另一方为雇主或雇主组织，是团体对团体的关系。双方主要通过集体谈判和集体协议的形式来体现其构成和运行，实现劳动者的自我保护，进而平衡和协调劳动关系。

在集体劳动关系中，劳动者的权利表现为团结权、谈判权、参与权和罢工权。对于前三种权利，我国法律都有明确的规定，而对罢工权却没有作出明确的规定，法律上常用的"怠工""停工"等从形式上看，也可以说是罢工权的一种表现方式。目前，我国法律关于集体劳动权利的规定散见于《劳动法》《工会法》《集体合同规定》以及地方性规章等，但相较于个体劳动关系，我国集体劳动关系的法律规定不足，表现在以下几个方面。

一、团结权的规定与现实尚有差距

劳动者的团结权是指劳动者组织工会的自由。《工会法》规定："在中国境内的企业、事业单位、机关中以工资收入为主要生活来源的体力劳动者和脑力劳动者，不分民族、种族、性别、职业、宗教信仰、教育程度，都有依法参加和组织工会的权利。任何组织和个人不得阻挠和限制。”从这一规定可见，劳动者可以自愿参加工会组织，通过工会来维护自己的合法利益，并且实现自己的合理要求。然而现阶段，由于一些原因，劳动者团结权的现实化还有一定的难度，比如，工会体制的行政化导致工会干部容易脱离职工群众，影响职工群众入会的积极性。基层工会主席不能直接选举，有些工会直接听命于老板，不能维护职工群众的合法权益等，都会导致职工群众团结权无法实现。当劳动者的团结权无法实现时，带来的后果是劳动者的集体行动处于无序状态。劳动者在遇到问题时，通常会采取以下几种方式来解决：

第一，采取“日常反抗”这一“弱者的武器”（weapons of the weak），来表达自己的不满和对强者的抗争。这些日常形式的反抗通常包括：偷懒、装糊涂、开小差、假装顺从、偷盗、装傻卖呆、诽谤、纵火、怠工，等等。斯科特的理论对相当一部分劳动者的行为具有相当的解释力。第二，采取失范的利益表达方式。“失范”是涂尔干（E. Dunhein）在描述急剧的工业化和民主化过程的时候提出的，是作为个体丧失行为方向的一种社会疏离（Social Disintegration）。失范表现为个人在社会行为过程中适应的困难、丧失方向、无安全感、边际化、无所适从以及个人期望无节制地上升、不断感到相对被剥夺以及对社会主流价值观提出质疑等。梅传强、贺洪波认为，劳动者在其合法权益受到侵害后通常会选择以下四种方式进行维权：一是选择与侵权方谈判、协商等私力救济方式维权（如农民工向雇主协商讨薪）；二是借助自己的社会关系网（如亲友等各种人脉资源）、非政府组织（包括工会在内的各种非正式、民间组织）、网络传媒等社会力量维权；三是诉诸包括行政、司法在内的公权力维权（如申请仲裁、诉讼、向有关政府部门上访、申诉）；四是采取各种极端抗争方式维权（如集体示威、游行，甚至自杀）——这种方式往往因为容易获得舆论关注而极易引发群体性事件。现实中，农民工因为被拖欠工资而频频出现的“跳楼秀”“跳桥秀”等均可以归结为此种。当采取合法的利益表达手段来维权成本过高时，失范的方式则是弱者为了维持生存伦理而被迫采取的一种方式。因此，保障劳动者的团结权，需要完善劳动法律规定，并推动工会体制改革。

二、集体协商权配置不均衡

目前，我国劳动三权里面相对配置较多的是集体协商权，通过《集体合同规定》对集体合同的签订、履行做了比较全面的规定。但是集体合同的签订只是集体协商权行使成功之后权利的具体落实，在现实中最困难的不是集体合同的签订，而是如何能使劳资双方真正通过互动博弈、集体协商而最终达成“意思自治”的集体合同。事实上，如果没有真正的博弈过程，则就会沦为“有合同无协商”“有结果无过程”的尴尬结果和局面。[①]

集体协商权的行使应该是在国家相对中立的前提下，由劳资双方形成的团体代表通过博弈和协商，形成意思自治的

① 吴清军．集体协商与“国家主导”下的劳动关系治理——指标管理的策略与实践．社会学研究，2012（3）

团体性协议。但是在我国，除了个别成功的集体协商案例外[①]，多数劳资之间很难通过集体协商形成意思自治的集体合同。

此外，对诚信谈判的规定仍然存在一些不够完善的地方，也影响集体协商权的实现。如在集体协商过程中，经常出现对于劳动者提出的协商请求权，资方拒绝协商、采取各种理由拖延，对协商所需要的资料拒绝提供或者提供得不完整，严重影响集体协商的顺利进行。我国集体协商之所以在大多数时候变得“有合同、无协商”，跟我国法律对诚信协商义务的规定不完善有很大关系。所谓诚信协商，是指劳资双方必须穷尽团体协商机制，始得谓已遵守诚信协商义务。所谓“穷尽”，应是指用尽各种理解的可能性，试图与对方达成合意而言，并非被强制一定要缔结团体协商。劳资双方需要倾听对方的要求或主张，对于他方合理适当的协商或主张，有提出具体性、积极性的回答、主张或应对方案，必要时，有提出根据或资料的义务。换句话说，若雇主未提供该等资料，将导致协商难以进行或不能进行，该等资料即为团体协商的必要资料。但是如何认定雇主尽了提供必要资料的义务，提供资料的范围是以企业经营的实务做法为准，还是以协商谈判的必要性为准？尤其是对于经营及人事资料的分级（秘密等级）及管控方式（如保密条款），也要进行一定的利益平衡。例如，雇主如以无财务负担能力而欲拒绝劳方的加薪或改善劳动条件的要求，则应证明其财务状况，以利双方进行诚信协商。如果雇主提供财务资料

---

① 闻效仪．集体谈判的内部国家机制——以温岭羊毛衫行业工价集体谈判为例．2011（1）：12－130。杨正喜．地方工会“上代下”与工资集体协商——以南海本田事件为例的研究．社会科学，2014（11）：69－78。

证明其财务状况不佳或亏损、惨淡经营，则认为其尽了诚信协商的义务。

我国虽未直接使用“诚信谈判责任”的用语，但在2000年劳动和社会保障部颁布的《工资集体协商试行办法》中明确规定了与诚信谈判责任相关的规则。第十七条规定了一方提出工资集体协商要求，另一方应于规定时间内予以书面答复并与对方共同进行工资集体协商的法定义务。而第十八条则规定了在集体协商中，双方主体有提供与工资集体协商有关的真实情况和资料，否则应承担因不合作而带来的后果。除了全国性的规定外，地方性的一些规定，如《深圳经济特区集体协商条例修改草案（征求意见稿）》在第二十四条规定，虚假协商；无不可抗力等法定情形拖延集体协商进程；传播虚假信息影响集体协商；威胁或者利诱对方协商代表等都构成违反诚信谈判原则的行为。在第二十六条规定，三种情形构成虚假协商行为：其一，故意纠缠程序细节拖延集体协商进程；其二，无正当理由始终以唯一方案或者立场排斥对方合理意见和主张；其三，在工资集体协商过程中，用人单位坚持以市政府公布的最低工资标准作为正常工作时间工资标准的。并且规定了虚假协商的法律责任。[①] 这些地方性规定对区域性集体协商权的行使起到指引作用。但全国性的法律规定不充分，相当程度上明显影响劳动者集体协商权的有效行使。

---

① 深圳的规定实际上尽管未标明为不当劳动行为，但与不当劳动行为的界定一脉相承。翟玉娟．集体协商制度构建的亮点与不足——对《深圳经济特区集体协商条例（征求意见稿）》的评析．马克思主义与现实，2012（2）：190

三、集体争议权规定不够完善

集体争议是集体劳动关系的产物，通常是指集体合同谈判、履行过程中发生的争议。争议的主体，一方是工会和劳动者集体，一方是用人单位。《劳动争议调解仲裁法》第七条规定：“发生劳动争议的劳动者一方在十人以上，并有共同请求的，可以推举代表参加调解、仲裁或者诉讼活动。”在我国，发生集体劳动争议，解决的途径与个体劳动争议适用程序是一致的，《劳动争议调解仲裁法》对保障集体争议权发挥了良好的作用。然而现实是复杂的，法律不能穷尽所有的手段。比如，当工会为劳动者争取利益时，雇主往往会采取一些妨碍劳工的行为，这些行为被称为“不当劳动行为”。

我国劳动法对不当法律行为没有做出规定，基于这种行为而产生的争议因无实体法规定而不能进入解决程序，使得集体争议权的实现遇到瓶颈。

第二节　主体间实体性权利配置分析

劳动法虽然以倾斜性保护劳动者为立法宗旨，但是作为调整劳动关系的法律规定，如果只对劳动者配置权利而不配置义务，或者只对用人单位配置义务不配置权利，同样会产生调整的失衡，不利于构建和谐劳动关系。基于倾斜性保护的法律理念，劳动法对劳动者配置了很多实体性权利。2008 年《劳动合同法》为了平衡劳资双方的利益，只是针对劳动者的服务期和竞业禁止两方面做了有利于用人单位的规定，但是基于利益平衡而对用人单位利益的权利配置和对劳动者义务的规定仍不足。

一、劳资主体间附属义务的配置

（一）劳动者附属义务配置不足

《劳动合同法》对于劳动者规定的义务不多，仅仅规定了签订劳动合同时的告知义务、保密义务和劳动关系终止时办理工作交接的义务。对于其他义务，法律并没有做出明确规定，导致现实中发生了一些法律纠纷。

王某和李某是江苏扬州某公司的产品检验员。2018 年 5 月，公司要求两人加班完成一批产品检验，否则公司不能如期交付货物而造成违约，需要支付高额赔偿。两人明知情况紧急，明知公司的这批货要由他们检验后方能够出厂，却在公司要求加班完成出厂检验任务的情况下，拒绝加班。导致公司未能履约，不得不向客户支付了高达 12 万元的违约金。①

从案例表面上看，涉及劳动者是否应该就这 12 万元的损失承担相应的责任，但从法理角度看，这涉及劳动者在劳动关系中需要承担怎样的法律义务问题。与国外劳动法对劳动者明确的义务相比，我国劳动法对劳动者配置的附属义务在以下几个方面存在诸多不足之处。

1. 工作义务。所谓工作义务，是指受雇人有依照指示提供劳动的义务。劳动契约除具有财产法上的意义外，还有劳资双方人格信赖关系，因此债务人应亲自履行，除双方同意

① 《员工拒绝加班造成公司损失，要担责吗？这个案子说清了！》，https：//www. sohu. com/a/394770422_ 381520，2020 年 5 月 12 日，访问于 2020 年 5 月 30 日

外，不得由他人代为履行，即便是借调也需要劳动者同意。而且在特殊情况下，工作义务可以进行扩张、缩小或排除。（1）扩张工作义务。如遇到意外、经济不稳定或者抢险救灾等，雇主可以暂时扩张受雇人的工作义务。劳动者如无正当理由而故意拒绝所能给付的劳动，有可能构成权利滥用。（2）缩限工作义务：通常为工作时间的缩短，如缩减时间较长者则为休工，不论缩短或休工均不得片面减少工资。（3）工作义务全面停止时，发生雇主受领迟延的效力。如当雇主未让劳动者进入工作岗位、未对使用劳动力提供必要的协助和准备，尤其是没有提供材料与工具时，或没有为保护劳动者生命健康提供必要的措施，均构成雇主受领迟延。同时当劳动者给付不能时，如疾病、休假等，免于给付义务。

劳动者从属于雇主劳动组织之后，需要遵从雇主指示。同时劳动者还有注意义务，即受雇人受雇用之后，应尽一切注意义务，应尽其职能，对雇主的材料、工具等，谨慎、节省使用。

2. 忠实义务。劳动者应尽注意义务提供劳务，并忠实维护雇主方合法利益。劳动者对于雇主的机器、工作器具、技术装置、设施、交通工具以及供其工作交付的材料等应正确使用注意保护。因为劳动关系不仅仅是简单的财产价值交换，主体间的人格信用关系也极为重要。劳动者对雇主的合法利益，依照诚实信用原则的要求应尽量予以维护。同时，尚有一项广泛的不作为义务，即凡对雇主可能发生损害的一切行为均不得作为，如不得唆使其他同事违反义务怠工，此外凡是足以影响雇主营业名誉、信用的事实，也不应该张扬，但有更高利益应受保护的不在此限。

忠实义务是雇员重要的从属义务。它是关于体谅另一方合法利益的义务，可能是一种积极义务或者是一种不作为义务，其法律基础是劳动合同。杜茨的《劳动法》认为，其他特别的从属义务是从《德国民法典》第 242 条引出，而不是从忠实义务引出。

（1）通知和报告义务。即不仅仅在招工阶段，还在劳动关系存续期间，雇员有对个人情况告知的义务。例如，卡车司机应该在没有被要求的情况下，将其驾驶执照丢失的情况通知雇主。一个雇员确定他所工作的机器运转不正常，那么该雇员应该承担这方面的报告义务。①

（2）减少损失的义务。雇员在紧急情况下负有义务从事劳动合同所确定的主要义务框架之外的劳动，这一义务不但指时间上，还包括劳动给付方式上。而且这一义务以可预见范围为限。例如，尽管订单增加雇主仍不愿意增加劳动力，雇主无权要求延长工时进行工作。②

（3）不作为义务。包括：第一，保密义务、言论自由的限制、禁止受贿。根据《德国民法典》第 824 条的规定，只要泄露雇主商业上的重大事项会给雇主利益带来不利影响，而且雇员在此问题上没有合法重大利益，雇员就不得泄露这些事项。而且雇员在公开活动中不得有损害其雇主信用的言论。即便是在私人领域，也不得存在和劳动关系有具体关联，可能损害雇主利益的言行。第二，除了习惯上允许接受的偶尔赠送的

① ［德］W. 杜茨. 劳动法. 北京：法律出版社，2005：63－65

② ［德］W. 杜茨. 劳动法. 北京：法律出版社，2005：63－65

礼物，禁止雇员收受贿赂。对于收受的贿赂应当支付给雇主。第三，竞业禁止。只要劳动关系存在，雇员就有竞业禁止的法律义务。根据《德国民法典》第242条的规定，即便是没有通过合同约定，确定雇员竞业禁止的法律义务，法律也确定了此项义务。①

（4）计算与返还义务。受雇人在工作范围内所获得的一切（包括物品、工具、器材、文书、金钱），均应返还给雇主，并且应充分、真实地向雇主报告，未经雇主知悉或同意不得受领与工作有关的不当利益，如回扣等。其他受领的金钱，则可以对雇主的工资主张留置权而抵销。《瑞士债法典》规定劳动者因工作从第三人领取的金钱或其他物品，也应该向雇主告知，并立即返还。劳动者的工作产品也应立即返还给雇主。同时，随着信息社会的到来，如果通过电脑提供劳动的，对于电脑上的软件和硬件，不能未经许可将资料拷贝，在电脑中输入不正确的资料，对电脑资料进行更改或破坏，损坏电脑机器等。

（5）服从义务。劳动者有义务服从雇主职业职场安全所制定的规范，如住宿、餐厅、浴池等规则都应该遵守。

（二）雇主的附属义务配置不完善

我国劳动法对于雇主的义务也规定得不够全面，对雇主义务的规定主要局限于保护雇员生命健康义务和提供经济地位向上机会义务方面。但是对雇主保护雇员人格权以及携带财产保护义务方面没有做出明确的规定。雇主体谅义务是雇员忠实义

① ［德］W. 杜茨．劳动法．北京：法律出版社，2005：63－65

务的对立面。它涉及的是雇主相应的体谅义务。在德国，照顾义务已经不具有独立法律基础的功能。雇主的特别附属义务主要包括以下几个方面。

1. 保护照顾义务。工资义务属于雇主在财产上应履行的义务，保护照顾则属于雇主在人格上的义务，以保护劳动者的人格权、财产及经济上向上的可能性。（1）保护雇员生命和健康的义务。《德国民法典》将劳动场所、劳动流程和劳动环境等组织中的劳动合同上的照顾义务通过法律形式具体化。（2）保护雇员人格的义务。雇主应该保护雇员的人格权。受保护的人格权包括：精神上的主权，个人及职业尊严，在营业中的地位名望、隐私权、意见自由、集会结社权。根据德国《雇员保护法》第 2 条第 2 款规定，雇主应该保护雇员免受工作场所的性骚扰。雇主在表述雇员的人格（肖像）、影响雇员的社会评价（荣誉）以及介入雇员的私人和隐私范围时必须在权衡双方利益情况下是公正的。

对于雇主客观上违法侵害雇员的人格权，雇员可以类推适用《德国民法典》第 1004 条按一般民法上的排除和不作为请求有效确认。另外，在重大案件中，雇主有过错时，也可以考虑雇员精神损害赔偿请求权。[①] 而且，雇主从事人事管理、收集资料时应该权衡雇员人格权不受损害这方面的利益，雇主必须保证其行为不侵害雇员也不交给第三人查阅而且保证基于要求的查阅的正当性。德国《企业委员会法》第 83 条规定，如

① 在我国，由于《劳动法》中对于精神损害赔偿请求权没有规定，以及当雇主客观上确实因违法解除劳动合同等不当行为侵害雇员的人格权时，能否请求消除影响、损害赔偿等请求权则不可以在劳动争议案件中一并审理，而需要另案提起诉讼，实在是对司法资源的极大浪费。

果雇主在雇佣的过程中对于雇员的品行等雇佣行为有错误的实际陈述或者判断，雇员有权根据其人格权向雇主请求更正。只要这些可能影响雇员职业上的发展，相应的改正可视为正确的陈述。

（2）保护被携带财产的义务。雇员通常不能对带入企业的所有物品进行自我照看。只要是劳动服务或者个人必需的物品，雇主就有合同上的照管义务。对此包括衣物、交通工具、劳动工具等，但通常不包括大量的现金、昂贵的化妆品之类，雇主应该为雇员提供可期待的安全装置，如带锁的柜子、停车场等。

其他还包括平等对待义务以及向财税机关缴纳雇员所得税和社会保险费等义务，如果雇主违反则可能基于积极违约以及侵权行为而产生请求权。[①] 在进入信息社会之后，电脑、手机等办公设备往往对当事人的人格权，尤其是隐私权造成影响。故瑞士债法第 328 条第 2 款规定，雇主可以对劳动者的资料进行处理，但以与劳动关系有关并以劳动契约的履行所必要为限。

（3）提供经济地位向上机会的义务。为保障劳动者经济地位向上，即便是在劳动关系结束后，雇主仍应为一定行为，使劳动者能改善其情况，这包括工作能力证明文件的发放。此类证明，劳动者随时可以请求，在劳动关系履行期中固然可请求中间证明，结束后也可以请求终了证明。

我国《劳动合同法》对此方面也做了规定。《劳动合同法》第五十条规定：“用人单位应当在解除或者终止劳动合同

---

① ［德］W. 杜茨．劳动法．北京：法律出版社，2005：71－73

时出具解除或者终止劳动合同的证明，并在十五日内为劳动者办理档案和社会保险关系转移手续。”解除劳动关系的证明对于劳动者而言十分重要。其一，该证明是劳动者再次寻找新的用人单位的重要证明材料。因为根据《劳动合同法》的相关规定，用人单位不得招聘尚未解除或终止劳动关系的劳动者。因此，新的用人单位在招聘非应届毕业生时，往往会要求求职者提供解除劳动关系的证明。同时，他们也会根据解除劳动关系证明提供的信息考察劳动者的知识、技能、人品、业绩等。其二，解除劳动关系证明是社会保险经办机构审查劳动者是否符合享受失业保险待遇的重要依据和证明。《失业保险法》针对失业保险金的发放主要是针对非主动辞职的劳动者予以发放。因此，解除劳动合同的证明对于劳动者领取失业保险金非常重要。

解除劳动合同或劳动合同终止后，用人单位还须为劳动者办理社会保险转移手续、档案转移手续和工作交接手续。《劳动合同法》第五十条规定，社会保险转移手续和档案手续须在劳动合同解除或终止之日起十五日内办理完毕。档案对于事业单位、国有企业仍然十分重要。劳动关系解除或终止之后，劳动者往往手头上还有一些工作可能没有完成，或者虽然完成还涉及后续的工作安排，跟相关单位的联系工作进度。还有相当一部分劳动者占有用人单位的办公用品及账款等财务需要结清等工作需要完成。

二、灵活就业人员劳动权配置不足

灵活就业概念源于国际劳工组织（International Labour Organization，ILO）的“非正规部门（informal sector）就业”

概念。国际劳工组织在1972年《就业、收入与平等：肯尼亚增加生产性就业的战略》的研究报告中，首次提出了“非正规部门就业”的概念，是指在实际或法律层面不受国家劳工法律法规、所得税制度的规制，且不受社会保障、社会保护或其他员工福利覆盖的劳动就业，具体包括：临时雇用、兼职工作、临时代理工作，其他多方雇佣关系、变相雇佣关系和依附性自营职业。① 在《世界就业报告1998—1999年：经济全球化背景的就业能力培训的重要作用》② 中进一步明确了“非正规就业”的含义：“非正规就业”包括雇佣工人的小企业、主要利用家庭成员劳动的家庭企业和自谋职业者。非正规就业在付酬、劳动时间、劳动关系、工作形态、社会保障及经营活动6个方面存在不固定性、不稳定性或不规范性，是与正规就业在性质上有区别的劳动就业形式。③ 在过去的40多年时间里，“非正规就业”的概念和内涵也在不断演进。由于“非正规就业”的表达有贬义之嫌，我国更倾向于用“灵活就业”概念。④

---

① International Labor Office, Employment Incomes Equality : A Strategy for Increasing Productive Employment in Kenya, International Labor Office, 1972.

② Anatoly Tchaban, ILO. Employment and Training Dept, Towards more flexibility in training: a review of some experiences in rationalizing the provision of vocational qualifications, http: //www. ilo. org/public/english/employment/strat/download/etp56 . pdf.

③ 张彦．非正规就业：概念辨析及价值考量．南京社会科学，2010（4）：62－68

④ 劳动和社会保障部劳动科学研究所．中国灵活就业基本问题研究．经济研究参考，2005（45）。由于受到传统计划经济和单位制就业模式影响，在过去人们对非正规就业的印象多是负面的。在这种负面印象下，我国很多城市在管理对策上，对农民工的非正规就业常常采取排斥的态度，造成不良社会影响，所以后来该概念在我国官方文件中逐渐消失。转引自：涂永前．应对灵活用工的劳动法制度重构．中国法学，2018（5）：218

（一）对灵活就业保护面过窄

《劳动法》对灵活就业的规定仅有三种：第一，是非全日制用工。规定非全日制用工可以口头签订劳动合同，没有试用期，解雇不需提前通知，且无须支付经济补偿金，加班不需支付加班费，只需缴纳工伤保险，其他四种社会保险由双方协商确定。可以说，这种对非全日制用工的规定的确非常灵活，区别于标准劳动关系用工形式。第二，劳务派遣用工。针对部分用人单位临时性、辅助性、替代性的岗位，用人单位可以采用劳务派遣用工形式。但是，随着2011年对劳务派遣规制力度的加强，对于劳务派遣公司注册资本、劳动合同签订形式和期限、派遣岗位等方面加大了规制力度，导致很多本来想通过劳务派遣方式降低用工成本的企业不得不另外寻找其他"出路"，比如通过"业务外包"[①]"转移到东南亚"等方式降低用工成本。第三，以完成一定工作任务为期限的劳动合同。这种劳动合同开始时间和终止时间是以具体的工作任务开始和结束为期限，通常发生在建筑行业、装修行业，通常跟建筑、装修等项目的开始和结束时间相吻合。

劳动法对灵活用工的规范仅限于以上三种，远远不能满足社会现实的需要。从第一次工业革命到现在，人类社会从机械化，经历了电气化和信息化，走向了今天以工业4.0为标志的

---

① 在国内部分制造业因为业务季节性较强，通过将业务外包给一些包工头，包工头自己再临时招募一些人来加班加点完成这些订单。由于包工头是以个人的名义接单，可以不用缴纳五险一金，又可以躲避政府部门在工作时间等方面的监管，在东莞、义乌等地十分盛行。黄岩．工厂外的赶工游戏——以珠三角地区的赶货生产为例．社会学研究，2012（4）

智能化社会。传统的高度组织化、大规模、标准化的“福特主义”生产模式已经让位于“丰田主义”的即时生产模式。[①]对于劳动法而言，如果劳动法的权利配置仍然固守于标准劳动关系，则会使得越来越多的灵活就业人员的劳动权利无法受到劳动法的保障，而被边缘化。

（二）劳动法将部分灵活就业人员完全排除在外

从目前看，我国灵活就业人员有很多种，有家政工人，非全日制工人、劳务派遣用工，受雇于个体工商户或者个人的工人，共享经济平台劳动者等。但是，目前我国劳动法仅仅对于非全日制用工和劳务派遣用工做了规定，对于其他灵活就业人员还没有纳入劳动法调整范围。以家政工人为例。家政工主要有三种类型：第一种是直接受雇于家政服务机构的家政工人，由家政服务机构招聘并派遣到家庭从事家政服务。第二种是由家政服务机构以中介名义介绍到家庭从事服务工作并定期收取管理费等费用的家政工。第三种是家庭自行或直接雇用的家政工人。第一种类型的家政工由家政服务公司招聘，属于家政服务机构的员工，因此，其与家政服务机构的关系属于典型的劳动关系，适用劳动法规则应无疑义。第二、三种类型的家政工就其本质而言，均属于直接受雇于家庭或个人的家政工。[②]

无论是通过中介介绍受雇于家庭或个人的家政工人还是直接受聘于家庭或个人的家政工人，其在劳动过程中均符合认定

---

① 涂永前．应对灵活用工的劳动法制度重构．中国法学，2018（5）：220

② 谢增毅．超越雇佣合同与劳动合同规则——家政工保护的立法理念与制度建构．清华法学，2012（6）：72

劳动关系的几个特征：其一，人格从属性。其在整个劳动过程中如何劳动、劳动什么、在哪里劳动均要听命于雇主的安排，接受雇主的指示。其二，职业性。照顾最初是指一种建立在婚姻和亲属关系上的无偿的家庭服务。随着工业社会的发展，很多家庭都是“双职工”，家务劳动单纯由女性负担的时代一去不复返。照料老人，尤其是失能老人，照料儿童，尤其是幼年儿童作为一种劳动和时间密集型活动，可能导致照料者时间稀缺性提高，使其在时间约束条件下无法平衡工作和照料双重负担，从而减少工作时间甚至退出劳动力市场。[①] 在职场激烈的竞争下，家政工人可以有效减少这种双职工照料家庭和工作的冲突，并成为一种职业。其三，长期以来，以家政工人为代表的非正规就业者一直是劳动法保护之外的“工作贫困者”。在中国，由于很多非正规就业的家政服务员是来自农村的女性，极少有人能够通过正规计划或安全网获得有效的社会保护。[②] 对于这一贫困现象，国际劳动组织的研究报告指出：“包括家政工人在内的非正规就业者常常是最缺乏能力去应付生活条件大幅度转变的一个群体，这些工作往往缺少了许多附随高薪职位所享有的职业福利，如医疗保障、公积金等。因此，一旦暂时或长期无法工作时（如伤病、经济结构转型而使技能无法发挥等），即会陷入贫困的境地。[③]

1933 年中华苏维埃共和国颁布的《劳动法》明确把非全

---

① 范红丽、辛宝英．家庭老年照料与农村妇女非农就业——来自中国微观调查数据的经验分析．中国农村经济，2019（2）：101

② 胡大武．非正规就业劳动者“易受伤害性”及其法律规制——以家政工人为考察对象．社会科学战线，2001（8）：215

③ 国际劳工局第 14 届亚洲区域会议．亚洲的体面劳动：对 2001—2005 年结果的报告．2006：24

日制工人、临时工和为了“完成某项工程”而被雇用的人全都纳入“劳动”范畴之下（第 91 条），该法甚至把农业雇用的“季候人”“乡村手艺人”“苦力”和“家庭仆役”也都纳入了“劳动”范畴和劳动法保护范围之内。[①] 新中国成立之后，基本延续了江西苏维埃时期把党政官员纳入劳动法“职工”范畴的做法。这样，（“白领”的）党政机关、国家机构和事业单位的职工全都与（“蓝领”的）国有企业工人一起被纳入“劳动”法律保护之下。[②]

但是 1994 年颁布的《中华人民共和国劳动法》，规定了特定的用人单位主体资格，对雇主和家政工之间的关系不予调整，排除自然人的用工主体资格，“散工制”家政工人被排除在劳动法之外。1994 年《劳动部关于〈中华人民共和国劳动法〉若干条文的说明》（劳办发〔1994〕289 号）第二条规定：“本法的适用范围除了公务员和比照实行公务员制度的事业组织和社会团体的工作人员，以及农业劳动者、现役军人和家庭保姆等。”这是最早直接将家庭保姆排除在适用范围之外的规范性文件。因此，有学者认为“劳动法必须具备巨大的适应能力，这样它才能在新的社会经济环境下不断发挥重大的作用。灵活性是关键，不能有命令式、僵硬的劳动法”。[③]

---

① 黄宗智．重新认识中国劳动人民——劳动法规的历史演变与当前的非正规经济．开放时代，2013（5）：57

② 黄宗智．重新认识中国劳动人民——劳动法规的历史演变与当前的非正规经济．开放时代，2013（5）：58

③ Treu．劳动法与社会变革．2002 年 11 月在日内瓦国际劳工局的公开演讲。转引自：胡大武．《劳动合同法》家庭用人单位资格新考——以家政工人保护为中心．西南民族大学学报（人文社会科学版），2014（12）：91

第三节　信息性权利配置分析

劳动者与雇主之间存在着严重的信息不对称，这种信息不对称应该通过制度加以克服，以尽可能减少双方因信息不对称而导致的交易环境的不公平。我国《劳动合同法》意识到了这一点，通过部分规定进行了完善。我国在劳动关系运行过程中的信息披露的法律规定主要体现在几个方面，见表1。

表1　我国有关告知义务的法律规定

法律	具体内容	阶段
《劳动合同法》第八条	用人单位招用劳动者时，应当如实告知劳动者工作内容、工作条件、工作地点、职业危害、安全生产状况、劳动报酬，以及劳动者要求了解的其他情况；用人单位有权了解劳动者与劳动合同直接相关的基本情况，劳动者应当如实说明。	缔约阶段
《职业病防治法》第三十三条	用人单位与劳动者订立劳动合同（含聘用合同，下同）时，应当将工作过程中可能产生的职业病危害及其后果、职业病防护措施和待遇等如实告知劳动者，并在劳动合同中写明，不得隐瞒或者欺骗。	缔约阶段
《安全生产法》第五十条	生产经营单位的从业人员有权了解其作业场所和工作岗位存在的危险因素、防范措施及事故应急措施，有权对本单位的安全生产工作提出建议。	不明确
《集体合同规定》第三十三条第二款	协商代表在协商前应进行下列准备工作：了解与集体协商内容有关的情况和资料，收集用人单位和职工对协商意向所持的意见。	协商前

续表

法律	具体内容	阶段
《劳动合同法》第六十条	劳务派遣单位应当将劳务派遣协议的内容告知被派遣劳动者。	缔约阶段

从上面的梳理归纳可以看出，双方的告知义务主要集中于缔约阶段，但现实中，劳动者面临的信息障碍则不仅仅是在缔约阶段，更多是在劳动关系运行过程中。

一、劳方所面临的信息障碍

在劳动关系运行过程中，资方的优势表现为信息优势。除非进入管理层，普通劳动者往往在用工信息方面处于弱势。而这种信息的不对称也往往是构成劳资双方矛盾和冲突激化的主要原因。2014 年 4 月 14 日发生的东莞裕元鞋厂群体性事件，从表面上来看，是工厂未给员工缴纳足够的社会保险与住房公积金而引起的劳动纠纷案件。而实际上则是劳资双方信息不对等引发的员工维权事件。

东莞裕元鞋厂一员工 15 日接受媒体采访时称，这次维权缘于裕元鞋厂未足额为工人购买社保，按照东莞社保局的规定，工人的社保应包括工伤、养老、医疗、失业及生育保险，企业需按社保缴费率的规定缴纳员工总收入的 11%，员工个人承担 8%。该员工查了自己的社保缴费，发现工厂只帮他交了他自己所交的部分，但没有缴纳企业应该缴纳的那一部分。

该名员工反映，近段时间厂里工人都陆续请假去社保局查询自己的社保缴费情况，还发现裕元鞋厂缴交的社保额度不足，缴交的标准很混乱。其中有一名老员工每月总收入3000元左右，厂里需为他缴纳社保330元，但他去社保局查询到的缴费记录发现，工厂以1810元为基础缴纳的社保，缴费率为1.5%，每月缴纳27.15元，怀疑厂方以临时工标准为其缴纳社保。此外，还有员工发现鞋厂与其签订的是无效劳动合同。

部分员工与裕元鞋厂多次交涉均无果，于是联合起来停工维权。后经多方协调，裕元厂方同意调升社保和公积金，事件遂得以平息。裕元厂方称宝成集团台湾董事会已经知晓此事，且承诺在4月14日与工人代表进行最终解决方案的协商。之后厂方公告显示，新方案在今年5月1日将全面铺开，届时该公司的社保、住房公积金覆盖率将达到100%。公司方承诺，预计在2015年前完成全员足额投保。

根据裕元厂方公布的社保、公积金调升方案，工厂按照职级分为七个投保级距，最低为1910元、最高为6500元，公司每月缴存14%（基本养老保险11%+地方养老保险3%），员工每月缴存8%。然而部分工人并不因此感到满意，提出要求公司支付更多补偿、加薪、重新签订劳动合同等要求，并引发裕元鞋厂多个厂区停工。

有业内人士接受媒体采访时谈道，裕元鞋厂目前在高埗镇有四万多名员工，当地相关政府部门已在协调中，希望裕元鞋厂可以尽早复工，假如大规模停工持续下去，将可能波及耐克、阿迪达斯等运动鞋客户的订单生产进度。

因劳动力成本上涨等因素，宝成近年来连续将生产线往东南亚转移，并于2012年在大陆砍掉51条生产线，大约占其在大陆生产线的20%。宝成公布其2013年业绩，若以同样12个月的基期比较，宝成综合持股49.98%的重要子公司裕元工业去年营收75.82亿美元，较上年的72.81亿美元增长4.1%，反映出制鞋业务及运动用品通路业务保持稳健增长。

这一群体事件发生的根源在于劳资双方信息不对称。相当一部分劳动者并不知道资方没有或者没有足额缴纳社保。而劳资双方欠缺常态的直接关系到劳动者权益的社会保险、劳动合同签订等直接信息的披露，导致劳资双方的矛盾一旦被激化就演变为群体性事件。固然，在现实中存在部分企业唯利是图，一味地靠降低劳动成本提高盈利空间，但也不排除经济形势下行、社会保险费过高，以及社会保险本身运行机制不健全等问题的存在，导致用人单位基于种种状况的考虑不愿意披露自身被迫违法侵犯劳动者权益的情况。如果劳动者获取信息完全，他们则有可能提前基于所获知的信息与资方沟通，或许劳资双方的矛盾和冲突会得以化解。但是，在国内信息披露制度不健全的情况下，资方往往选择沉默或者隐瞒信息逃避问题，而不是选择通过信息披露和沟通与劳方共同解决问题。

劳动者在签约前，对于用人单位的诸多雇佣信息和情况都不了解。无论是薪酬待遇构成、雇主资产安全性、信用，以及工作环境、职业安全卫生风险等均处于“无知之幕”状态。即便是签约后，劳动者对于工作环境、用工安全、工作绩效、表现状况等方面也处于信息弱势。劳动者往往因信息上处于弱势，一朝醒来，人去楼空、老板不知去向的现象在现实中比比皆是。雇主突然宣布搬迁方案，弄得雇员不知所措、晕头转向者也属常见。等到劳动者拿起法律武器诉讼，因几乎所有的用工证据和材料均由占有优势地位的雇主所保管，因此，雇员难以获得证明劳动关系或者加班、工伤等方面证据导致败诉的更是屡见不鲜。

二、劳动者信息性权利配置不足的表现

对劳动者信息性权利的配置主要是通过保护劳动者的知情权和规制雇主的告知义务而体现的。《劳动合同法》对雇主的告知义务主要体现在劳动者求职时[①]，用人单位规章制度的制定和修改[②]以及用人单位辞退劳动者、经济性裁员等方面。[③]但是对有关安全生产、辞退以及雇主生产经营状况发生的重大变化关涉雇员根本性利益的信息方面仍然凸显不足。在现实中，经常出现雇主在分立、合并、变迁等生产经营状况发生重大变化时，突然临时告知劳动者要搬迁。尽管依照法律规定，上述情况属于生产经营状况发生重大变化，雇主应当与劳动者协商一致，才能变更。但是，法律未对雇主信息披露的时间作出明确规定是导致出现上述问题的主要原因。

---

① 《劳动合同法》第八条规定：用人单位招用劳动者时，应当如实告知劳动者工作内容、工作条件、工作地点、职业危害、安全生产状况、劳动报酬，以及劳动者要求了解的其他情况。

② 《劳动合同法》第四条规定：用人单位在制定、修改或者决定有关劳动报酬、工作时间、休息休假、劳动安全卫生、保险福利、职工培训、劳动纪律以及劳动定额管理等直接涉及劳动者切身利益的规章制度或者重大事项时，应当经职工代表大会或者全体职工讨论，提出方案和意见，与工会或者职工代表平等协商确定。在规章制度和重大事项决定实施过程中，工会或者职工认为不适当的，有权向用人单位提出，通过协商予以修改完善。用人单位应当将直接涉及劳动者切身利益的规章制度和重大事项决定公示，或者告知劳动者。

③ 我国《劳动法》和《劳动合同法》均规定，用人单位在辞退劳动者、经济性裁员等方面，均需要提前告知工会以及告知劳动者，体现了对劳动者知情权的倾斜性保护。

我国有关用人单位说明义务的规定设置在《劳动合同法》《集体合同规定》中，但其说明义务的制度也存在一些问题。如《劳动合同法》第八条规定的用人单位与劳动者的告知义务未指出缔结劳动合同用人单位和劳动者的告知和说明义务的具体内容、实施该义务的形式和程序、违反该义务的后果等。①

（一）告知义务的形式和程序不明确

《劳动合同法》第八条规定：用人单位招用劳动者时，应当如实告知劳动者工作内容、工作条件、工作地点、职业危害、安全生产状况、劳动报酬，以及劳动者要求了解的其他情况；用人单位有权了解劳动者与劳动合同直接相关的基本情况，劳动者应当如实说明。但问题是双方以怎样的形式来履行该告知义务？如果告知主要是以口头的形式，会导致现实中一旦发生未告知或者告知不实的举证有一定难度。尤其是对于用人单位履行告知义务而言，劳动者收集证据更是具有相当的难度。在现实中，经常出现用人单位口头承诺劳动者入职可以在住房、户口、出国进修等方面给予支持，但由于未采用书面形式，最后都成了“空头支票”。劳动者维权由于缺少相应的依据，只能“哑巴吃黄连”。再者告知的时间应该在法律上予以明确。劳动合同签订关涉劳动者生存权、健康权等人格尊严和生命、健康等重要权利，如果不对告知时间做出限制，有可能会导致侵害劳动者的生存权、健康权等。

① 杜宁宁．劳动缔约“明示”义务研究．吉林大学博士论文（D）

（二）劳动者未主动告知义务不明确

2017年，宁波一家互联网公司的员工孙女士，入职三天就宣布怀孕，产假一结束，马上提出辞职的案例在网上引起热烈讨论。[①] 劳动者隐瞒怀孕情况背后折射的是劳动者在缔约过程中告知义务的履行问题。《劳动合同法》第八条规定了用人单位有权了解劳动者与劳动合同直接相关的基本情况，劳动者应当如实说明。怀孕是否属于与劳动合同直接相关的基本情况，用人单位在没有了解劳动者怀孕的信息时，如果劳动者没有主动告知，是否构成欺诈？用人单位可否基于欺诈而认为劳动合同构成无效行使解除权？法律对于这些没有做出明确规定。

（三）未规定政府等相关部门告知义务

劳动用工往往关涉劳动者的生命权、健康权、人格尊严等各种权利。劳动用工问题已不仅仅只是个人劳动者的权益，而是关涉到所有社会上类似处境劳动者的利益。这种情况靠用人单位自身来提高生产场所的安全性是不可靠的，因为用人单位会基于其自身的利益，在劳动关系履行过程中有意隐瞒一些真实信息。如我国《职业病防治法》和《安全生产法》虽然对安全生产设备的更新、劳动保护用品的配备等做了明确的规定，但是用人单位可能基于成本考虑，不愿意及时更新。对此，政府相关监管部门应该履行信息披露义务，将已经发生过安全生产事故或者有安全生产事故风险的事实，通过将风险告

---

① 人民日报谈隐孕入职：探索生育成本社会共担新路．http：//news.sina.com.cn/c/zs/2017－09－29/doc－ifymksyw4665482.shtml，2017年9月29日，2020年5月11日访问

知书张贴到该用人单位劳动者容易获取信息的场所以及向社会公众告知的方式给用人单位以压力，促使其作出整改。但是我国对于政府的信息披露义务规定得并不完善，往往只是出现重大安全生产事故时才向社会披露相关信息，这种以劳动者的生命和健康换来的信息披露从成本上而言更高，社会付出的代价更昂贵。

（四）用人单位规章制度公示的内涵和外延不明确

《劳动合同法》第八十条规定：用人单位直接涉及劳动者切身利益的规章制度违反法律、法规规定的，由劳动行政部门责令改正，给予警告；给劳动者造成损害的，应当承担赔偿责任。这条规定是有关用人单位直接涉及劳动者切身利益的规章制度，未公示或告知应承担什么法律责任的条款，但由于规定比较粗糙，导致现实中这条法律责任的规定对用人单位约束力不足。比如，一些用人单位在涉及规章制度的公示或告知方面直接在《劳动合同》中约定，“附件中用人单位用工规章制度是本劳动合同的一部分，与劳动合同具有同等法律效力，劳动者已经收悉并阅读”。实际上，劳动者根本没有阅读就随便签字了事。有些用人单位则以《员工手册》的形式发给劳动者，让劳动者签名登记，但是劳动者领取之后根本没有阅读。这种公示对劳动者而言实际上无实质性意义和价值。

（五）违反告知义务法律责任规定不足

《劳动合同法》中涉及有关用人单位违反告知义务要承担的法律责任主要有三条。这三条法律责任的规定在实际操作中难以有效保护劳动者或者用人单位的知情权。

1. 用人单位告知工会后，工会的义务和法律责任未规定

《劳动合同法》第四十三条规定，用人单位单方解除劳动合同，应当事先将理由通知工会。立法的真正目的在于用人单位通知工会，工会应该就用人单位解除或终止与劳动者劳动关系的事实展开调查，并就用人单位解除或者终止与劳动者劳动关系的事实和程序问题写下专业的意见。但是，在现实中，通知工会往往成为用人单位随意完成的一道程序。工会基本上不会发表否定性意见，不会就用人单位解除与劳动者劳动关系的事实展开调查，更不会出示专业的调查意见和说明。出现这种情况的根源在于我国法律对于用人单位通知工会后，如果工会没有展开调查，出具专业性说明意见需要承担什么样的法律责任没有任何规定，导致通知工会成了摆设。

2. 违反告知义务的法律责任主要限于金钱性赔偿

《劳动合同法》第八十九条规定：用人单位违反本法规定未向劳动者出具解除或者终止劳动合同的书面证明，由劳动行政部门责令改正；给劳动者造成损害的，应当承担赔偿责任。《劳动合同法》第八十条与第八十九条还规定了劳动行政部门责令改正、给予警告的惩罚手段。现实中，责令改正和给予警告的惩罚性手段对于用人单位基本上产生的威慑力很弱，不会对用人单位的行为产生实质性影响。金钱性赔偿对于很多用人单位的威慑力也不足，尤其是对于“财大气粗”的用人单位更是起不了实质性违法阻止作用。《劳动合同法》第八十九条规定，给劳动者造成损害的，应当承担赔偿责任。这里赔偿责任是以实际损害为主，在现实中举证要证明实际损害的数额，对于劳动者来说也是相当困难的。

由于法律责任类型少，法律责任约束力较弱，导致用人单位或者劳动者不告知或者不如实告知对方应该告知的信息已经成为一种普遍存在的现象，影响着劳动关系的和谐。如劳动者伪造学历、资历、工作经历等，而用人单位则在劳动合同签订之初隐瞒该单位工作环境、工作场所存在损害职业健康的因素、工作危险性程度等应该告知的事实。这为双方劳动关系履行过程中造成的不和谐，甚至对损害劳动者生命权、健康权都埋下了“隐患”。

三、资方不愿提供信息的根源

资方不愿意提供信息有多重原因，既有宏观层面的，也有微观方面的。就宏观层面而言，以社会保险费为例，立法本身存在社会保险费设定比例过高的问题，雇主为了企业的正常运行和发展，不得不采取“法律规避”的方式来少交或者不交社会保险费以降低运营成本。但是这种“不缴纳或不足额缴纳社会保险费”的信息毕竟在立法框架下属于违法行为，资方担心披露给劳动者，会成为劳动者要挟资方的武器，于是选择不披露以降低经营风险。由于劳方对于立法问题及资方运营状况并不知晓，他们只会单纯地从所了解的法律本身予以判断并行事。这种不够全面的信息判断就容易激化劳方对资方的对抗情绪，并且引发严重的劳资冲突和矛盾。

就微观层面而言，涉及资方成本和效益的分析。在工作过程中，对劳动者生命健康影响最大的就是生产过程带来的安全卫生风险。市场的竞争会使追求利润最大化的资方在产量特定的情况下使生产内部成本最小化。而工作安全的“生产”通常也是收益递减的，若进一步提高安全程度，就要使用成本更高的安全生产保护方式等。如边际收益大于边际成本，资方将继续提高工作安全，否则就会减少工作安全预防投入。[①] 导致资方根据利润最大化原则所提供的工作安全水平未必达到社会最优。但假如劳方能掌握有关工作危险性的信息并能准确地估计该职业的伤亡及患病的可能性，那么雇主所提供的工作安全措施就能达到社会福利最大化的安全要求。因为一旦劳方知道工作的风险，资方必须支付足够的工资补贴才能吸引劳方。资方基于工资补贴考虑将倾向于提供较为安全的工作场所。而如果有关工作危险性的信息有限，资方将会提供低于社会最优水平的工作安全条件。[②] 因此，资方不愿提供给劳方有关安全卫生等相关信息。

第四节　程序性权利配置分析

在劳动关系持续运行过程中，会出现影响到一方权益的决定或者决策行为，如劳动合同的解除、集体协议的签订和劳动关系的变动等。而程序则主要体现为按照一定的顺序、方式和手续作出决定的步骤和方式。劳动关系变动程序对劳资双方的交涉过程、交涉关系的规范化和正当化能直接影响到交涉结果的公正与否。在劳动关系变动交涉过程中，如劳动合同和集体合同的签订、履行及解除、终止等过程中，当事人遵循正义程序，讲究诚实信用的相互参与和互动关系，则有助于实现交涉

① ［美］坎贝尔·R. 麦克南、斯坦利·L. 布鲁、大卫·A. 麦克菲逊. 当代劳动经济学（第七版）. 刘文、赵成美译. 北京：人民邮电出版社，2006：272－274

② ［美］坎贝尔·R. 麦克南、斯坦利·L. 布鲁、大卫·A. 麦克菲逊. 当代劳动经济学（第七版）. 刘文、赵成美译. 北京：人民邮电出版社，2006：276

结果的公正。程序性权利的设置不仅决定着实体权利实现的具体方式，还直接决定着权利实现的结果以及实现的正当性问题。在季卫东看来，社会现实是多义的，部门法对于法律的规定往往基于单义的目的，[①] 易造成单义立法与社会现实多义之间的冲突。

而在我国《劳动法》中，除了仲裁诉讼阶段的程序性设计外，非仲裁诉讼阶段较少关注劳动关系持续过程中用人单位惩戒权行使、劳动者申诉权行使、集体协商过程中的程序性设计。鉴于劳动关系本身具有相当的熟人性、关系性，双方当事人通过程序来沟通和化解纠纷的可能性较大，法律如缺少程序性的设计，就会使用人单位与劳动者因缺少了程序性的沟通机制，而影响劳动关系和谐。

对程序的轻视反映在立法上，是法律条文缺乏关于程序性要件的规定。我国《劳动合同法》主要从《合同法》继受而来。对比这两个法律规定要点（见表2），《劳动合同法》程序性缺陷比较明显。这不但导致《劳动合同法》有关劳动合同签订过程中在要约与承诺发生时空分立时，有关要约与承诺的效力如何认定存在理论上的缺失，[②] 而且在劳动关系持续过程中，有关劳动关系的变更、劳动合同的解除、用人单位管理劳动关系所运用的惩戒权等问题，我国《劳动法》《劳动合同法》在程序性权利的规定方面均凸显不足。

---

① 季卫东还提到了另外两种防止法与社会短路结合的隔离措施：其一为准法律秩序的形成，如中国的内部规范群、调解制度。其二是一般条款，如中国民法通则中的公平和诚实信用原则等。季卫东．法治秩序的建构．北京：中国政法大学出版社，1999：66

② 郑尚元．《劳动合同法》的制度与理念．北京：中国政法大学出版社，2008：98

表 2　《合同法》与《劳动合同法》的要点对照

项目内容	《合同法》	《劳动合同法》
合同的成立	意思表示的到达主义：第十六、二十三、二十六条	没有规定
	要约邀请：第十五条	没有规定
	要约（撤回、撤销、生效、失效）：第十六、十七、十八、十九、二十条	没有规定
	承诺（生效、撤回）：第二十一、二十二、二十四条	没有规定
	成立（时间、地点）：第三十三、三十四、三十五、三十七条	没有规定
合同的生效	生效（附条件、附期限）：第四十四、四十五、四十六条	没有附条件附期限：第十六条
合同的解除	解除权行使期限：第九十五条	没有规定
	解除意思表示的到达主义：第九十六条	没有规定

一、雇主行使惩戒权的程序性规定

随着 1982 年《企业职工奖惩条例》的废止，我国立法上未就用人单位对劳动者惩戒享有的权利范围及程序予以规定。但在实践中，通过规章制度制定用工规则对日常用工行为进行管理已成为多数稍具规模企业的必要方式和措施。对于雇主行使惩戒权的控制主要是针对用人单位以劳动者严重违反用人单位规章制度为由解雇劳动者，才会在司法实践中通过法院予以矫正。此外，用人单位在规章制度里，还会规定各种惩罚措施等，如警告（口头警告、书面警告）、记小过、记大过、罚款、调岗等。劳动者对于这些惩罚性措施享有什么救济程序性权利，法律没有进一步规定。

（一）缺少对员工异议权的规定

对于雇主惩戒行为应如何予以规范，国内的相关学术研究更多是从实体法角度关注用人单位惩戒权的法理依据，而对劳动者的哪些行为可构成惩戒对象、用人单位可采取哪些惩戒手段（措施），[①] 如何通过程序性法律规定进行社会控制，学者们的关注点不够。《劳动合同法》第四十三条的规定只是针对雇主单方面解除劳动合同时，将理由事先通知工会。对于非达到单方面解除劳动合同的情形，用人单位行使惩戒权，如果劳动者认为惩罚不当，有什么样程序上的救济机制，法律没有规定。

劳动法非诉程序性机制的缺失使劳资双方缺少了选择可能性、妥协和试错的过程，也缺少了劳资双方和解的基础。非诉程序性机制的设置，为劳资双方通过程序找到一致点，从而为消解对立、导致相互性利益和满足的实现提供了一种可能。

（二）对于非解雇性惩戒措施，劳动者无法提起劳动仲裁

陈某系某单位三中队职工，与队长李某发生争执并打了他

① 谢增毅对用人单位惩戒权的法理基础、惩戒事由、惩戒手段、惩戒制度的一般规则进行了全面探讨和分析。谢增毅．用人单位惩戒权的法理基础与法律规制．比较法研究，2016（1）。丁建安、张秋华对企业惩戒权从规范依据、惩戒事由、具体措施、程序、劳动者救济方面进行了探讨。丁建安、张秋华．企业惩戒权的法律规制．社会科学战线，2013（10）

一拳。后该单位社会治安综合治理委员会依据相关规定，对陈某作出罚款 200 元、扣发当月奖金的处罚。陈某不服，向某市劳动争议仲裁委员会申请劳动仲裁，请求确认决定无效，撤销行政处分决定并退还扣发的奖金。

该案例中的措施是属于非解雇性惩罚措施，按照《劳动争议调解仲裁法》，非解雇性惩罚措施引起的劳动争议并非属于劳动仲裁的案由。因此，国内多数因非解雇性惩罚措施引起的争议，劳动人事仲裁委和法院都以不在法律所列案由范围内而不予以受理。

对于非解雇性惩戒措施，劳动者有异议能否提起劳动仲裁，进行公力救济，学者有不同看法。王全兴认为应纳入劳动仲裁范围，理由有二：第一，劳动者受到警告记过处分是违反劳动纪律应负的法律责任；而用人单位依法制定的劳动纪律，作为劳动规章制度的组成部分，属于劳动合同的附件，具有补充劳动合同内容的效力。且《劳动法》第十九条第一款第五项将劳动纪律作为劳动合同必备条款之一。《劳动合同法》和《劳动法》都明确规定，严重违反劳动规章制度，用人单位可以解除劳动合同。这些规定都表明，用人单位依据劳动纪律等劳动规章制度对违纪劳动者进行警告或记过处分引起的争议属于履行劳动合同过程中发生的争议。《劳动争议调解仲裁法》第二条第二款和《〈中华人民共和国企业劳动争议处理条例〉若干问题解释》（劳部发〔1993〕244 号）第一条第一款均明确规定因履行劳动合同发生的争议或劳动合同履行过程中的争议，在劳动争议处理的受案范围之内。劳动仲裁机构和法院应当受理此类争议。第二，劳动争议的标的是因劳动权利和劳动义务引起的争议，而用人单位采取任何惩戒措施都是对劳动权利义务的处置。用人单位通过劳动纪律对劳动者行使惩戒权，属于形成权，一旦形成，就难以撤销，是用人单位行使用工自主权的体现。如果不允许劳动者在劳动权受到侵犯的时候提起公力救济，则将导致用人单位惩戒权的滥用。[①]

二、解雇权行使的程序性规定不足

《劳动合同法》在对劳动者的解雇保护方面主要有几个程序性规定：其一，是预告通知期。除非存在劳动者或者用人单位有过错的法定情形，法律规定用人单位或者劳动者一方解除劳动合同应在法定预告期通知对方，为用人单位招聘员工或者劳动者求职预留一定的时间。其二，用人单位单方面解除劳动合同通知工会的程序性规定。《劳动法》和《劳动合同法》规定用人单位单方面解除劳动合同有通知工会的法定义务，裁员时有向工会或者全体职工说明的义务及向劳动行政部门备案的义务。[②] 但是在用人单位行使解雇权的程序性方面仍然存在以下几个问题。

第一，对解雇通知的具体内容、用人单位的说明理由义务、劳动者陈述和获得救济的权利以及实现途径等诸多程序性问题并无明确规定。这影响了用人单位告知义务这一最基本的程序性义务的履行，也影响了劳资双方就用人单位解雇是否合情、合法、合理等进行意见交换以及内部错误解雇的补正。

---

① 王全兴、孙瑞玺. 惩戒争议应纳入劳动争议受案范围. 中国劳动，2008（4）

② 具体请参见《劳动合同法》第四十一条、第四十三条规定。

第二，缺少解雇程序的意思自治效力规定。如双方当事人协商对于用人单位解雇劳动者或者劳动者辞职时应提前向对方通知的预告通知期增加或者延长，这种协议是否具有法律效力？现实中会出现因各种原因导致劳动者暂时未找到工作、用人单位暂时未雇用到合适的员工的现象，劳资双方往往会协商将法定通知期限延长或缩短。对此，除非一方有充分的证据证明该协议有欺诈、胁迫或者乘人之危等情形，否则法律不应予以干预。

第三，缺少解雇程序中工会职责的法律规定。法律规定了用人单位在单方面解除劳动合同的情形下应当通知工会。工会应当在接到用人单位通知后进行全面调查，并出具给用人单位是否应该解雇的书面意见。但在现实中，由于基层工会经济依附性以及工会成员“双肩挑”[①] 等属性，在用人单位解雇通知工会时，工会基本都是保持“沉默”，不会做任何基本事实的调查。没有调查，也自然不会提出异议。这样，法律上所设置的“通知工会”成了走形式，并不能发挥实质性作用，使得工人利益诉求仍缺乏利益表达机制。[②]

在工会维权机制实际效能发挥不足的背景下，法律没有设置劳动者的异议程序、用工内部审查或纠错机制，则使得劳资双方的内部矛盾容易积压。同时也会容易造成本可以在内部解决的劳资矛盾和冲突延伸到劳动关系终止之后，增加当事人维权成本和司法压力。

---

① 由于《工会法》没有对工会主席和组成人员进行限制，很多企业的工会主席兼任用人单位总经理、经理等其他职务。这种雇主代理人身份和工会主席身份的重合，使得工会很难在代表工人利益方面发挥相应的作用。

② 杨正喜、杨敏．转型期劳资关系模式研究．广东社会科学，2011（6）

三、集体协商程序性规定

《集体合同规定》对集体协商做了相应的规定，以希冀通过推行集体协商化解劳资矛盾和冲突。2007 年，我国通过自上而下的政策要求在全国范围内促进劳资之间的集体协商，签订集体合同。[①] 但根据吴清军的调查发现，在政府干预下所签订的集体合同，既没有协商程序，也没有协商过程。不但在文本上表现为绝大部分采用上级工会下发的集体合同“样本”，而且在合同形式以及具体条款上也是大量照搬照抄法律法规，很少根据企业或区域、行业的特殊性对条款予以细化。职工对集体协商关注不多，事后也不了解其具体内容，甚至不知道这种合同的存在，导致有“签订”而无“博弈”，有“合同”而无“履行”的局面和结果。[②]

按照集体协商权的本意，应是劳动者通过组织工会，同资方通过谈判博弈，确定劳动报酬、工作时间等事项。但由于没有对集体协商权行使过程中协商程序的法律规定，出现集体协商形式化的现象。这使得集体协商没有劳资博弈，而变成一场围绕指标考核进行的体制内互动。[③]

造成集体协商流于形式的最根本性原因，在于缺少对集体协商程序的法律性规制。集体谈判是建立在劳动者自由结社、

---

① 2007 年 11 月 26 日，中共中央政治局常委、国务院总理温家宝对《浙江温岭市新河镇羊毛衫行业工资集体协商机制的主要做法》一文作出批示，在全国推行温岭的集体协商做法。

② 吴清军．集体协商与“国家主导”下的劳动关系治理——指标管理的策略与实践．社会学研究，2012（3）：83

③ 吴清军．集体协商与“国家主导”下的劳动关系治理——指标管理的策略与实践．社会学研究，2012（3）：73

其争议行为等集体行动具有合法性基础上的一种劳资团体自主决定利益分配的劳资合作制度。[1] 集体谈判作为工会或职工代表与雇主或其团体就劳动条件进行交涉以求达成协议（集体合同或集体协议）的一种方式，应为雇主与劳动者平等对话、沟通提供正当程序与组织保证，要为他们之间达成共识提供制度支持。[2]

我国对集体协商程序性规范存在着严重不足，缺乏完善而体系化的集体协商程序性规范。对集体协商主体界定、类型、处理方式、程序、各主体程序性权利义务、限制性规定等内容均没有相应的法律文件出台。[3] 尽管《集体合同规定》对要约及谈判程序作了相应的规定，但是对于用人单位在法定时间内拒绝回应应当承担的法律责任缺少相应规定，对劳动行政部门组织双方协调处理的时长也没有规定和限制。

四、劳动关系变动程序性规定

我国现行立法对“送达”的定义和规定均体现在程序法中，普遍将送达界定为一种将诉讼文书和其他法律文书的交付或呈示的诉讼行为。程序法中“送达”含义，是指由一特定主体通过一定方式将某种法律文书传递给另一方法定主体。[4] 劳动关系变动通知的“送达”是指劳动关系一方主体将劳动关系变动的意思表示告知或明示另一方主体的法律行为。在劳

---

① 曹燕．劳动者行为的基础规范——《劳动法》行为理论与规范体系的重塑．河北法学，2013（4）

② 曹燕．我国集体协商制度实证主义建构的法哲学反思．法学论坛，2012（2）

③ 曹绪红．集体劳动关系协调机制的构建．东岳论丛，2014（10）：191

④ 田瑶．论行政行为的送达．政法论坛，2011（5）：183

动法中，意思表示的传递在对话场合用口头形式即可达到相应目的；但在非对话场合，缺少送达问题的规定，则难以明确劳动关系变动的法律效力。

（一）劳动关系变动通知送达的内涵

1. 送达主体是劳动关系主体。程序法中的送达概念强调司法部门将法律文书单向传递给诉讼或者仲裁当事人。在劳动法中，劳动关系变动通知的送达是将劳动关系变动的意思表示传递给另一方主体。这种劳动关系变动通知的传递在主体间是属于双向还是单向取决于通知的内容。如在求职过程中，双方就求职用工意向通知的传递因涉及要约和承诺而表现为双向，而劳动合同解除意思表示通知的送达在单方解除时则表现为单向。在劳动关系变动通知的送达中，一方劳动关系主体既是启动劳动关系变动意思表示的主导者，也是其相应意思表示传递过程的主导者；既是劳动关系变动意思表示通知的作出者，又是该意思表示通知的传递者。劳动关系变动通知应以劳动关系主体的名义作出。非劳动关系主体，尽管与劳动关系主体有利害关系，以自己的名义发出劳动关系变动意思表示的通知，也不应产生相应的法律效力。送达主体的特定性是劳动关系变动通知送达概念的核心之一。

2. 送达内容是劳动关系变动的意思表示。诉讼法中所规定的送达的内容是法律文书。劳动法中劳动关系变动一方主体向另一方主体送达的不是法律文书，而是其意图引起劳动关系变动的意思表示。这种劳动关系变动的意思表示，在非对话场合，只有在一方劳动关系主体通过一定形式告知另一方劳动关系主体时才能产生法律效力。即一方劳动关系主体不仅应该做出变动劳动关系的决定，还应该通过一定的形式将其决定和原因等信息传递给另一方主体，始能产生劳动关系变动的法律效力。即使其传递的劳动关系变动的意思表示与其内心真实意思表示不一致，基于诚实信用原则，判断依据和标准则应以送达给另一方主体的内容为认定依据。因此，送达具有决定劳动关系变动的意思表示能否产生法律效力之作用。送达是劳动关系变动意思表示内容与另一方主体连接起来的结合点和桥梁。

3. 送达的对象是另一方主体。一方劳动关系主体将劳动关系变动的决定、意向及原因传递的对象即劳动关系变动通知送达的对象。由于劳动关系是基于劳动契约、劳动合同而形成的，劳动合同从法律特征上属于双向合同①，因此劳动关系变动通知送达的对象是另一方主体。就劳务派遣而言，对派遣工与派遣单位、用工单位三方主体之间关系性质的争论，主要有一重劳动关系和二重劳动关系的观点争锋，② 有学者主张劳务派遣中有关劳动关系变动通知的传递在派遣单位与劳动者之间予以进行。因此，即便是用工单位与劳动者之间已经形成劳动关系变动的意思表示，也仍需在派遣单位和劳动者之间进行该意思表示的传递方能产生劳动关系变动之法律效力。在劳动关系变动中，尽管该变动可能会影响到他人权益，但如第三人非劳动关系变动的承受对象，也不应成为该通知的送达对象。

① 关怀．劳动法教程．北京：法律出版社，2007：87

② 主张二重劳动关系的典型观点，参见董保华．劳务派遣的法学思考．中国劳动，2005（6）；主张一重劳动关系的学者，以王全兴为代表，参见王全兴、侯玲玲．劳动关系双层运行的法律思考——以我国的劳动派遣实践为例．中国劳动，2004（4）

（二）劳动关系变动通知程序性规定的缺失

我国劳动关系变动送达理论研究的不足导致现行劳动立法中没有送达概念，而只有“通知”概念。但“通知”概念因本身含义的模糊不清，无法有效解决劳动关系变动在非对话场合以何种方式告知另一方当事人以及有关意思表示的通知能否撤回、撤销等一系列理论和实践问题。

1. 法定送达概念缺失。《劳动法》《劳动合同法》等主要立法没有送达法律概念，只在劳动合同解除意思表示的传达问题上运用了“通知”概念。如《劳动合同法》第三十七条规定：劳动者提前三十日以书面形式通知用人单位，可以解除劳动合同。劳动者在试用期内提前三日通知用人单位，可以解除劳动合同。[①] 通知在《现代汉语词典》中有两种含义：第一，是把事项告诉别人知道；第二，是通知事项的文书或口信。《劳动合同法》中的通知无论是取第一种含义还是第二种含义，单凭通知概念未能涵盖通知的形式和方式。通知的形式和方式或许在对话场合并不十分重要，但在主体之间存在时空差的非对话场合，通知传递的方式、类型直接关涉劳动关系变动生效的时间。且仅凭通知概念，也无法明确劳动关系变动中的意思表示能否撤回、撤销等法律问题。原劳动部办公厅颁布的《关于通过新闻媒介通知职工回单位并对逾期不归者按自动离职或旷工处理问题的复函》（劳办发〔1995〕179 号）为了弥补《劳动法》中存在的问题，就用人单位公告送达方式通知

---

① 其他有关劳动合同解除的通知规定，请参见《劳动法》第二十六条、第三十一条、第三十二条，《劳动合同法》第三十七条、第四十条、第四十三条。

进行了限定，但因仅适用于除名[1]，而使得其适用范围十分有限。

2. 法定送达效力缺失。送达作为一种法律行为，应当具有法律效力。劳动关系变动通知送达的效力是劳动关系变动重要的生效要件，直接关涉劳动关系的产生、变更和消灭。缺少劳动关系变动通知送达效力的法律规定，必然影响非对话场合劳动关系变动的法律效力。如依法律规定劳动关系变动首先必须直接送达才能产生法律效力，则劳动关系变动的意思表示决定等必须当面交付另一方。缺少直接交付的证明，劳动关系变动的意思表示不能证明通过直接送达成功，则该意思表示在此种送达状况下不能产生法律效力。在非对话场合，如果劳动关系变动通知送达缺少法律效力，则劳动关系变动也难以产生相应的法律效力。

3. 法定送达形式和次序缺失。我国诉讼法为了避免诉讼当事人权益受到损害，规定了五种法律文书的送达方式：直接送达、留置送达、邮寄送达、委托送达、公告送达及其产生法律效力的先后次序。[2] 劳动关系变动通知的传达分为两种情

---

① 《关于通过新闻媒介通知职工回单位并对逾期不归者按自动离职或旷工处理问题的复函》（劳办发〔1995〕179 号）规定：企业对有旷工行为的职工做除名处理，必须符合规定的条件并履行相应的程序。因此，企业通知请假、放长假、长期病休职工在规定时间内回单位报到或办理有关手续，应遵循对职工负责的原则，以书面形式直接送达职工本人；本人不在的，交其同住成年亲属签收。直接送达有困难的可以邮寄送达，以挂号查询回执上注明的收件日期为送达日期。只有在受送达职工下落不明，或者用上述送达方式无法送达的情况下，方可公告送达，即张贴公告或通过新闻媒介通知。自发出公告之日起，经过三十日，即视为送达。在此基础上，企业方可对旷工和违反规定的职工按上述法规做除名处理。能用直接送达或邮寄送达而未用，直接采用公告方式送达，视为无效。

② 法律文书如果没有经过直接送达、留置送达、邮寄送达，而直接进行公告送达的，认定为违反法定程序，归之为无效。

形：对话场合和非对话场合。对话场合，劳动关系一方主体可直接通过电话、口头告知等形式将劳动关系变动的意思表示通知对方。在非对话场合，劳动关系一方主体也应通过一定形式将劳动关系变动的意思表示传达给对方。在非对话场合，如缺少对劳动关系变动意思表示的送达形式及次序的明确规定则将引起现实中利用送达损害对方权益的行为，以及司法实践认定劳动关系变动效力适用标准的不统一。如用人单位欲辞退某劳动者，但如果该劳动者因各种原因杳无音信，用人单位无法联系上其本人时直接将“解除劳动合同通知”张贴在单位公告栏，该劳动合同解除是否具有法律效力？或许该劳动者因为生病、遭遇事故等各种原因暂时无法跟单位请假等，在此种情形下认定用人单位用这种方式通知解雇的意思表示具有法律效力，对劳动者难免不够公平。因此，只有对送达类型和送达顺序作出明确的规定，让双方劳动关系变动的意思表示通过充分、合理的形式送达给对方，才能避免上述任何一方无法收到变动意思表示通知而不公平的情形。

（三）劳动关系变动通知送达的法理分析

劳动关系变动通知的送达在劳动法学界一直不被重视，甚至存在理论误区。如将劳动关系变动通知的送达简单等同于诉讼过程中有关司法文书的送达。实则司法文书的送达是司法活动中相对后期的行为，而劳动关系变动通知的送达则是实体法中存在的相对前端的行为。劳动关系变动通知送达以后还要产生若干后期过程，诸多劳动法上的权利和义务是在劳动关系变动意思表示通知送达以后产生的。如在劳动合同解除生效后，需要双方结清工资、用人单位为劳动者办理解除劳动关系证明书、社会保险转移，劳动者则需要与用人单位办理工作交接等。实体法与程序法的区别决定了司法送达与劳动关系变动通知送达有着本质的区别。劳动关系变动通知的送达既是一个劳动关系变动理论层面的东西，又是劳动法理论层面的东西，同时还可以从法理学的角度对其在劳动法中的状况作深入分析。从法理层面分析，劳动关系变动通知送达具有下列属性。

1. 关涉劳动关系变动的效力。劳动关系变动是以意思表示变动为核心的法律行为。[①] 劳动契约（Arbeitsvertrag）是由雇佣契约演进而来的。[②] 因此，劳动合同本身是一种特殊的民事合同。在民法上，对相对人的意思表示依其是否以直接沟通的方式表达，分为“对话的意思表示”和“非对话的意思表示”。

对话的意思表示亦即表意人直接以对话之方式作成意思表示，其乃以“直接”沟通的方式使相对人得以了解表意人之意思，至于是通过电话、网络或其他方式皆可。通说对话的意思表示，从意思表示到达对方，处于客观上了解状态时起发生效力。如某公司总经理丙在其办公室向人事部主任表示，其司机丁在试用期工作不力，应予解雇，丁在隔壁房间听到其事而“了解”之，仍未因此而遭解雇，盖该公司还未对丁“发出”解除契约的意思表示也。[③] 盖对话时或因方言之差异，或因听觉之关系，其意思之误会在所难免。故采取了解主义以防此弊。[④] 如不懂中文的外籍劳工，以中文为解雇的意思表示，不

① 王泽鉴．民法总则．北京：中国政法大学出版社，2003：259
② 王泽鉴．债法原理．北京：中国政法大学出版社，2003：102
③ 王泽鉴．民法总则．北京：中国政法大学出版社，2003：351
④ 梁慧星．民法总论（第三版）．北京：法律出版社，2007：173

产生法律效力。①

非对话的意思表示，即表意人非直接以对话的方式表示其意思，即通过书面交付、发出电子邮件、信件、电报等数据电文方式作出的意思表示。② 区分两者的意义在于意思表示生效时间不同。意思表示经历一表白③二发信三到达四了解这样一个过程。通过表白，意思表示成立。④ 问题是什么时候意思表示生效？民法不采所谓表示原则（如信已写完）、发信原则（如信已投邮）或了解原则（如信已阅悉），而采达到原则，是因此项规定，最能折中双方当事人的权益，实属妥实。劳动关系变动意思表示通知通过送达⑤予以生效，一方面能折中双方当事人权益，另一方面能解决劳动关系变动在非对话场合的效力问题。有非对话场合，则以书面（或电报传真等）为表示工具时，送达形式及送达时间则涉及变动意思表示通知何时到达，该意思表示何时对对方产生法律效力之问题。我国现行劳动立法采用"通知"，实难以解决上述一系列法律问题。

2. 关涉劳动关系变动实效化的前提。从理论上而言，劳动关系变动只要符合法定构成要件即成立生效。学界一般认为劳动关系变动具备主体合格、意思表示真实、一方主体向另一方主体发出劳动关系变动意思表示的通知三个条件即产生法律效力。依照我国现行立法，法定程序要件即一方主体向另一方

---

① 王泽鉴. 民法总则. 北京：中国政法大学出版社，2003：353

② 王利明等. 民法学. 北京：法律出版社，2005：116

③ 我国民法上一般用"表示"，见梁慧星、王利明、杨立新等学者的民法著作。

④ ［日］山本敬三. 民法讲义Ⅰ总则. 解亘译. 北京：北京大学出版社，2004：90

⑤ 王泽鉴. 民法通则. 北京：中国政法大学出版社，2001：344－345

主体作出通知即可。这种关于劳动关系变动生效构成要件的分析完全忽略了非对话场合通知问题的复杂性。劳动关系变动意思表示产生法律效力时间点是以通知、发信还是以到达为原则？如果劳动者下落不明，用尽所有联系方式仍无法通知，则如何认定该意思表示的法律效力？一旦发出通知，在通知到达前，能否将原意思表示通知撤回？将书信做完投入邮箱，将电报交付于电信局，将文件交与友人送达，皆属意思表示的发出。[①] 但如果仅以发信即认定发出通知，则因另一方难以了解意思表示内容，对其未免不公，也难以解决撤回、撤销等法律问题。采取送达概念，以到达主义作为劳动关系变动生效时间点相对于双方比较公平，且可以减少实际操作上乱象丛生、司法判决结果不一的现象。送达作为劳动关系变动生效的要件，对我国劳动法学关于劳动关系变动生效的构成理论具有颠覆性，直接影响到其生效要件、生效时间及能否撤回等一系列问题，十分重要。

3. 关涉劳动关系变动通知能否撤回、撤销。我国现行劳动立法对于劳动关系变动撤回、撤销问题均没有规定的关键在于缺少送达法律制度。只有规定送达制度，才能对非对话场合劳动关系变动的生效时间作出界定，进而产生劳动关系变动的撤回、撤销问题。劳动关系变动生效系采发信主义还是到达主义均应以对送达问题的明确规定为前提。如某劳动者甲于10月8日致函于某食品公司乙，于10月10日（星期日）经邮差投入乙之信箱。甲于发信后获知另有高就，即另致函于乙公

---

① 从这个意义上，我国《劳动合同法》中有关劳动合同解除通知只是表明当事人将解除劳动合同的意思表示发出。

司，表示撤回应聘之事，于10月11日（星期一）亦经邮差投入乙之邮箱。10月12日（星期二）上午乙公司的人事主任丙先拆阅甲应聘之信，随即奉准办理发表人事命令。直至当日下午丙始拆阅甲撤回应聘之信。问甲与乙之间的雇佣契约是否成立?① 在该例中，甲与乙之间的雇佣契约是否成立，视甲的承诺是否发生效力而定。缺少对送达问题的规定就无法解决上述案例中撤回之问题。因此，“通知”概念本身界定不够清晰无法承担和胜任在非对话场合劳动关系变动意思表示撤回、撤销问题之重任。德国等国家和地区法律在规定撤回、撤销问题时均使用了到达或者达到概念。如德国《民法典》第130条第1款第2项规定：“如果解约接收方没有在解约之前或者同时赋予撤销权，那么解约因为到达而生效。”②

4. 关涉劳动关系变动动因。劳动关系变动在劳动法中具有非常重要的地位。劳动关系的产生、变更、终止均需通过意思表示通知的送达才能得以实现。送达是劳动关系主体之间传递意思表示、交换信息条件的连接点。以劳动合同解除为例，在非对话场合，任何一方没有将作出解除劳动合同的意思表示通知送达对方之前，该意思表示就是静态的、单方的、封闭的，而不产生任何法律效力，也不会对双方劳动关系产生任何实质性影响。但一旦送达给对方，该意思表示就是动态的、双方的、开放的，就会产生法律效力，并会对双方劳动关系产生实质性影响。从这个意义上讲，送达是劳动关系变动实现的动因。缺少送达法定形式和送达法律效力的规定，劳动关系变动

---

① 该案例参考王泽鉴．民法总则（增订版）．北京：中国政法大学出版社，2001：348

② ［德］W. 杜茨．劳动法．张国文译．北京：法律出版社，2005：117

并未实现和完成。劳动关系变动必须从一方主体变动之意思表示通知送达给相对人开始。这是所有劳动关系变动意思表示产生法律效力后一系列相关行为的起点，或者说劳动关系变动意思表示通知的送达是劳动关系变动实现的起因。可以说，在对送达没有规范的情况下，劳动关系变动的先天构成要素是畸形的、不健全的。而此种畸形和残缺则会对劳动关系变动有很大的制约作用。

第四章

我国劳动法权利配置问题的根源

法律制度的设计受理论影响甚大。资本主义发展的早期，受古典经济自由主义的影响，很多国家确立了“个人本位”的私法，并在法律制度中确立了主体平等、契约自由、对所有权的绝对保护和过错责任等法律制度。20 世纪以后受凯恩斯干预主义思想的影响，国家又开始加强对法律制度的干预，并对私法局限性进行反思。开始将劳动法从民法中分离出来，以“社会本位”为理念，在法律制度中通过对“具体人”的关注、对契约自治的限制等，将权利倾斜性配置给劳动者，以保护处于社会弱势地位的劳动者。在我国，1995 年《劳动法》实施后在保护劳动者权益方面取得了卓越的成效，但也存在很多问题，需要从理论和思想上寻找根源，才能认识到问题的症结，也才有助于更有效地完善现有的劳动法律体系。

第一节　劳动法权利配置与错误假设

自新中国成立以来，从颁布单行法开始到 1995 年有了全国统一性《中华人民共和国劳动法》，再到 2007 年颁布的《劳动合同法》，我国颁布了各种效力不同、层级不同、权利配置侧重点不同的劳动法。毋庸置疑，劳动法在调整劳动关系，实现对劳动者权益保护方面具有不可估量的作用。但是，这并不意味着我国劳动法完美无缺。事实上，现阶段劳动法因存在一些错误的假设而在具体制度建设中对劳动者权利配置方面产生了不少问题。

一、正式劳动法万能的假设

新中国成立以来开启了通过正式法律制度干预和调整劳动关系的立法历程，特别是改革开放时期，国家颁布了大量的法律、行政法规、部门规章、地方性法规、地方政府规章等来调整劳动关系，劳动法律体系已初具规模。

从历史角度来看，法律发展与工业化、城市化以及现代化是紧密相连的。在一个小规模的孤立的同质社会中，劳动分工程度很低，社会整合度很高，非正式的社会约束已足够使人们循规蹈矩。但是在一个现代化、异质性、复杂化的社会中，社会分工高度发达，正式的规范和约束对于行为控制非常必要，它们能够确保社会向功能有序、可预期的方向运行。现代化必然产生冲突、紧张、压力以及分裂，这推动了社会法制的现代化。① 基于正式法律制度万能的假设，以为通过完善正式劳动法律规范就可以有效构建和谐劳动关系，减少劳资矛盾和冲突。但是这种理论假设下的劳动法却可能会存在以下负面社会效应。

（一）忽略了正规法律制度的弊端

近年来劳动争议案件不断飙升，各种新型劳动争议案件不断涌现，劳动法因其弊端导致在调整劳动关系方面有一些力不

---

① ［美］史蒂文·瓦戈．法律与社会（第9版）．梁坤、邢朝国译．北京：中国人民大学出版社，2011：32

从心。如互联网平台务工劳动者的增加，非正规就业、灵活就业劳工数量的增加，以及家政劳动者数量的不断增加，都使得正式劳动法律规范难以适应变化万千、层出不穷的劳动争议新类型案件。

首先，法律制度为了保持权威性，一旦确立了权利和义务，考虑到可预测性、权威性和持久性，会竭力避免对制度进行持续性修改或者终止，而社会变迁却常常先于法律变迁。其次，法律形式结构运作一定时间后会存在僵化的情况。法律规则是用概括的、抽象的以及普遍的术语来表达的，在特定情境下，不会考虑特定违法行为的情有可原性，比如某人因为饥饿而偷窃。[①] 就劳动法而言，颁布的各种法律规范一经生效，即会在实施的过程中产生很多适用上的问题。虽然通过法院的解释可以化解一些立法上的矛盾和冲突，但是客观还会存在一些不好的社会效应。如我国劳动法要求企业要承担没有签订书面劳动合同的法律责任，然而在现实中相当一部分个体工商户和劳动者均不愿意签订书面劳动合同，特别是一些季节性打工的农民工。再比如，劳动法规定如果用人单位构成违法解雇，劳动者可以要求继续履行或赔偿金。在现实中因法院判决继续履行劳动合同导致恶化和激化劳资矛盾和冲突的现象也为数不少。[②]

（二）忽略了非正式社会规范的作用

法律实证主义，代表人物奥斯丁、凯尔森、哈特等人认

① ［美］史蒂文·瓦戈．法律与社会（第9版）．梁坤、邢朝国译．北京：中国人民大学出版社，2011：19

② 在现实中，相当一部分案件因雇主构成违法解雇，劳动者请求继续履行劳动关系，法院判决要求双方继续恢复原来的劳动关系，但是由于原有劳资双方的合作和信任基础已经被破坏殆尽，反而引起进一步的劳资矛盾和冲突。

为，为国家制定的法律规范才是法律，强调法律规则本身的权威，轻视社会和民间自治，因而对私力救济的考虑是如何控制的问题。古典自由主义学者基本上认为法律的作用是有限的，反对法律中心主义，推崇非正式社会规范的作用。他们认为，无需法律的秩序不但存在，而且可能运作良好。主张国家不应过分垄断对社会问题的规制等社会事务，应仅限于消极地保护个人权利。代表性学者有亚当·斯密[①]、威廉·洪堡[②]、斯宾诺莎[③]、弗里德利希·哈耶克[④]、路德维希·米塞斯[⑤]、罗伯特·诺齐克[⑥]、詹姆斯·M. 布坎南[⑦]、曼德维尔、布鲁诺·利昂尼等。

随着劳动法律制度对社会发展的作用日益提高，依法办事的理念深入人心，但我们依旧不能忽视劳资双方在用工过程中存在的部分用工习惯、用工习俗以及行业规范等社会规范。卢梭认为，风俗、习惯和舆论也是法律的一种，“而且是一切中最重要的一种：这种法律既不是铭刻在大理石上，也不是铭刻在铜表上，而是铭刻在公民的内心里；它形成了国家的真正宪

① ［英］亚当·斯密．论国民财富的性质和原因的研究．郭大力、王亚南译．北京：商务印书馆，1997

② ［德］威廉·洪堡．论国家的作用．林荣远、冯兴元译．北京：中国社会科学出版社，1998

③ ［荷］斯宾诺莎．政府论．冯炳昆译．北京：商务印书馆，1999

④ ［英］弗里德利希·哈耶克．法律、立法与自由．邓正来译．北京：中国大百科全书出版社，2000；［英］弗里德利希·哈耶克．自由秩序原理．邓正来译．北京：三联书店，1997

⑤ ［奥］米塞斯．自由与繁荣的国度．韩光明译．北京：中国社会科学出版社，1995

⑥ ［美］诺齐克．无政府、国家和乌托邦．何怀宏译．北京：中国社会科学出版社，1991

⑦ ［美］詹姆斯·M. 布坎南．制度契约与自由．王金良译．北京：中国社会科学出版社，2013

法……当其他法律衰老或者消亡的时候，它可以复活那些法律或者代替那些法律”。[①] 美国社会学者萨姆达认为，“立法必须在原有的民德中寻找立足点……立法为了自强必须与民德相一致”，违背民德的法律就好似一堆废纸。萨维尼认为，习惯法是民族精神的直接产物，立法、法典是在其基础上发展起来的。习惯法高于立法，立法高于法典，立法只有在它体现民族习惯和惯例时才是有用的。[②]

我国《劳动法》第二条规定：“在中华人民共和国境内的企业、个体经济组织（以下统称用人单位）和与之形成劳动关系的劳动者，适用本法。”我国《劳动合同法》第二条规定：“中华人民共和国境内的企业、个体经济组织、民办非企业单位等组织（以下称用人单位）与劳动者建立劳动关系，订立、履行、变更、解除或者终止劳动合同，适用本法。国家机关、事业单位、社会团体和与其建立劳动关系的劳动者，订立、履行、变更、解除或者终止劳动合同，依照本法执行。”《劳动法》规定的范围不可谓不广，连个体经济组织也纳入其调整范围。依据《关于贯彻执行〈中华人民共和国劳动法〉若干问题的意见》第一条规定，个体经济组织是指一般雇工在七人以下的个体工商户。在现实中，个体工商户也要严格遵守《劳动法》《劳动合同法》。但是，按照中国的用工习俗，这种小店让他们适用劳动法，不仅雇主不遵守法律，雇员自己也认为适用《劳动合同法》的规定不现实不合适。笔者在2013年做社会调查时，对个体工商户的雇员做过访谈，问及

① 古春德．西方法律思想史．北京：中国人民大学出版社，2000：153

② 朱景文．现代西方法社会学．北京：法律出版社，1994：151－152

有没有签书面劳动合同。雇员回答说："我们这店这么小，签什么劳动合同。"按照常识，《劳动合同法》加大了对劳动关系的规制力度，应该会有助于减少违法行为的发生。但现实离理念还是有差距的（见表1）。

表1　小型企业雇主遵守劳动法的状况①（单位:%）

项目＼年份	2009	2010	2011	2012	2013	2014	2015	2016
周工作时长超44小时	89.9	90.7	84.5	84.4	84.7	85.4	85.0	84.4
拖欠工资	1.8	1.4	0.8	0.5	0.8	0.8	1.0	0.84
不签书面劳动合同	57.2	58.0	56.1	58.7	61.9	62.0	63.8	64.9

从上表可以看出，随着《劳动合同法》规制力度的加强，小型企业雇主遵守劳动法的状况并没有呈现正相关，拖欠工资、不签订劳动合同的比例还甚至有反弹。尤其是不签订书面劳动合同的比例越来越高，这或许跟现实中大量个体经济组织中双方都无签订书面劳动合同的用工习惯有关。

（三）忽视了非正式约束的作用

在人类行为的约束体系中，非正式约束具有十分重要的作用。即使在最发达的经济体系中，正式规则也只是决定行为选择总体约束的一小部分，人们行为选择的大部分是由非正式制

① 根据国家统计局2009年至2016年发布的《全国农民工监测调查报告》数据整理而成，具体请参见国家统计局网站，http://www.stats.gov.cn/ztjc/ztfx/fxbg。国家统计局发布的2017年《全国农民工监测调查报告》有关农民工劳动权益的数据缺失。

度来约束的。[①] 关系经济及其观念降低了正式劳动合约的作用。我国是长期讲关系及关系型合约盛行的国家。“合约的形式受市场范围的限制”：市场范围越小，关系型合约越重要，正式合约越不重要；反之则反是。[②] 西方市场经济本质上是契约经济，西方发达国家的交易是建立在契约经济之上，而我国的交易主要是建立在关系经济之上。这种关系经济影响了正式合约发挥其作用。关系经济在狭小的市场范围和简单的交易中有优势，随着市场范围的扩大以及交易越来越复杂，关系经济运行的边际成本会越来越高，以至于须建立在信用经济基础之上的交易很难进行，市场效率将会大大地降低。建立在关系经济上的劳动契约及其实施也会受关系经济性质的影响。[③] 我国在劳动用工市场中，有哪些非正式约束，正式法律制度对于这些非正式约束如何规范，是完善劳动法必不可少的基础和前提。

（四）易形成法院为纠纷解决中心

随着正式劳动法律规范的日益增多，劳动者与用人单位更有可能出现用工习惯、用工习俗以及不可抗力等各种因素导致劳资双方的利益与正式法律规定不一致的情形。在有法可依的情形下，劳动者更倾向于采取司法诉讼的方式解决劳资矛盾和冲突。

---

① ［美］道格拉斯·G. 诺思. 制度、制度变迁与经济绩效. 刘守英译. 上海：上海三联书店、上海人民出版社，1994

② 王永钦. 大转型——互联的关系型合约理论与中国奇迹. 上海：上海三联书店、上海人民出版社，2009

③ 罗小芳. 论我国劳动关系契约化中的正式约束与非正式约束. 中南财经政法大学学报，2012（2）：11

根据重庆市荣昌法院的统计数据显示，该法院在收案数量方面，2012 年至 2015 年，劳动争议案件数量呈直线上升趋势。2012 年受理劳动争议案件 753 件，同比增长 26.74%；2013 年受理劳动争议案件 824 件，同比增长 9.43%；2014 年劳动争议案件增长迅猛，受理劳动争议案件 1698 件，比去年同期翻了一番；2015 年全年受理劳动争议案件 1623 件，同比下降 4 个百分点。争议涵盖劳动关系各方面，包括确认劳动关系、追索劳动报酬、请求给付经济补偿金、加班工资、未休年休假工资、社会保险、未签劳动合同双倍工资差额等。单起劳动争议案件中往往集合多种主张，单项诉讼请求比例较小，多项诉讼请求占比达 75.2%，该数据反映了劳动权利义务关系日益复杂化的趋势。[①] 这在某种程度上反映了随着正式劳动法律规范的扩展，而呈现出大家对法院作为纠纷解决中心的青睐。

这种法院为纠纷解决中心的权利救济模式会导致当事人权利救济成本和国家司法成本较高。虽然法院为纠纷解决中心的权利救济模式具有协商、调解等所不具有的优势，但同时其缺点同样十分突出。尤其是在我国劳动仲裁前置的权利救济程序因造成“三审制”延长了司法权利救济的时间而备受诟病。

二、所有劳动关系资强劳弱的理论假设

劳动法从民法中脱离出来的主要原因无疑在于现实中资强

---

① 刘成琼．劳动争议案件统计分析及建议——以重庆市荣昌法院 2012—2015 年劳动争议案件数据为样本．中国法院网，https：//www.chinacourt.org/article/detail/2016/08/id/2052844.shtml［EB/OL］．2016 年 8 月 8 日．访问于 2020 年 5 月 3 日

劳弱，劳资双方实质不平等的社会现实。但是我国劳动法在进行权利配置的时候却出现了一个理论假设，即所有的劳动关系中都是资强劳弱的。这种理论假设导致了我国权利配置中无视劳方与资方主体多样的客观现实。事实上，资强劳弱只是一个相对普遍的现象，相当一部分劳动者在劳动关系中并不弱，相当一部分用人单位也并不强。如当企业刚处于起步阶段时，面临着资金压力、市场运营压力等各种风险，很多小企业举步维艰、小心翼翼、如履薄冰。对于这部分企业认为资强劳弱是不符合社会现实的。同时，在用工关系中，也有相当一部分劳动者有技术、有学历、有能力，在劳动力市场中经常成为“猎头”竞逐的对象，他们工作能力强、薪资水平高，甚至在企业中占据一定的领导职位，相对于资方一点儿也不弱势。因此，劳动法将所有的资方和劳方都假定为资强劳弱，这种理论假设导致了以下几个方面的问题。

（一）偏离了劳动法倾斜性保护的立法宗旨

如前所述，劳动法之所以对劳动者的权利进行倾斜性配置，原因在于假定劳动者在劳动关系中相对于雇主是弱势的。传统的民法假定所有的主体在形式上一律平等，忽视了这种劳动关系中普遍资强劳弱的社会现实。因此，劳动法从民法中分离出来，正视了劳动关系中强者的存在，并且以抑制强者、保护弱者为特征。在劳动关系中，资强劳弱的主要原因在于：第一，一旦劳动关系建立以后，劳资双方存在隶属关系。用人单位通过与劳动者建立劳动关系而获得了对劳动者劳动力的支配权，可以对劳动者指挥、管理、惩戒等。第二，信息不对称。然而，一旦出现劳强资弱的情况，就不符合这种假定和前提。因此，这种普遍资强劳弱的理论假设下配置的劳动权利违背了劳动法倾斜性保护的立法宗旨，并不利于构建和谐劳动关系。

王茁2004年1月进入上海家化联合股份有限公司（以下简称上海家化），担任副总经理，2012年12月升任总经理，月薪5.19万元。2013年11月，证监会上海监管局以上海家化2008年4月至2013年7月间与相关企业发生采购销售、资金拆借等关联交易，且未对外披露等为由，向上海家化发出了《责令改正的决定》。上海家化遂进行委托审计。2014年3月，审计确认了上海家化内部控制确实存在关联交易管理中缺少主动识别、获取及确认关联方信息的机制等重大缺陷。2014年5月12日，上海家化董事会通过解除王茁总经理职务及提请股东大会解除王茁董事职务的议案。次日，上海家化即以严重违反公司规章制度、严重失职、对公司造成重大损害为由，解除了与王茁的劳动合同。由此，引发双方的劳动争议。

王茁是高管，相对于资方而言未必弱势。但由于资强劳弱理论假设使劳动法对劳动者权利的配置没有考虑到现实中劳动者的多层次性和雇主主体的多层次性，导致现实中本不需要劳动法予以保护的高级经理人、高级财务人员等高收入阶层获得了劳动法过度的权利配置，而处于社会底端的农民工等社会阶层却无法获得有效的劳动法保护。这说明，《劳动合同法》对高管和普通劳动者一把尺子量到底，没有进行必要的分层设计，使权利成本产生不均衡的现象。

（二）导致劳资矛盾和冲突增多

对于在劳动力市场中可以自由切换、随意更换用人单位的高薪、高职劳动者来说，当以资强劳弱为理论假设前提的劳动法适用于他们时，则可能会进一步激化劳资双方的矛盾和冲突。如高管一旦被辞退，当他们索要违法解雇的赔偿金时，因为其薪水较高，赔偿金动辄几十万甚至上百万。[①] 事实上，这笔经济补偿金或者赔偿金对于他们而言并不会像普通底层劳动者那样危及生存权。这笔高昂的经济补偿金或赔偿金引发的诉讼混迹于劳资争议中，导致劳资矛盾和冲突的增加。2015 年北京市海淀区法院公布的《海淀区劳动争议审判情况白皮书(2015)》数据显示，从 2010 年至 2014 年，高级管理人员、高级技术人员所涉劳动争议纠纷数量从 449 件上升至 1120 件，占同年劳动争议案件总量的比例从 12.4% 上升至 27.1%。在总结此类人员劳资矛盾和纠纷更为突出的原因时，该白皮书总结到高管和高级技术人员在企业身居关键岗位，掌握较多的商业资源，使得企业对此类人员的依赖度较高。基于对企业的控制权和管理权，高级管理人员不认真履行职责或者滥用职权均会给企业造成严重损害。一旦此类人员选择“跳槽”离职，甚至结伙“另起炉灶”，更是会引发劳资双方的激烈冲突，上述矛盾更加难以调和。

（三）导致资源配置不均衡

资源是稀缺的，无论是执法还是司法都需要各种成本。劳动法的权利倾斜性配置应该是真正用于保护弱势的劳动者。对于劳强资弱的社会关系，劳动法不应该予以适用，这既不符合

---

① 2015 年，北京市海淀区法院公布的《海淀区劳动争议审判情况白皮书(2015)》中，有高管的判决金额仅工资一项就高达 347 万元。

社会现实，也会因资源配置的均衡而浪费我国的执法和司法资源。

权利可以分为积极权利和消极权利两大类。所谓消极权利（Negative Rights）是个人由于政府的无所作为而获得的权利，对于个人的这些权利政府无论如何也不得加以侵犯，只能消极地不作为。消极权利通常包括各种自由权，比如个人的言论、出版、结社、集会等自由。对于个人的这些消极权利，国家自己不但不能侵犯，反而有保护它们不受他人侵犯的义务。另一类积极权利（positive rights）就是个人要求国家加以积极行为的权利，这类权利主要是指各种社会福利权利或各种受益权利，如社会救济权、公民的工作权、休假权等。对于这些权利，国家不得消极地不作为，而必须积极地作为，它有不可推卸的实施义务。① 自由主义强调自我的自决能力和独立性，强调自我免受制约的自由，从而强调个人的消极权利。社群主义则强调自我的构成性，即自我对社会现实的依赖性，强调成员资格是个人权利的前提条件。②

从积极权利出发，国家不能像自由资本主义时期一样，放任自由自治的私人权利在竞争的市场上互相冲撞，而要求国家从实现个人利益和社会利益相协调的角度有所作为，为社会弱者提供实现权利的必要条件。③ 因此，积极权利的保护授权是从社会弱者的实际不自由出发，授权处于弱势的劳动者可以向国家和社会寻求帮助，同时，国家也应该建立一套保护系统来保护社会弱者。这就意味着国家需要用更多的资源消耗和成本

---

① 俞可平．社群主义．北京：东方出版社，2015：100

② 俞可平．社群主义．北京：东方出版社，2015：101

③ 董保华等．社会法原论．北京：中国政法大学出版社，2001：177

来保护处于弱势地位的劳动者的权利。普遍资强劳弱的理论假设无视相当一部分劳强资弱的社会现实，只会让国家的资源更加不均衡，导致最需要被保护的劳动者无法得到有力的保护。

三、实体法重于程序法的理论假设

我国劳动法律大量借鉴了德国、法国等大陆法系国家的法律形式，同时受法律传统的影响和政治体制的影响，在对劳动者权利进行配置的时候，存在实体法重于程序法的理论假设。在这种理论假设下，我国在实体法方面对劳动者相对做了比较充分的权利配置，这些配置散见于《劳动法》《劳动合同法》《工资支付暂行条例》等实体法中。而保护劳动者权益的各种程序性权利的配置却明显不足。司法程序方面，除了《劳动争议调解仲裁法》，进入司法程序后直接适用《民事诉讼法》，更多保护劳动者权益的程序性权利如用人单位内部劳动者的申诉权、当被用人单位辞退时劳动者的抗辩权以及当用人单位不支付劳动报酬时，劳动者的劳动留置权等这些广义上的程序性权利在我国劳动法中没有配置给劳动者。

在劳动法制建设方面，我国的劳动法学家更多地强调令行禁止、正名定分的实体合法性方面，而对于在现代政治、法律系统中占据枢纽位置的程序问题论证不足。然而，缺乏程序要件的法制是难以协调运行的。程序机制应当成为我国劳动法制建设的一个真正的焦点。这里所说的程序机制，某种意义上是指导劳动者与用人单位实际行为以及司法运作前用人单位内部的沟通协商程序机制。这种理论假设在现实中会产生以下问题。

（一）增加用人单位防御成本

交易成本是指与交易相关的获取信息、谈判、签约、履行合同等所有这些活动造成的效率损失。[①] 在倾斜性保护原则的指导下而日趋收紧的用工法律制度过度加大了资方的责任。而用人单位为了避免因违法而遭受的巨额损失，必然在日常管理中时刻防范法律风险，由此带来巨大的管理成本。[②] 其一，人力资源管理成本。为了避免劳动争议发生时败诉，用人单位必须在日常人力资源管理上投入巨资防范法律风险。例如：聘用律师或法务人员对各项管理规章制度、管理文件进行法律审核的成本；对人力资源管理部门和各级管理人员进行劳动法律培训教育的成本；日常管理中为了防范潜在法律风险收集证据以避免败诉的成本，如监控设备费用、文件保管费用、公证费用等。其二，转嫁用工风险成本。为了避免直接用工而带来的法律风险，很多单位在严苛的劳动法实施之后，就会转向法律风险较小的用工途径。在《劳动合同法》刚刚实施之际，大量

① 张维迎．经济学原理．西安：西北大学出版社，2015：308

② 上海市中级人民法院郭文龙法官表示，一方面现有劳动法病假制度本身的不完善导致员工到医院拿病假单十分容易，使得部分混日子的员工会通过开病假单来请病假，并享受病假待遇。深圳某问题员工，长期以来在单位混日子，浑浑噩噩，持续通过交病假单来享受病假。单位为了核实该员工是否真在享受病假，多次联系该员工说看望她，但该员工找各种借口予以拒绝。公司通过其他渠道获悉该员工“休病假”是假，“去旅游”是真。因此，公司通过一些渠道获悉了该员工的航班信息和入住酒店信息。但由于该证据获取途径不符合司法程序证据要求，完全是私人渠道，为了打官司胜诉，该公司在该员工回深圳的当天晚上，组成一个专门的团队，带着摄影机，并做了各种异常情况处置方案来拍摄该员工旅游返回并身体健康视频的证据。该公司之所以耗费如此精力和财力来采取证据以成功解雇该员工，是因为该员工的言论和行为已经构成其他员工膜拜甚至效仿的对象，一旦蔓延开来，会对公司管理和公司士气造成不良影响。

的用工单位转为劳务派遣用工，而在 2012 年《劳动合同法》对劳务派遣的使用进行严格限制之后，大量的用人单位又开始转向服务外包进行用工。这些不仅扭曲了劳动力使用市场，而且也增加了用人单位的用工成本，使得用人单位不堪重负。

营利是一个企业存在的基础和前提。而在企业的投入—产出函数中，人力资本与物质资本是两种构成性生产要素。为最大化产出、最小化成本以获得利润最大化，企业对任何生产要素的价格变动都会有必要的敏感，都会借助各种策略来抵消或转移由生产要素价格上涨引起的成本上涨，这是任何理性市场主体的必然反应。吴元元认为，“如果意图良好的法律规制导致某类成本上升，同时又没有从整体主义的视角防止这一成本的外部化，防止其对于其他主体的溢出效应和联动效应，那么，精心构设的法律规制安排亦会产生不可欲的利益再分配后果，最终损及本应受保护者的根本利益”。[①] 现行《劳动合同法》诸多规定如无固定期限劳动合同、解雇保护等法律制度，尽管法律意图是为了促进劳动关系的稳定和长期化，保护劳动者权益。但是由于这些条款“提高了企业与工作无效率劳动者之间的退出成本，可能会导致基于大幅攀升的退出成本，企业为了避免未来陷入无效率的劳资博弈而不能解脱，势必在缔约过程中努力强化注意水平，试图以更为谨慎的合约条款来对双方的权利、义务、责任做出细致周密的事先设定，防止签约后变动的不可能或过高成本”。[②] 因此，这些刚性规定因企业

① 吴元元．劳资契约安排的制度逻辑——无固定期限劳动合同的法律经济学解读．现代法学．2009（1）：45

② 吴元元．劳资契约安排的制度逻辑——无固定期限劳动合同的法律经济学解读．现代法学．2009（1）：45

招聘的“试错”空间大为缩小，日趋严格的搜寻标准下，“企业会不那么愿意在可能有麻烦或没有出色工作史的工人身上碰运气，因为一旦雇错了人，就会比在自由择业制度下更难纠正”。① 其甄别机制将更多地导致其在员工的事先甄别、筛选中必定会更为严格与谨慎，以更高的搜寻成本来防止签约后解除契约关系的行动困难，而最终引发边际劳动者如缺乏技能的工人、没有任何工作经验的毕业生等的失业效应，以及因此而引起的终端产品价格的上涨。② 而且由于劳资契约的刚性安排，“对于企业的激励就是更少雇用人，更多自动化，以及把工厂办到那些没有这类保护的外国去。……这一前景会使企业加快工厂自动化以及在国外设厂”。③《劳动合同法》包括无固定期限劳动合同等在内的制度安排的立法宗旨之一即是通过提高劳动力成本，推动企业加大技术及设备投入，带动中国产业结构的升级，但是，资本相对于劳动力有较强的“挤出效应”和替代效应，在劳动力过剩且还没有足够的替代性吸纳机制的约束条件下，单一地试图凭借劳动力成本提升来推动企业从劳动密集型向资本密集型转换，其原初的劳动力吸纳功能将大为削弱。在我国，由于相当部分的“劳动力容器”功能由为数众多的劳动密集型中小企业承担，这类企业自救的回旋余地很小，一旦其产业升级转型失败，进而不得不倒闭、宣告破产，那么，当下突出的剩余劳动力安置问题将进一步加剧。另一方

① ［美］理查德·A. 波斯纳．超越法律．苏力译．北京：中国政法大学出版社，2001：356

② 吴元元．劳资契约安排的制度逻辑——无固定期限劳动合同的法律经济学解读．现代法学，2009（1）：45－47

③ ［美］理查德·A. 波斯纳．超越法律．苏力译．北京：中国政法大学出版社，2001：355

面，企业特别是外资企业还可以“用脚投票”通过工厂外迁来获得成本较低的外国劳动者。单一地试图凭借劳动力成本提升来推动企业从劳动密集型向资本密集型转换，其原初的劳动力吸纳功能将大为削弱。这会因此再度压缩我国原本已经非常紧张的就业空间，放大了国内劳动者的边际化并恶化了国内就业市场的竞争态势。[①]

（二）不符合多元化社会价值现实

在多元化社会价值的社会中，国家基于法律父爱主义和公共政策选择而对用人单位和劳动者权利和义务进行的配置难免不符合现实中形形色色主体的价值判断和情景。季卫东认为，“在价值多元化的现代社会，复数的普遍性原理并存的局面越来越常见，加上进入国界相对化的历史阶段之后，不同文明犬牙交错、互相碰撞，法律体系日益呈现出明显的多元构成，在实质性原理上达成一致的困难空前增大”。[②] 在劳动法领域，尽管对劳动者权利进行倾斜性配置已经形成共识，但如何倾斜，倾斜的度如何把握并没有形成相应的共识。因为一旦倾斜过度，就会损害用人单位的利益，导致用人单位基于自身理性的考虑，而采取一系列诸如谨慎招工、缩小规模、撤厂等减少损失的行为予以应对。这一系列行为可能会使失业率上升、产品终端价格提高，以及导致经济下行等不利后果。因为在具有相互性的社会关系中，“按照客观标准认定权利的法治主义理

---

① 吴元元．劳资契约安排的制度逻辑——无固定期限劳动合同的法律经济学解读．现代法学，2009（1）：47

② 季卫东．法律体系的多元与整合——与德沃金教授商榷解释方法论问题．清华法学，2002（1）：73－74

想在某种程度存在相对化——不仅仅权利规定社会关系，社会关系反过来也在一定程度上影响权利；权利的认定不再是一种纯粹的零和游戏”。[①] 伴随着福利国家的到来，要求用人单位通过为劳动者缴纳五险一金来保障劳动者未来可能产生的生、老、病、死等风险已经成为企业履行社会责任，保障劳动者权益的重要法律责任。而“伴随着社会福利国家到来的是法律不确定性的增加，法条崇拜丧失了社会结构的基础，法律系统通过虚构将来的后果而正当化当下的法律决定”。[②]

劳动法领域法律运行的失灵在某种程度上系社会价值的多元化和实体法规定价值的一元化本身相矛盾所致。法律配置给劳动者的权利和用人单位的义务未必在现实中与主体的价值理念相一致。

（三）逆向选择损害福利最大化

劳动法基于倾斜性保护而所规定的一系列实体性保护性规定可能会因为过高的用工成本，而导致在实践运行过程中出现用工市场和经营市场的逆向选择（adverse selection）问题。《劳动合同法》第四十条第二款规定：“劳动者不能胜任工作，经过培训或者调整工作岗位，仍不能胜任工作的”，用人单位提前三十日以书面形式通知劳动者本人或者额外支付劳动者一个月工资后，可以解除劳动合同。该规定导致当劳动者工作能力不行时，用人单位解雇该劳动者困难重重，要三次举证。三次举证的证据准备完毕，前后差不多要半年时间。而且由于劳

---

① 季卫东．法律体系的多元与整合——与德沃金教授商榷解释方法论问题．清华法学，2002（1）：69－70

② ［德］尼克拉斯·卢曼．法社会学．上海：上海世纪出版集团，2013：18

动者工作能力不行，用人单位单方面解除劳动合同的，还需要支付经济补偿金。这样规定可能出现逆向选择损害福利最大化。

于货币史上“劣币驱逐良币”的故事，乔治·阿克尔洛夫借用旧车市场模型指出，如果买车人和卖车人之间就旧车质量信息存在着事前的信息不对称，在均衡的情况下，就只有低质量的旧车成交，坏车已经将好车驱逐出市场。[①] 逆向选择意味着资源配置的扭曲和低效，而解决办法在于设置相应制度以实现有效的信息甄别和信号传递。劳动法基于倾斜性保护的诸多规定使得用人单位在没有能力满足或者达到的情况下，会选择其中一种路径即更倾向于通过谨慎招聘雇工来减少用工成本。在雇主固定、劳动就业人员供应量不变的条件下，自然会导致更多的劳动就业人员就业难度加大，就业机会降低，就业门槛增加。这些规定无疑损害了潜在就业人员的利益或福利。而另一种可能性，则是在其他条件不变而全球雇佣条件不均衡的情况下，雇主则会更加倾向于流向雇佣条件更加宽松、雇佣更为自由的国家或地区。

（四）容易挤压自治空间

麦克尼尔认为，劳动关系具有特殊性，不仅仅具有人身依附性还具有关系性和社会性等特征。[②] 由于环境的不确定、信

---

① George Akerlof, The Market for Lemons: Quality Uncertainty and the Market Mechanism, Quarterly Journal of Economics 84: 1970. pp. 488 – 500. 张维迎．博弈论与信息经济学．上海：上海三联书店、上海人民出版社，1996：544 – 589

② ［美］Ian R. 麦克尼尔．新社会契约论．雷喜宁、潘勤译．北京：中国政法大学出版社，2004

息的不完全性以及人的有限理性等的限制，劳资之间的权利与义务，是很难通过正式契约加以约束的。即使是成文的正式契约，其许多条款也是抽象的和开放式的，可以对它们作不同的理解。[①] 劳资双方个体对成本和收益的计算中，并不会是简单的实际效用和利润得失的计算，文化传统、习惯以及个体的自身法律知识结构，对方的态度、实力、社会声誉机制等因素都可能成为一种系数，影响着他们的计算结果。[②] 法律应基于关系主义法律体系引导双方建立劳资双方彰显平等、诚信和程序正义的博弈机制。换言之，法律应引导劳资双方通过蕴含程序正义的工具性权利和平等博弈机制，获得相对公平的实体正义结果。

倾斜性保护原则下的劳动法充满了对双方合约的否定，通过严苛的硬性规定代替双方的合约和协商机制。在现行法律规定使得劳动者或者雇主不得不将其目光共同关注能够严重影响其潜在利益和收益的法律时，在双方都发现现有法律使得对方随时有可能将自己告上法庭，自己不得不应诉时，劳资双方的共同关注点就是如何防止对方损害自己利益或者如何运用法律保护自己的"合法权益"，而不再为了生产利益最大化、工资效用最大化而合作与努力。其结果对于正常生产经营秩序是一种破坏。实际上，"竞争是社会合作的要素，是社会机体中的主导原则"。[③] 竞争能使生产以最合理的方式进行。但阶级冲

---

① 游正林. 制造认同的又一种模式——G公司协调劳资关系的基本经验. 社会，2009（1）：194

② 陆益龙. 乡村社会法制化的条件. 郭星华、陆益龙. 法律与社会——社会学和法学的视角. 北京：中国人民大学出版社，2004：199

③ 路德维希·冯·米瑟斯. 社会主义——经济与社会学的分析. 王建民译. 北京：中国社会科学文献出版社，2012：286

突的假设破坏了生产内部的竞争力，使双方都将更多的时间和精力用于斗争。

劳动法实体性权利的倾斜性配置的确有助于矫正劳资双方力量的不平衡。但是实体性权利之间也存在较大差异，应该如何配置？是通过集体性权利配置还是个体性权利配置？季卫东认为，“作为整合性的法律体系的立足点不应该是某种政治价值的一块铁板”，[①] 对劳动者利益保护的法律体系建构也不应只是将立足点建立在对劳动契约过于刚性的规定之上。而且“由于实证的法律规范体系本身也存在着结构性矛盾，要在不容许妥协的条件下进行整体上一以贯之的解释近乎天方夜谭”。[②] 他主张整合性的支撑点应从实体价值转向程序价值。甚至可以说，在多元化的格局中，只有程序正义才有可能成为公认的正义，只有首先建立程序性共识才有可能建立实体性共识。[③] 只有程序性规则能够在不同的价值体系和普遍性原理之间促进横向沟通的机制，即对结构性矛盾不断进行协调从而达成动态均衡的议论过程。调整劳动关系的法律制度和机制构建的“侧重点也不应该是作为前提而预设的先验性基本共识，而是作为竞技博弈的过程本身的安定化、制度化机制，特别是程序正义的价值”。[④] 程序可以通过搭建的横向沟通平台，促

---

① 季卫东．法律体系的多元与整合——与德沃金教授商榷解释方法论问题．清华法学，2002（1）：74

② 季卫东．法律体系的多元与整合——与德沃金教授商榷解释方法论问题．清华法学，2002（1）：74

③ 季卫东．法律体系的多元与整合——与德沃金教授商榷解释方法论问题．清华法学，2002（1）：73－74

④ 季卫东．法律体系的多元与整合——与德沃金教授商榷解释方法论问题．清华法学，2002（1）：73

进双方对事实真相的认知，减少法律实体价值预设与现实价值不一之间的矛盾和冲突，促进问题的有效解决。

如《劳动法》规定，用人单位应当为建立劳动关系的劳动者缴纳社会保险，这是对劳动者社会保险权的法律规定。而现实中部分劳动者尤其是异地就业农民工鉴于我国社会保险不能异地转移，自己的劳动地点不固定等因素，认为用人单位所缴纳的社会保险费未必能享受到，而选择放弃法律赋予的社会保险权，让用人单位折合成现金予以发放。但多数法院在审理此类案件的时候，认为该种协议因用人单位侵犯了劳动者的社会保险权而认定无效。这种对当事人劳动权的硬性保护未必对劳动者有利，还会导致增加用人单位的负担，增加劳资矛盾和冲突。

（五）容易导致实体权利配置过度

“坚持权利是绝对的可能导致对某种权利的过度保护，而损害其他更重要的权利主张。政府在一个权利请求上花费的时间越多，在其他的权利请求上花费的时间就越少”。[①] 而且权利总是可能被滥用。任何权利的主张都可能导致滥诉，因此为了防止这种结果的出现，必须对权利和诉权做出一些限制。在有限的资源配置情况下，将权利配置给最优先需要解决的问题。比如对职工获得职业安全卫生权利的保护是肯定的，但是安全卫生是一个相对的概念，不是绝对的概念，问题是“多么安全”。获得高标准的安全既需要私人开支，也需要公共开

---

① ［美］史蒂芬·霍尔姆斯，凯斯·R. 桑斯坦．权利的成本——为什么自由依赖于税．毕竞悦译．北京：北京大学出版社，2004：74

支。如果制定的职业安全卫生标准过高，对现有的公共资源消耗过大，这种权利的保护在现实中就会“落空”。政府不能在预算年度开始没几个月就将全部年度预算用于保护部分权利。因此，我们在进行权利配置的时候必须要考虑的是：第一，由哪一方主体对哪一方主体，以怎样的标准来保证那些权利的实施。第二，我们现有的体制和资源下，如何在这些权利之间公平又谨慎地分配稀缺资源。第三，谁能真正地授予权力去作出分配决定。尽管一些权利“预算”很昂贵，但是如果能够增加可征税的社会财富，这样的权利也应该予以保护。如受教育权即是明显的例子。而保护妇女免受家庭暴力有助于使曾经受伤的妻子成为多产的劳动力。保护这些权利的公共投资有助于增加税基。当然，一种权利的价值不能仅仅看它对国民生产总值的积极贡献来估价。权利支出的长期预算影响不应该被忽略。

第二节　劳动法权利配置立法过程观察

随着社会的发展，通过法律规制来干预和调整社会关系已经成为社会的常态。法律在对环境和能源保护、汽车安全、濒危物种、种族和性别歧视、职业安全与健康等方面的规制对相关问题的解决起了很大的作用。[①] 与此同时，劳动法因立法过程的局限，也会产生意料之外的消极副作用，出现了规制失灵问题。

---

① ［美］凯斯·R·桑斯坦（Cass R. Sunstein. 规制是如何失灵的．钟瑞华译，载傅蔚冈、宋华琳主编．规制研究——转型时期的社会性规制与法治．上海：格致出版社、上海人民出版社，2008：184

就《劳动合同法》出台而言，发酵的山西“黑砖窑”事件对其影响很大。中央电视台《经济半小时》的《〈劳动合同法〉诞生记：黑砖窑案助其全票通过》[①]，代表全国总工会参与《劳动合同法》起草工作的谢良敏的讲话[②]，全国人大法工委也证实“如果没有发生这个事情，这部法律可能还得讨论一段时间”。[③] 由此可见，《劳动合同法》的出台受偶然事件影响很大。由于一个事件催生一部法律的匆匆出台，劳动法存在一定的局限在所难免。

目前国内学者对制度变迁更多的是从法律本身或者制度变迁技术方面予以分析。[④] 制度变迁过程中立法所存在的信息获取不足，法律经济分析的缺乏以及重实体、轻程序等问题直接影响到劳动法律制度的绩效，并对经济和社会的发展产生了负面影响和效应。在立法的过程中，信息的收集和获取是必不可少的，对法律的经济分析和社会分析也是任何制度形成过程中不可或缺的。在劳动法的制度变迁过程中，基于对劳动者利益的特别保护，很容易对资方利益做简单化处理，轻视利益相关者的权益保护。这种立法过程所存在的问题，直接会导致劳动法调整出现偏差而影响其立法社会效果的实现。

---

① 《〈劳动合同法〉诞生记：黑砖窑案助其全票通过》，央视《经济半小时》，2007 年 12 月 27 日播出。

② 董保华．劳动立法中道德介入的思辨．政治与法律，2011（7）：116

③ 人大法工委行政室副主任张世诚的讲话，转引自董保华．劳动立法中道德介入的思辨．政治与法律，2011（7）：11

④ 林嘉、杨飞．我国《劳动合同法》立法技术若干问题探讨．学习与探索，2006（5）；钱叶芳．《劳动合同法（草案）》三审稿立法技术的缺陷和弥补．法学，2007（5）；陈国文．《劳动合同法》的立法技艺——一个法律经济学的分析．西北师大学报（社会科学版），2009（1）

一、立法与相关信息获取

正确的信息是立法准确并能有效发挥作用的前提。但是我国的许多法律因为对于立法环境、立法背景、立法实效等信息获取不足，导致劳动法运行中面临许多问题。对《劳动合同法》立法过程的部分报道反映了该法立法过程信息获取的不足。华为集团董事长汪力成认为《劳动合同法》没有征求浙江企业的意见，也没有征求2007年11月20日他参加的全国工商联十届执行委员会第一次会议有关参会的800多名代表的意见。全国总工会参与了四次审议稿的相关过程，而且针对《劳动合同法（草案）》全面听取员工意见，然后对这些意见进行集中反馈。[①] 根据全国人大的统计，《劳动合同法》草案公布一个月间，网上反馈意见19.1万条，65%以上来自普通劳动者。在董保华教授看来，正是因为立法过程中没有充分地调查资方，而是过多听取了劳方的意见，导致《劳动合同法》立法信息获取的偏失，一定程度上影响了《劳动合同法》的立法走向。[②]

就立法条文的起草来看，劳动法相当一部分规则和标准均借鉴欧美国家，而忽视了我国与欧美国家差距几百年的市场运行背景和体系。欧美国家的劳动法产生于工业大革命时期，并且在日益成熟的市场体系中随着经济和社会的发展而不断调整和修正。而我国的劳动法则产生于改革开放初期，计划经济向市场经济刚刚转型的背景下，就模仿欧美制定了一系列的规制

① 刘涛、王琦．劳动合同法：激辩与冲击．中国企业家，2008（2）

② 董保华．劳资博弈之道——兼谈劳动合同立法博弈中“强资本、弱劳工”的观点．社会科学家，2009（1）：11

标准，这些标准是否适合中国大陆的劳动力市场，是否适合中国土壤，是否适合中国现行市场发展阶段，则缺少相关深入的实证调查和信息获取。在改革开放权利呼声高涨的背景下，劳动法对劳动权保护直接参照发达国家的劳动保护标准，容易忽视我国劳资关系根植的经济、社会和文化环境。

一般而言，在信息不足的情况下，立法所采取的规制方案为三种普遍存在的拙劣的政策分析所累：依赖命令和控制策略而不依赖市场激励存在的灵活策略；没有认识到貌似有益的规制方案可能会产生副作用；未能使规制功能和规制策略相匹配。[①] 比如在环境污染领域，有相当多的证据表明，政府采取分散的、以激励为基础的策略，能够更加有效地实现反污染目标。[②] 在职业安全和健康领域，在美国有关的规制强行要求工作场所设计要遵守详细的标准，这些产业标准汇编起来不低于4000条，占用了《联邦公报》250页之多。实际上，职业安全和健康管理局完全可以通过集中关注雇主在增进安全性方面获得的成效，而不是着力推行整体划一的设计标准做得更好。[③]

以生育保险权的配置为例，相关立法信息的缺乏分析如下。

1. 缺少人口政策的立法理念。我国的生育保险在立法层面上忽略了从人口政策的角度设计生育保险，而将几乎全部的

---

① ［美］凯斯·R. 桑斯坦. 规制是如何失灵的. 钟瑞华译. 傅蔚冈、宋华琳主编. 规制研究——转型时期的社会性规制与法治. 上海：格致出版社、上海人民出版社，2008：200

② Richard Liroff, Reforming Air Pollution Regulation (1986); Thomas Tietenberg, Emissions Trading (1985)

③ ［美］凯斯·R. 桑斯坦. 规制是如何失灵的. 钟瑞华译. 傅蔚冈、宋华琳主编. 规制研究——转型时期的社会性规制与法治. 上海：格致出版社、上海人民出版社，2008：201

生育成本由雇主承担。费孝通认为，生育制度包括生和育两部分。生殖是新生命的造成，抚育是生活的供养。生育是父母的义务，也是为社会补充人口，增加人口总量，提供劳动力资源，因此也是国家的义务。因为社会完整必须人口稳定，稳定人口有赖于社会分子的新陈代谢。供给新的社会分子是生育制度的任务。[①] 人口的延续不仅对于家庭单位而言有着绵延子嗣、续延香火的功能，对于一个国家还具有补充和供给劳动力，提供劳动力资源的重要作用，应该作为国家宏观人口政策的重要部分。只有国家投资于生养和教育年幼小孩，始能持续保持人口结构的合理，提高人民生活质量，增加经济的竞争力，保证经济的繁荣。

2. 忽视了市场经济背景下雇主的多元化和营利本质属性。没有从促进女性就业的长远视角考虑进行立法。事实上，在市场经济背景下，由于绝大多数雇主是以营利为目的，要求所有雇主全部依法统一采取无差别的缴费和成本承担标准既不现实，也不客观。域外许多国家生育保险制度的设计均对雇主多元化和双方权利义务的平衡有一定的考虑。如美国 1993 年联邦立法《家庭和医疗假期法》（Family and Medical Leave Act）规定，女职工要享受产假需要满足两个条件：一是企业规模在 50 人以上；二是在过去的 12 个月中该女职工要累计为该企业工作 1250 个小时。雇主是否给付女职工带薪假期，由双方予以协商，国家法律并不予以干涉。[②] 根据英国 1992 年《社会保险支付与福利法》，如果被连续雇佣 26 周，有权获得法定产

---

① 费孝通．生育制度．北京：商务印书馆，1999：57

② See Emma Tominey: Maternity leave and the Responsiveness of Female Labor Supply to a Household Shock, IZA Discussion Paper, 2013. p. 6

假工资，法定产假工资可由雇主支付，但雇主可以从国民保险系统中得到偿还。①

3. 未考虑灵活就业女工的生育保险权益。在生育保险现行立法中，权利主体范围未包含对失业女工、非主观原因未就业女性及非正规就业女性生育权益的保护，形成了对其“权利排斥”。《社会保险法》虽然将“职工未就业配偶”纳入了保障主体范围，但前提条件为夫妻一方必须为在职职工。如果双方均失业，便无法获得相应的生育保险待遇。部分地方政策也大多以“男职工未就业配偶”为条件进行限制，把夫妻双方均没有正规职业的群体排除在外（见表2）。《生育保险办法》（征求意见稿）保障对象为“职工”，尽管范围扩大到男性职工，但仍然局限于单一类型劳动者，并未考虑到非劳动关系的就业劳动者。这种立法上的分层分割，忽略了生育本身的社会属性，制度层面形成了社会排斥和不公平。

表2　部分省市《生育保险条例》中关于失业女职工生育保障的规定

地区	生育保险条例	待遇	施行时间
福建省	第八条：男职工配偶生育符合省计划生育规定，未享受生育保险待遇的，由生育保险基金给付一次性补助金。其标准按第七条第（一）项规定生育津贴的50%发给。	按第七条第（一）项规定生育津贴的50%发给	1996.10.1

① ［英］史蒂芬·哈迪．英国劳动法与劳资关系．陈融译．北京：商务印书馆，2012：165

续表

地区	生育保险条例	待遇	施行时间
甘肃省	四、（三）企业职工配偶女方，属待业或没有固定收入，产假期间，可保享受半费生育保险。	在职女工生育险金的50%	1997. 1. 1
湖南省	第十二条：用人单位女职工失业后，在领取失业救济金期间生育的，从生育保险基金中支付一次性生育补助金。	统筹地区上年度平均生育医疗费用（笔者注：2004年为2668元，与在职女工相当）	2004. 1. 1
山东省	第十五条：参加生育保险男职工配偶无工作单位，其生育符合计划生育规定的，按照当地规定的生育保险医疗费标准的50%享受生育补助金。	当地规定的生育保险医疗费标准的50%	2007. 5. 10
云南省	第二十二条：参加职工生育保险的男职工配偶未就业的，配偶计划内生育的，按本办法规定的医疗费补助标准支付给男职工，在职工生育保险基金中列支。	按本规定的医疗费标准	2011. 7. 1
青海省	参保男职工配偶未就业或未参加生育保险，不能享受生育有关待遇的，且符合国家计划生育政策规定，其生育医疗费用按男职工所在地上年度生育保险平均医疗费用30%的标准由生育保险基金给予一次性支付。	按男职工所在地上年度生育保险平均医疗费用30%的标准由生育保险基金给予一次性支付	2012. 1. 1

续表

地区	生育保险条例	待遇	施行时间
海南省	第九条：从业人员或者从业人员未就业的配偶在分娩当月符合条例规定条件的，可以按照条例规定享受相应的生育保险待遇。	按本条例的生育保险待遇标准	2012.7.1

二、立法的经济与社会分析

立法作为一种调整社会关系的规则，只有转化为行动中的规则，才能通过人的行为表现出一定的秩序。任何法律都应思考如将文字上的规制转化为行动中的规则，将会面临哪方面的问题，如何在立法上予以克服。只有全面思考法律运行中可能带来的困难、障碍和风险，才有助于降低法律实施中被“规避”、流产或失灵的问题。[①] 我们不能脱离社会生活实际去立法，必须对立法进行全面的经济与社会分析。劳动法调整的劳动关系是建立在劳资合作关系基础上的社会关系，该种社会关系由于具有持续性、人格附属性及社会属性，因此所涉及和面临的问题更为纷繁复杂。而法学研究和立法者对“公平、正义”等价值追求的偏好，往往使其忽略对立法运行社会效果的预估和测量，[②] 也会在立法过程中忽视对法律经济与社会性的分析。

---

① 韩恒．规则的演变——对豫南农村丧葬改革的实证研究．郭星华、陆益龙等．法律与社会——社会学和法学的视角．北京：中国人民大学出版社，2004 (4)

② 卢现祥、罗小芳．经济学家与法学家对我国《劳动合同法》认识差异的辨析——兼论我国经济学与法学的关系．中南财经政法大学学报，2009 (1)

（一）权利的负外部性分析不足

劳动法学十分关注劳动者的劳动权、职业安全健康权、休息权、社会保险权等，但是“权利的每一自觉发展都被证明具有经济学家所谓的‘外部性’。权利在纯粹逻辑上的贫困导致对于范畴与学说的研究即使再深入，也毫无办法解决这些冲突或做出这些选择”。[①] 已经被载入《人权法案》（Bills of Rights）的政治与公民权利，构成了这样一项要求：在政府权力所及范围内，政府就应当以正当的方式行使它的权力。但是政府的权力和财力只要是有限的，就很难完全实施。而且，这些权力“根本没有解决这样一个问题，即人们是否能够并应当要求我们称之为政府的强制性组织去决定不同的个人或不同群体的具体物质地位”。[②] 这些权利所要求的乃是每个人被假定有资格享有那些特定利益。而至于谁应当有义务提供这些特定利益或者应当根据何种程序提供这些利益，没有任何提示。为了满足这样的要求，导致社会自生自发的秩序被受刻意指导或操纵的组织所取代，市场的内部秩序被外部秩序所取代。组织成员不能再运用自己的知识实现自己的目的，而必须去实施统治者为满足有待满足的需求而设计出来的计划。[③] 如果只是对劳动权所围绕的权利本身从公平、正义角度进行论证，永远无法触及这些权利实施过程中所面临的困境等

---

① ［美］罗伯托·曼戈贝拉·昂格尔．法律分析应当为何．李诚予译．北京：中国政法大学出版社，2007：65

② ［英］弗里德利希·冯·哈耶克．法律、立法与自由．邓正来译．北京：中国大百科全书出版社，2000：182

③ ［英］弗里德利希·冯·哈耶克，法律、立法与自由．邓正来译．北京：中国大百科全书出版社，2000：183

深层次问题。只有从权利的外部性出发，从公共预算的角度出发，从权利的对应方义务主体可能会采取的规避措施出发进行经济、社会调查和分析，才能发展出被“保护”的权利。“权利”不应仅仅停留在立法层次上，还应该在司法实践中，在社会中被社会公众予以遵守和信仰，才能变成真正的“利益”。而要如此，则有必要对劳动法所欲构建的“劳动权”应用的社会环境和经济环境进行全面、深入的调查和分析，这是科学立法的前提。

（二）重法条和技术，轻社会效应

受部门法学术研究“法条主义”研究范式的影响，[①] 劳动法的立法也更多将注意力转向法条本身。邓正来先生认为，“法条主义”研究范式，基本是试图建构一个在概念系统上比较完整、逻辑自洽、运用有效的有关各部门法的规则体系或系统。但是完全忽略了法律与特定社会、经济、政治、文化等之间的关系。忽略了法条中“次级事实”（second - order facts）背后的许多初级事实或首要事实（first - order or primary facts）。[②] 在这种研究范式下，劳动法研究人员开始对西方劳动法治现代化理论的结果不予质疑、不予反思和不加批判，将西方现代劳动法制/法治的各种结果视为中国劳动法律/法治的当然前提。这种根本上抽离了西方劳动法制/法治发展道路本身所具有的繁复性乃至更为关键的特定时空性，把西方那些理想图景或原则视为理所当然的原则，不加思考、不加批判，不

① 苏力．也许正在发生：转型中国的法学．北京：法律出版社，2004：11

② 邓正来．中国法学向何处去（第二版）．北京：商务印书馆，2011：77

追问我们“中国”所隐含的各种社会现实问题是该范式研究的主要缺陷。[①] 我国现有的劳动法很难找到体现“中国”本身特色的法律条文。比如劳动法部分法律规定如劳动合同的无效[②]，劳动关系变动的“通知”区别于国外相关问题的规定[③]。前者因水土不服，后通过最高院司法解释予以修正；而后者则直接造成了劳动关系变动理论的不完整以及辞职、辞退能否撤销、撤回等问题在现行的劳动法框架下难以解决之问题。[④]

我国现行部门法学的研究仍然处于运用法律移植和国外法律对国内相关立法和法律条文加以批判的程度。而这种采取将国外法律形成的历史、经济、社会、文化条件“过滤掉”的法律研究范式，忽视了西方法制过程中所形成的“平等”“人权”“民主”“法治”为其本国历史演绎、民众博弈结果的倒果为因的研究方法，必然会导致我们基于此而形成的研究成果与中国现实生活存在切实的紧张和冲突关系。最低工资标准、加班、用人单位解雇劳动者需要支付经济补偿金、赔偿金等一系列具体法律规范无不是在上述研究范式下所形成的，也确实在运行过程中遇到了严重的水土不服和当事人“法律规避”

---

① 邓正来．中国法学向何处去（第二版）．北京：商务印书馆，2011：77、87、117

② 参见《劳动合同法》第三十六条。对于《劳动合同法》第三十六条所规定的情形，是应该延续民法思路采取可撤销合同立法模式，还是采取绝对无效的立法模式，学者在进行立法论证时曾经有两种学术观点，但立法时前一种立法模式被否定，而是采取了独具中国特色的绝对无效的立法模式。而后来或许是基于运行考虑，最高人民法院关于审理劳动争议案件若干问题的解释（三）第十条就对该条文进行了修正，对于部分情形，当事人可以行使撤销权。

③ 参见《劳动法》第二十六条、第三十一条、第三十二条；《劳动合同法》第三十七条、第四十条、第四十三条。

④ 吕惠琴．论劳动关系变动通知的送达．中国人力资源开发，2015（5）

的现象。我们不能只是一味地去指责国内用人单位素质不高、法律意识不强，而应该更多去反思我国劳动法立法过程是否存在问题，才有助于制定出适合中国国情、运行状况良好的“中国劳动法”。

以我国生育保险权利的配置为例，我国的生育保险基金关注的基本是孕妇生育而产生的医疗费用和生育津贴，对于因生育可能产生的就业问题进行相关的制度设计和规范不够。虽然依照生育保险女性可以获得一定的补偿，但如处于生育期的女性随时担心“没有工作”或者“失去工作”，即可能将个人推向厌烦、绝望、脾气恶劣、冷漠无情。① 从医学、心理学角度而言，因生育过程中产生忧虑、担心和恐惧等心理问题会影响到婴幼儿健康成长，甚至会因此影响家庭和社会稳定。因此，作为保障生育、确保人类繁衍的生育保险制度，不仅仅应该考虑保障女性生育而产生的生育成本，还应考虑到女性不必因生育而担心随时失业或失业后难以就业而保持心情愉悦、身心健康。同时，就业对于女性独立和人格尊严至关重要。俗话说：“无财产，无人格。”就业是育龄女性获得收入、保持经济独立和人格尊严最重要的途径。回顾人类发展的历史，女性社会地位是伴随着其经济上的独立和财产的自足而不断提高的。保证女性经济独立和财产自足的重要途径就是工作。尽管生育津贴的发放保证了女性生育期间收入的不间断性，但短期内的生育津贴供给无法使女性保持人格的独立性和自主性。只有保持工作的连续性、持续性和发展性，才能确保其经济收入来源的

---

① ［美］伊恩·罗伯逊．社会学．黄育馥译．北京：商务印书馆，1991：618

稳定性，进而使女性保持人格的独立和尊严。如果大量的女性因为生育而丧失工作机会，生育津贴的作用和价值将会在某种程度上被予以消解。而要减少雇主歧视和促进公平就业，就应该设计激励性法律机制进行利益引导。而在公共利益的安全目标下，生育保险制度立法一直实行控制性立法，即通过加强法律责任和监管确保法律的实施。《生育保险办法》（征求意见稿）依然遵循了这种立法模式。但单纯的监管难以有效解决雇主逃避监管问题。只有建立与传统命令控制性法律规制互补的激励性法律规制，考虑雇主类型的多样化和多元化，才能走出单纯依靠约束性规制面临的困境和难题。

三、对妨碍规制目标实现的风险考量

当事人主义理论的广泛应用，部分原因受法律形式主义思维方式的影响。按照从自然权利前提出发的思路，法律是为维护权利而设，而维权思维则很容易导致法律必分对错而演绎为“对抗性制度”。[①] 这种制度的优点在于权利明确，弱点在于把许多不涉及对错的案件推向必分对错的制度性框架。因为根据法律的判决和裁定，必然要产生“是”与“非”或者“胜诉”与“败诉”。而事实上，基于现实的纷繁复杂性，有相当一部分纠纷的产生很难具有明确的是非对错划分，或者说这种纠纷的产生受到很多当事人本身无法控制的风险和因素的影响，比如工伤的发生、工厂的倒闭等。

---

① Weber, Max［1968（1978）］Economy and Society An Outline of Interpretive-Sociology. Ed. Guenther Roth and Claus Wittich, trans. Ephraim Fischoff et al. 2 vols. Berkeley: Univ. of California Press. 转引自［美］黄宗智．过去和现在：中国民事法律实践的探索．北京：法律出版社，2009：193

另外，在法的实施过程中，地区之间、企业之间、劳动者之间也存在相当大的差异。为了实现规制目标，劳动法应对这些差异进行充分的调查、研究和分类。但是，我国劳动法对于用人单位主体、劳动者主体没有进行进一步的区分和划分，导致在现实中，相当一部分根本无法履行劳动法的企业不得不采取打游击战或者各种各样法律规避方法减少用工成本。比如，为了加大对劳动者权益的保护，劳动法对劳务派遣通过加大规制力度加以限制，要求劳务派遣工跟非劳务派遣工一样“同工同酬”，规定严格的法律责任。这种法律制度出发点是好的，但由于缺少从资方成本与收益角度考虑问题，导致资方“法律规避”的行为一而再、再而三地出现。资方之所以实施劳务派遣，其主要目的就在于减少生产成本之一的管理成本。一旦劳务派遣增加中间用工环节，使综合产生的用工成本更高。雇主就会转向“外包用工”。而选择“外包用工”由于仍需要支付给外包公司相应的管理成本，外包公司劳动者的工资则会因用工的流程和成本的增加而被压缩，成为最终利益的受害者。

还是以生育保险权的配置为例，我国在生育保险权的救济路径上设置了“双轨制”运行体系。依照《生育保险办法》（征求意见稿）和《社会保险法》规定，如雇主依法缴纳生育保险费的，由生育保险基金支付生育产生的医疗费、生育津贴（生育期间的工资替代）。如雇主未依法缴纳（包括缴费数额不足、缴费时长不足），劳动者只能通过劳动争议仲裁和诉讼请求雇主支付。[①] 这使得生育保险待遇给付体制事实上分为两

---

① 见《女职工劳动保护特别规定》第 8 条，《生育保险办法》（征求意见稿）第 12、24 条。

个体系：公共生育保险待遇给付体系和私人生育保险待遇赔偿体系。对于前者，参保职工可以享受公共生育保险待遇给付体制的优势；对于后者，参保职工只能通过劳动争议救济途径寻求雇主给付。在"强资本、弱劳方"的用工背景下，在没有类似于工伤保险制度先行支付和代位追偿制度下，很多职工因为雇主未依法缴纳生育保险费，可能无法获得生育保险待遇。或者即使通过劳动争议诉讼获得相应的待遇，却要比雇主依法缴纳生育保险费的职工相比，承担额外的时间成本和金钱成本。从逻辑上而言，雇主未依法缴纳生育保险费，应该承担不利法律后果，如罚款、补缴等，但不应因此剥夺相关职工享受公共生育保险待遇给付的权益。这种"双轨制"的运行体系消解了"生育保险"作为社会保险的强制性。一方面造成雇主逃避缴费义务和给付责任的机会主义行为，另一方面也损害了劳动者权益。

四、对成文法局限性的认识

改革开放以来，我国的劳动法立法突飞猛进，在一些学者看来似乎法律名目越多、法律条文越具体才能体现"法治"性。他们忘记了立法作为正式法只是调整社会关系的一种工具，基于人类认识的局限性，不可能"完美无缺"，并"事无巨细"。这些年来尤其是这种立法上的激进主义，本身会带来很大的社会风险。政府为推行集体合同和集体协商，采用自上而下的全国大规模推行，但是效果并不理想。[1] 这提醒我们，

① 吴清军．集体协商与"国家主导"下的劳动关系治理——指标管理的策略与实践．社会学研究，2012（3）

要对成文法和自上而下所推行的劳动法变革保持审慎的态度。

基于认识的局限性，必须对成文法的颁布和修改保持适当的克制，给社会留下一定的自我修复和调整空间。对于立法本身无法调整和触及的领域，允许劳资双方在一定范围内自由博弈和磨合，探索其相互作用的习俗和非成文规则。

第三节　劳动法权利配置制度变迁的方法

和谐劳动关系的建立需要良好的制度支撑。对于那些不能有效满足劳资双方的需求，其绩效相对较低的劳动法律制度，应及时进行变更，这就涉及制度变迁的问题。

一、超越部门法学

我国对劳动法问题的研究主要是采用法教义学的研究方法。但是构建和谐劳动关系仅仅采用法教义学的研究方法容易忽视法律运行社会效果。对劳动法问题的研究，如果单纯从该部门法学的调整价值、调整理念、调整对象等方面进行，容易忽略部门法学视野之外的社会关系，如社会中存在大量的非正规就业劳动者，他们的劳动权益一直被劳动法学所忽视。只有超越部门法学的界限，将视野投向其他部门法学甚至其他经济学、政治学、管理学、社会学等学科，才会发现对劳动法问题的研究“横看成岭侧成峰，远近高低各不同。不识庐山真面目，只缘身在此山中”，才有助于我们研究的劳动法问题是“真”问题，提出的对策和建议能在社会现实运行中减少适用障碍。

在这一点上，实践部门比法学研究者更容易超越部门法学的局限性，基于社会现实做出积极“探索”。比如我国《社会保险法》和《工伤保险条例》对于参加工伤保险均规定要以劳动关系认定为前提，并且只能用人单位予以缴费，这使得现实中大量的灵活就业人员、退休返聘人员以及实习生无法参加工伤保险，导致职业安全卫生权无法得到有效的保障。对此，潍坊市、南通市、太仓市分别发布了《关于灵活就业人员参加工伤保险的通知》(2009)、《南通市灵活就业人员工作伤害保险暂行办法》(2006)、《太仓市灵活就业人员职业伤害保险暂行办法》(2010)，均对灵活就业人员参加工伤保险做出了创新性的探索。2017年，灵活就业人员职业伤害保险在苏州市吴江区进行实践试点。2018年3月，该区发布了《吴江区灵活就业人员职业伤害保险办法（试行)》和《吴江区灵活就业人员职业伤害保险实施细则》。作为目前较新的试点地区，这些法律和细则吸收了南通市和太仓市实践的经验教训，具有较多创新性做法，开放程度高，不强制与养老、医疗保险共同缴纳，只要是在吴江区域内的灵活就业人员均可参保。[①]《吴江区灵活就业人员职业伤害保险办法》第一章第二条规定："吴江区灵活就业人员职业伤害保险由政府主导、商业保险公司承办，区人力资源和社会保障部门进行指导和监督。"第三章第六条规定："……由参保人员个人缴纳。"九江市社保局在2019年印发了《九江市灵活就业人员职业伤害保险办法》，开展灵活就业人员的职业伤害保障试点工作，作为目前全国最新的试点地区，截至2019年10月中旬，1500多名新业态劳动

① 沈宇红．吴江区试行灵活就业人员职业伤害保险的探索与思考．中国医疗保险，2019：62-64

者、600 多名退休人员、200 多名实习生参加了这个职业伤害保险。[①]

部分学者已经认识到了部门分割在学术研究上存在的局限性，如应飞虎提出，部门法的划分与融合犹如分工与交易之间的关联，没有分工就没有交易，但不能有分工而没有交易。部门法的相对分立主义和绝对互动主义才是研究部门法关系的前提。[②] 比如《劳动合同法》基于对劳动者的倾斜性保护有很多特殊的规则和要求，但对于一些程序性的规定还是应该向已经非常成熟的民法学习，没有必要另创一套说辞来研究。

二、充分运用法经济学分析工具

法经济学是分析和研究法律必不可少的工具。这种分析工具和方法的运用能够阻碍对法律做理想化的理解，从而把法律和法学从理想的境界拖回到世俗的现实社会。[③] 在研究劳动法时学者们经常基于保护劳动者的人权角度进行研究，并基于保护劳动者的人权提出了一系列基本权利，如个体劳动权中的劳动报酬权、职业安全卫生权、就业平等权、休息权、社会保险与福利权、提请劳动争议处理权，集体劳动权中的团结权、集体谈判权、集体争议权、民主参与权。但是权利的保护是需要成本的，无论是积极权利的保护还是消极权利的保护都是如

---

① 施雪．九江：筑牢工伤保障防线 守好灵活就业人群生命线．中国劳动保障新闻网，http：//www. clssn. com/html1/report/21/8556 – 1. htm ［EB/OL］，2019 年 11 月 7 日，2020 年 5 月 5 日访问

② 应飞虎．信息、权利与交易安全——消费者保护研究．北京：北京大学出版社，2008：60

③ 应飞虎．信息、权利与交易安全——消费者保护研究．北京：北京大学出版社，2008：60

此。在资源稀缺的现实背景下，这种基于公平、正义而建构的人权可能会因为社会资源的稀缺而导致相当一部分权利的保护无法有效实现而“落空”，进而使人们对法律制度实施不到位而产生怀疑，以致损害其权威性。

法经济学的主要特点在于其对成本、收益及效率的关注。用法经济学视角可以研究制度为何应该如此或为何不该如此，从而为制度变迁提供依据。[①] 任何法律制度的实施都是有成本的，一旦制度实施的成本过大，就会导致该项制度在现实中难以有效实施。同时法律所保护的一项权利可能意味着与另外一项权利的保护产生冲突。如国内著名的矿业公司淮南矿业集团的一名负责人谈到如何保护矿工的职业安全卫生权，提到为何不能按照欧美的矿产标准建立安全卫生设备，皆因为如果按照欧美的矿产标准来提供安全卫生设备，那么这个矿业集团就只能停产。但是该矿业集团有 10 万名劳动者，如果关了该矿业集团，这 10 万名劳动者就业及生计就会受到严重影响。这就产生了职业安全卫生权与就业权保护的冲突问题。法经济学的研究视角则会注意到这种权利保护的冲突，进而使得权利的配置能够更加科学和合理。

基于上述认识，本书的研究中也会较多运用法经济学的工具和方法，如对劳动者权利的优化配置、用人单位的义务、政府的义务等的研究都会不同程度地运用这种工具进行分析。

三、从法社会学角度展开调查和研究

法来自于社会，并且受到政治、经济、文化等各方面因素

① 应飞虎．信息、权利与交易安全——消费者保护研究．北京：北京大学出版社，2008：61

的影响。这就要求我们在研究劳动法时，绝不应该仅仅局限于规范层面进行逻辑演绎，而是更应该将视野投向法所实施的社会关系，通过社会调查了解法律的实施都会受到哪些因素的影响。大到政治、经济、文化等宏观因素，小至劳动关系运行的主体如劳动者分为多少个阶层，处于不同阶层的劳动者占有多大比例等都应该展开调查和研究。可以说一个文化系统内的法律、政治、社会、经济等制度及其器物都是相互关联的，事物的发展是一个不断延续的过程，如果要较为完整地讨论某一个问题时，这一问题会迫使你回溯历史，并触及关联的其他问题，而绝不应该将其余部分剪掉。①

所有法学家的法律定义都是从法律自身来观察和定义法律的，着眼于内部的观察。社会学意义上的法律定义虽不排除内部观察，但它要求外部观察方法。法律只是社会现象之一种，需要把它放回社会，观察它在社会中的自助、互动以及被动的所有情况。法学家的法律定义均假定了若干毋庸置疑的法律原则和概念，并形成一个在逻辑上自洽一致的整体，以此来检验其他原则和事实。社会学意义上的法律定义则是从一般社会行为和社会规则的层面上来观察法律。按照马克斯·韦伯的说法，“它不是意味着一个逻辑上可以‘正确’阐发的准则的整体，而是人的现实行为的实际动机的总和”。② 越是想通过把法律限制在一个狭小范围内弄清楚什么是法律的人，反倒可能会失去法律的真实性。只有“出逃”，将法律放回社会、历史中，把法律同其他社会现象联系起来进行研究，才能为自己的

---

① 尹伊君．社会变迁的法律解释．北京：商务印书馆，2003：17－18

② ［德］马克斯·韦伯．经济与社会（上卷）．林荣远译．北京：商务印书馆，1997：101－102

研究寻找更为广阔的解释空间。[①]《劳动法》第四十一条规定，“用人单位由于生产经营需要，经与工会和劳动者协商后可以延长工作时间”。一方面，一些企业没有工会，即便是有工会，由于工会的负责人基本上依附于企业，跟其协商基本上就成了“走过场”。另一方面，与劳动者协商在资强劳弱的背景下也成为一种形式，绝大多数都变成了劳动者的“自愿”加班。布洛维在《制造同意》中指出：管理者除了会通过薪酬机制制造出员工之间的工作竞争，便可以驱使想要获得更高薪酬的员工付出更大的努力，使不同劳动者之间产生差距，而这种工作竞争感和危机感就会使员工卖力工作，选择自愿加班。[②]

社会学观察的是人的行为，各种各样重复出现的、具有相同类型的社会行为构成“规律”“社会关系”及其“制度”。马克斯·韦伯依据观察到的社会行为的过程和类型，依强制力的有无，将其依次划分为“习惯”“习俗”“惯例”和“法律”。[③] 当一种“习俗”上升为“法律”时，法律强制几乎无补于习俗的有效性，而当法律强制和习俗发生对抗时，失败的往往是法律强制。[④]

在制度变迁的过程中，如果能运用法社会学的研究方法，还可以发现更多的用工习俗，并将这些用工习俗吸纳到国家的正式法律制度中。而且苏力认为，国家法律的制定如果尊重习

---

① 尹伊君．社会变迁的法律解释．北京：商务印书馆，2003：27－28

② ［美］迈克尔·布若威．制造同意．李荣荣译．北京：商务印书馆，2008

③ ［德］马克斯·韦伯．经济与社会（上卷）．林荣远译．北京：商务印书馆，1997：103

④ ［德］马克斯·韦伯．经济与社会（上卷）．林荣远译．北京：商务印书馆，1997：357

俗的规则，还可以减少交易的成本，从而促成市场经济的完善。[①] 在现代法制建设中，一切带有国家意识形态的强迫性法制，都最终会以事倍功半而流于形式。完全像日本那样采取移植法律的做法又会与中国的文化不相协调，唯一可以采取的途径便是所谓“礼失而求诸野”的利用中国“本土资源”的做法。另外，苏力依据地方性知识和有限理性的认识论观解释，这种资源并不局限于历史资料中的有关法律问题的解释，更可能是藏于民间的生活习惯中。[②] 在《劳动合同法》刚刚实施的时候，很多法院严格按照《劳动合同法》中的规定判决案件。一旦发现用人单位没有书面通知劳动者订立书面劳动合同，又没有书面通知劳动者终止劳动关系的，则会判决用人单位依照《劳动合同法》第八十二条第一款的规定向劳动者承担支付二倍工资的责任。但是在审判案件过程中发现相当一部分民营企业采用的不是我们常规意义上的书面合同，更不会采用政府公示的劳动合同示范版本，而是让员工入职的时候填写一份《入职登记表》，里面有员工的基本信息，有关于工资发放数额的约定，有劳动合同期限等，并有员工的签字。如果不认同这份《入职登记表》为书面劳动合同，就意味着用人单位必须要依法承担未签订书面劳动合同二倍工资的法律责任。随着越来越多的法院在审理过程中发现类似案例重复出现，越来越多的审判人员开始认同这样一种用工习惯和用工习俗，认定如果《入职登记表》具备了工作内容、工作时间、社会保险等涉及劳动者基本劳动权利的内容等实质性条款的，可视为签订

① 苏力．法治及其本土资源．北京：中国政法大学出版社，1996：6－10

② 苏力．法治及其本土资源．北京：中国政法大学出版社，1996：10－20

书面劳动合同。从这些事例中可见，对劳动法的研究必须深入社会实践，仅凭善良的意愿是难以支撑长远的目标实现的。

四、对权利配置进行成本收益分析

孙斯坦提出应该加强科学在风险规制中的作用，风险规制措施不能以公众的直觉和恐惧为依据，相反应当建立在对后果评估的基础上。[①] 在他看来，成本收益分析是克服个人和社会对风险认知中可预测难题的手段。成本收益分析的最基本的依据在于认知因素，它直接针对人的有限理性所存在的局限，并被看作是公开重要的社会事实的方法，否则这些重要的事实会被个人和公众所忽略。[②] 通过保证人们对相关利害问题有一个全面的而非有限的认知来达到克服认知局限性的目的，有利于矫正认知扭曲和建立资源配置的合理有限顺位。[③]

成本收益分析是规范政府对风险规制的有效工具。民主政府总是声称是民众的代言人，并在法律的规制中努力迎合民众的要求以增强自身存在的合法性。但是政府经常会在民主、民意下犯错，因为政府在风险规制的问题上，它的立法基础往往是建立在民众的有限理性基础之上的。而成本收益分析要求一种特定的程序，对规制政策效应进行定性和定量的分析，以及在收益不能弥补成本的情况下，政府有义务提供继续采取措施

---

① ［美］凯斯·R. 孙斯坦．风险与理性——安全、法律及环境．师帅译．北京：中国政法大学出版社，2005：8

② ［美］凯斯·R. 孙斯坦．风险与理性——安全、法律及环境．师帅译．北京：中国政法大学出版社，2005：12

③ ［美］凯斯·R. 孙斯坦．风险与理性——安全、法律及环境．师帅译．北京：中国政法大学出版社，2005：8

的理由，以此不断矫正政府对风险的规制。[①] 成本与收益分析也游离于民主。成本与收益分析能够保证民众对风险的真实情况的知情权本身就是民主的一个重要表现。

用成本收益分析来降低风险的几个基本规范：其一，恰当地评估用工风险。无论是雇主、雇员还是政府，对用工风险认知的局限性是最大问题。通过定量和定性研究用工风险可以告诉我们什么用工风险具有怎样的危害性，哪类用工风险更加值得关注，哪类用工风险无须过度担心、焦虑，更无须为此恐慌，从而理性对待用工风险。其二，对用工风险的法律规制进行成本收益分析。这一方面可以应用到立法和立法后评估中。恰当评估用工风险本身说明法律规制用工风险的可选择性，可以使法律的用工风险控制投向那些真正需要通过法律来控制的用工风险中去，这样可以大大节约法律资源和运作成本。[②]

---

① ［美］凯斯·R. 孙斯坦．风险与理性——安全、法律及环境．师帅译．北京：中国政法大学出版社，2005：131

② 张善根．法律规制中的成本与收益——《风险与理性——安全、法律及环境》读后．载苏力主编．法律书评（第七辑），2008：105－106

第五章

劳动法权利配置优化的考量因素

资方与劳方基于利益的差异，必然在劳动关系运行过程中存在各种冲突和矛盾，这种冲突和矛盾贯穿于微观或者宏观意义上的劳动关系运行过程越来越多样化。作为调整劳动关系的劳动法，应该着眼于化解劳资双方所存在的冲突和矛盾，使双方寻找的共同利益，降低交易成本和交易摩擦，促进劳动关系的和谐。我国劳动法在立法价值上不但应注重公平，还应注重效率之间的均衡。同时，鉴于我国幅员辽阔，各地劳资关系实践模式多样，用工模式差异较大，劳动关系类型较多，因此，法律还应考虑管制与自治之间的平衡，并最终以促进双方共同利益为目的考量劳动法的立法宗旨、权利配置、调整方式等，促进劳动立法在现实中有效“兑现”，将纸面上的劳动法变成现实中的劳动法，并将法律本身成为降低劳动关系运行“交易成本”，促进劳动关系运行的“助推器”。

第一节　价值考量：公平与效率均衡

有学者认为，劳动法和劳动法学所要解决的根本问题是“正义”（公平）问题，即如何通过倾斜性保护矫正劳资双方不对等而所造成的权利、义务、资源、收入等分配不均衡问题，公司法或者企业法则要解决的是公司的“效益”问题，即如何有效地利用公司的资源，通过提高公司经营能力，增加企业盈利能力和盈利水平。[1] 尽管不同的法律有着不同的立法宗旨，但是法的这种调整对象之间的严格划分是基于个人主义研究框架下的产物。而随着人与他人之间关系，以及人与环境的不可分割性，[2] 如果不在整体主义视角下注重劳动法的调整目的，就会导致劳动法在运行过程中尽管满足了该法的立法宗旨，但因缺少了整体观和整体主义视角，最终将导致相当一部分边缘群体甚至整体群体因此而受害。这种法学之间的条块分割，违背了法律作为调整社会关系的规则必须顺应社会关系运行的规律，其最终会导致法律自身立法目的和现实之间的断裂。因此，劳动法应不仅仅关注个体劳动者权益的保护问题，还应该在历史和社会的动态发展中，关注如何更加全面、长远地保护劳动者的权益。劳资双方就是基于降低交易成本，而通过劳资合作建立和确定劳动关系的。因此，这就决定了劳动法不应仅仅关注公平问题，不关注如何降低交易成本的角度提高效率的问题，不关注管制与自治之间的平衡问题。否则，在资本全球化运作、“互联网 +”、用工模式多样、用工时间灵活的背景下可能出现资方撤离、倒闭或者采用外包用工等非劳动关系模式规避劳动法。同样，如果资方过于注重自身的效益，

---

① 常凯、王全兴、林嘉等学者一再强调劳动法的立法宗旨和目的就是保护劳动者权益，因此，通过劳动法矫正劳资双方力量的不对等、不均衡是劳动法实现劳资双方力量均衡，实现公平的主要宗旨。具体参见常凯．论劳动合同法的立法依据与法律定位．法学论坛，2008（2）：6－14；常凯．劳权本位：劳动法律体系构建的基点和核心——兼论劳动法律体系的几个基本理论问题．工会理论与实践，2001（6）：10－15。常凯还在国内多次讲座和论坛中提出上述观点，即劳动法就是劳动者权益保护法，盈利应是公司法关注的问题，不是劳动法应关注的问题。

② 尤其是随着经济和社会的发展，在个体主义视角下运行和发展的部门法民法、商法等均因只是注重个体权益，而造成了对环境资源的污染、社会资源的浪费而备受诟病即为例证。

而不顾及劳动者的利益，则同样会被劳动者抛弃。① 因此，劳动法尽管在历史的发展进程中系基于对劳动者的倾斜性保护而发展起来的，但如果不关注公平与效率的均衡问题，同样难以实现其最初的立法宗旨。②

一、公平正义的复杂性

在全球化资本自由流动的背景下，对劳动者权益的保护不仅仅体现为静态的保护，还表现为更多的雇主愿意在中国境内投资，提供劳动就业岗位，这是一种动态的劳动者权益保护。就宏观上而言，法律的构建是否有效地平衡了劳资双方的利益，实现了公平与效率的均衡，则直接影响到劳资双方的行为。因此，公平与效率是劳资关系建立的一币两面，缺少任何一个方面，劳资关系的存在和顺利运行都无法实现。

（一）公平正义的多样性

对于公平的定义之争，自亚里士多德以来一直众说纷纭。在汉语中，与“公平”密切相关的词汇，还有“正义”“公正”。细较起来，这些概念间存在些微的差异。如罗尔斯在其《作为公平的正义：正义新论》一书中明确区分“Fairness”（公平）与“Justice”（正义），其所表达的核心意旨乃是希望

---

① 国内自2004年始在珠江三角洲出现的“民工荒”，在某种形式上与在珠三角务工交易成本的提高不无关系，是珠三角交易成本增高的推力和其他地区交易成本降低拉力合力作用的结果。具体参见吕惠琴．反推拉模型：珠三角农民工短缺动因研究．学术交流，2013（4）

② 西方高福利国家，尽管有相当一部分学者归结于社会保障等问题，但劳动法本身调整方式不当所带来的经济增速缓慢等问题同样不容忽视。

经由一种公平的缔约程序（所有缔约者都处在公平的处境之下）来获致某种正义的契约结果，其内容表现为他所阐发的两项正义原则。就此而言，“公平”与“正义”是存在差异的。[①] 鉴于我国劳动法学者甚少对两者做出区分，此处也不对两者做出明确区分。正是由于公平和正义标准的主观性过强，以至于有学者称“正义有着一张普罗透斯似的脸，变幻无常，随时可呈不同形状，并具有极不同的面貌”。而实际上，什么是真正的公平和正义，一直有所争议。

（二）公平、正义的主观性

不同的人因为趋利避害的本性可能求助于不同的社会规范为自己的自利行为寻找依据。比如说，在收入分配中，每个人都可能偏好对自己最有利的规范：能力高的人认为“多劳多得”（按劳动生产率分配）最公正，而能力低的人认为“平均主义”是最好的。在劳资双方的工资谈判中，当企业的利润增加时，工人可能以“公平份额”的规范要求提高工资，但当企业亏损时，他们一般不会认可这个规范；而资方正好相反。[②] 现在生物学中的研究提出，生物钟最根本、最深层次的竞争还是基因基于生存而产生的竞争。道金斯在其名著《自私的基因》里写道：“如果说我们每个人的倾向都是要最大化我们的效用的话，那么基因本身的倾向就是要最大化它的复制能力和生存能力。一种基因如果有希望不断地复制自己、不断地扩大自己的话，那么这种基因就可以存在下来；如果一个基

---

① 易军．民法公平原则新诠．法学家，2012（4）：54－55

② Elster，Jon，1989，“Social Norms and Economic Theory.” Journal of Economic Perspectives，3（4）：99－117.

因没有这种生存能力，那么它就会慢慢地消亡。”①

（三）公平正义被利用的风险性

正是因为词汇含义的模糊性和神圣性，而被很多人加以利用，并作为武器威胁政府作出有利于其群体的决策，进而左右政府。“社会正义已经演变成为一种不诚实的暗示：人们应该同意某个特殊利益集团所提出的要求。”②“社会正义”甚至传达和满足一种非常卑鄙的情感：厌恶甚至嫉妒经济状况比自己好的人。这种情感憎恶巨额财富，并把一些人享有富足而另一些人没有满足基本需求的情况视作“丑闻”，并把与正义无关系的东西统统披上正义的外衣。他们希望剥夺富人的财富，并认为富人的存在本身就是一种罪恶。

实际上，在自由的市场竞争中，财富产生的主要途径，既不是单纯的体力劳动，也不是单纯的节约和投资行为，而是企业家通过富有创造力的资源配置，将资源用于最具生产性用途而创造的。他们在创造巨额财富的同时也因创造了很多报酬较高的就业机会而造福了较多的人。如果将这些财富通过实质正义分配给穷人，富人就很难将这些本应该进一步创造财富和资源效益最大化，也很难给更多的人带来益处。

社会正义为人们描绘了一种崇高的理想，一幅美丽的画卷，一种神圣的借口，因而在现实中也最容易被假借其名进行

① ［英］理查德·道金斯．自私的基因．卢允中译．长春：吉林人民出版社，1998

② ［英］弗里德里希·奥古斯特·哈耶克．法律、立法与自由．邓正来译．北京：中国大百科全书出版社，2000：164

各种运动和变革。为了满足越来越多的“社会正义”，特殊利益集团不得不使用权力，动用社会资源。要求改变既有的社会文明和市场秩序，而以“社会正义”之口提出各种各样的报酬模式、社会资源分配模式和正义分配方案，以改变既有的市场规律和市场秩序。他们的做法扭曲了价格在市场中发挥的作用，破坏了资源有效配置的原则，改变了市场正常的运行秩序，最终损害更多人的利益。在罗尔斯看来，一个社会是否公正，关键的问题在于财产权的实行所产生的成果能不能在社会中公平分配。社会公正既不容许为了少数人的更大利益而牺牲多数人，也不容许为了多数人的利益或者社会整体而牺牲少数人。除财富的分配之外，人们是否享有充分的平等自由权也是社会公正的一项最基本的指标。按照自由主义的正义观，财产权的分布应该通过市场竞争来决定。①

事实上，基于公正含义的多义性，塞尔兹尼克认为“公正的完整的涵义总是有问题的，需要不断去发现它。也许平等对待、对个人尊严的尊重、各得其应有之物等是形成公正感的基本要素，然而实现这些的方式方法确实由集体生活的现实所决定的”。② 因此法律要重视自然形成的秩序的机制以及“活法”的反形式主义；承认国家统治与私人自治、国家规范与社会规范并存的多元主义。③

---

① 季卫东．宪政新论——全球化时代的法与社会变迁．北京：北京大学出版社，2002：197

② Cf. Philip Selznick Law, Society, and Industrial Justice. With the collaboration of Philippe Nonet and Howward M. Vollmer, New Brunswick: Transaction Books, 1969: 184.

③ 季卫东．宪政新论——全球化时代的法与社会变迁．北京：北京大学出版社，2002：311

（四）促进劳资合作需要公平与效率均衡

从社会的发展而言，公平的价值必须和自由、效率的价值相权衡。所谓“公平”，往往意味着自由、平等和效率之间的某种恰当的平衡。[①] 如果一味地以强调公平为由而牺牲了对效率的思考，必然会损害分配正义的实现，也必然会影响到公平基本价值的运行基础。没有改革开放后大量的投资于国内的企业，就不可能实现宏观意义上的劳资合作，劳动法的规制目标就成为无源之水、无本之木。[②] 而如果没有改革开放之后政策所允许的农民工自由“迁徙潮”，资方就无法获得大量所需的相较于其他国家的廉价劳动力，劳资合作同样无法出现。因此，资方和劳方缺一不可。同样，对于公平与效率的平衡也不可或缺，单纯地注重公平，无法实现效率，则会损害资方的积极性，而导致资方的缺位；如果只是注重效率，则会引起劳方的抗争，无法实现效率。因此，劳动法必须基于宏观和微观上劳资合作目标的实现，公平和效率必须注意均衡。

效率作为社会价值体系中基本的价值要素之一，有着两层基本含义：一是从一个给定的投入量中获得最大的产出，即以最大的资源消耗取得同样的效果，或以同样的资源消耗取得最大的效果；二是根据预期目的对社会资源的配置和利用的最终结果做出的社会评价，即社会资源的配置和利用越来越多的人

---

① 任重道、徐小平．作为公平的正义与作为社会的发展——罗尔斯与阿马蒂亚·森的相互影响．社会科学，2008（9）：126

② 法律经济学的代表性人物波斯纳认为，法律的唯一目的应该是提高经济效率。不过，波斯纳也承认其经济学的分析进路特点是“自由至上，不适于治理那些以财富再分配价值统率政治共识或道德共识的领域”。

改善境况而同时又没有因此而使境况变坏，则意味着效率提高了。[①] 法学往往关注公平问题，认为如果把制作和分配的东西比作一块蛋糕，法（法学）关心的是如何把大小已定的一块蛋糕合理地分配给人们。在生产几乎完全是私人的事情，国家和法不怎么介入的情况下，法学家曾以为经济学的效益原理对于说明法的性质、法的价值，对于确定权利和义务的合理界限无甚意义；寻找实现最大效益的办法是经济学的工作。但事实上，在国家承担了经济职能，直接参与社会资源的分配和再分配，参与社会生产的总体规划和社会收入的总分配的时代，法学家就不能仅考虑法在分配方面的正义性或公平性（如何合理地分配蛋糕），还必须考虑法在管理和分配方面的"效益"（如何使蛋糕做得又大又好）。[②] 劳动法作为调整劳动关系的基本法律，同样不能仅仅关注公平问题，也应该注重效率问题。这是因为法律作为调整社会关系的规则，必须符合经济、社会的发展规律。而劳动关系要持续、稳定地运行，必须以劳资合作为目的和前提，不关注公平与效率的均衡，过于偏向任何一个价值，都会影响到劳资合作的可能性和持续性。"从效率的角度来看，立法有两个主要目标，一是规定竞争与合作的基本规则，提供一个所有权结构以使统治者最大限度地增加收入；二是在前一个目标的框架内，减少交易费用，以便促进社会产出的最大化，从而增加国家的税收。"[③] 因为劳资合作本身就是在减少交易费用，因此，法律

---

① 王成礼．法治的均衡分析．济南：山东人民出版社，2008：131

② 张文显．二十世纪西方法哲学思潮研究．北京：法律出版社，2006：170

③ ［美］道格拉斯·C. 诺斯．经济史上的结构和变革．厉以宁译．北京：商务印书馆，1992：22

促进劳资合作，本身就是在降低劳资双方的交易费用，提高效率，促进社会产出，从而增加国家的税收。只有实现持续的税收，国家的财政收入有着稳定的来源，才有可能实现分配正义，实现公平。

二、公平与效率均衡对于和谐劳动关系的必要性

在传统的法律体系和价值中，人们之所以将公平和效率对立起来，是因为对公平的定位和理解是基于个人主义为基础的。其关注点更注重个体权利的分配、个体利益的分配。公平和效率是劳动关系运行体系中的基本价值。公平要求按照公平的条件来分配劳资关系所扩展的“善”，而效率则意味着整个社会创造“善”的能力的提高。“仓廪实而知礼节”，劳资双方通过合作提高了彼此资源配置的优化，促进了彼此物质财富的增加，本身就是在促进公平和正义。而且在劳资关系存续期间，劳资双方通过彼此合作，通过团队化的管理，通过规范化的运作，提高了彼此协同组织，共同努力创造企业利润和效益的能力，通过“协作劳动”实现彼此的价值。因此，劳动法要促进劳资双方在寻找彼此予以合作的过程中降低交易成本，减少摩擦成本，实现公平正义，就必须实现公平与效率均衡。完全基于保护劳动者的权益，无视资方的利益，则会增加用人单位的管理成本和合作成本，损害了劳资合作的动力，破坏了效率，降低了资方投资意愿，减弱与劳动者合作的动力。由此一来，资方数量减少，经济增速放缓，经济低迷，必然损害劳资合作的可能性，使劳动法的运作空间狭窄，所谓的公平就难以实现或者昙花一现。

罗尔斯认为，正义社会的一个基本特征是，它的基本制

度应该鼓励公共生活中能发挥合作功能的各种美德：合理理性和公平感的美德，和解精神和与人为善的美德，以及在平等和相互尊重的基础上按照所有人都能够接受的公平条件来与人进行合作的意愿甚至欲望。这也正是罗尔斯从两种基本道德能力的发展和运用的视角来分析基本制度正义性的原因。作为公平的正义通过无条件地尊重人们的基本自由，通过为每个人创造公平的机会，以及通过在社会经济生活中努力塑造互惠的关系来做到这一点。而当法律以促进劳资双方合作为公平的价值和定位时，其不但跟效率是相容的，而且是相互促进的。①

劳资关系在建立和存续运行过程中本质上是一种交易，而“交易成本本质上是人与人之间的社会合作和社会交往的一种摩擦，它在很大程度上取决于社会制度的安排能否抑制人们的机会主义倾向，培育和鼓励人们的合作精神和社会信任。合作的美德，如合乎理性和公平感、和解精神和履行公民职责的意志，是一个社会的一种重大的公共善。罗尔斯认为它是社会的政治资本”。② 传统的劳动法之所以将公平与效率对立起来，是基于部门法割裂，将劳动法置于一种单向度运行和发展而非置于全球化经济、社会发展的背景下思考而导致的结果。劳动法权利配置的优化应基于动态平衡的社会关系，减少劳资任何一方在价值上的经验判断偏向，更关注个体交易过程及未来交易的可能性上。

---

① 任重道、徐小平．作为公平的正义与作为社会的发展——罗尔斯与阿马蒂亚·森的相互影响．社会科学，2008（9）：134

② 任重道、徐小平．作为公平的正义与作为社会的发展——罗尔斯与阿马蒂亚·森的相互影响．社会科学，2008（9）：134

第二节　方式考量：管制与自治均衡

从劳动法发展的历史脉络来看，劳动法之所以从民法中分离出来，就在于私法无法有效地规制劳动关系运行过程中劳资双方力量不均衡而带来的不公正问题。因此，劳动法通过最低工资标准、职业安全卫生规范、工作时间与休假制度等劳动标准降低劳资双方自治的空间，以达到劳资双方力量的均衡，实现劳资平衡。但不可否认的是，这种管制的边界如果把握不好，则会出现“矫枉过正”，损害劳资合作的积极性，提高劳资合作的交易成本，导致资方知难而退，谨慎用工。[①] 在我国劳动力供大于求的背景下，这无疑会增加提高劳动者就业的难度。同时由于法律制度所设置的解雇障碍增加，导致用人单位不得不为规避法律而采取一些非人性化的方法和手段来解雇劳动者，这无疑增加了劳资冲突和劳资矛盾风险。[②] 即便是基于矫正劳资关系不均衡为目的而产生的劳动法，如果管制不当，过度干预了劳资双方之间的自治空间，也会产生诸多“负面效应”。无论是不当的国家干预或者完全的私人自治都不现实，很难适应现实劳动关系的运行和发展。尽管国家干预和私

---

① 诸多用人单位表示，由于《劳动合同法》所导致的解雇成本的增加，使得其在招人、进人方面会更加慎重，以免招人不慎导致解雇困难提高用人单位的用人成本。

② 如某企业一员工以怀孕为借口，在工作中出现各种消极怠工现象，但是由于该员工所从事的为行政办公岗，绩效考核等方法相对比较难以具体指标化予以实施，导致用人单位对该员工给企业所带来的负面影响苦不堪言。雇主与该员工协商数次，让其在家休息，并给付一半的工资，在该员工不同意的情况下，雇主不得不采取不再给其安排具体工作的方式来逼迫她“就范”。

人自治是天敌，但我们仍然需要在国家干预与私人自治之间保持必要的张力和寻求微妙的平衡，而不是不共戴天的两级思维、敌对思维。关键是在对劳动关系的规制方面，找到管制与自治相融合的方式和均衡点。事实上，无论是管制还是自治，都应该以促进宏观意义上的劳资合作和降低微观意义上劳资合作的交易成本为要旨。

一、不同学术流派对管制与自治的认识

学术界针对管制与自治主要存在两种立场鲜明的派别。其中自由主义学派以哈耶克、密尔等为代表，主张应该放松管制，因为管制会损害市场本身通过相互博弈矫正其存在问题的能力，而且基于正式法“知识”的局限性，管制不当可能会产生更大的负面效应和影响。包括柏林、哈耶克等人在内的古典自由主义都非常强调消极自由的重要，同时极为警惕积极自由的扩张。在自由秩序中那种不满意消极自由而动辄想要“解放”他人的积极自由论者容易导致“到奴役之路”。诺齐克便明确说：“自由制度是否允许人把自己卖为奴隶？我相信它会允许。”“强迫你自由”的危险性实远大于允许“自愿当奴隶”，前者会导致真正的奴隶制乃至“超奴隶制”。罗兰夫人的名言：“自由，自由，多少罪恶假汝之名以行”不过蚩蚩小者。密尔在《论自由》中，明确提出有几类行为不应成为法律干预的对象：第一，法律不应基于“父爱主义”原则干预个人行为。所谓父爱主义是指政府以法律或公共政策的手段为了维护个人的利益而限制个人的自由，政府的行为方式类似慈爱的父亲，对于子女由于无知而可能伤害自身的行为进行干预。密尔的理由很简单：对于一个人的

福祉，本人是关切最深的，而且往往也是理解最深的。[1] 第二，密尔明确反对社会根据共享的或主导群体的道德或习俗干预个人自由。不能因为某些个人行为在别人看来不正当而用法律或法律之外的手段进行干涉。法律惩罚的唯一依据是涉他行为，尤其是伤害他人利益和权利的行为。至于违反道德准则的行为，则不是法律所应当关注的事务。即法律不应该充当“道德警察”。

根据新自由主义的劳动市场概念，劳动力是一种商品，和其他商品没有区别，劳动合同和其他商品买卖合同也没有区别。基于此，新自由主义信奉者认为，最好的劳动关系规则应当以个别主体间的自由契约关系为基础，而不受政府和集体协议约束。和其他市场一样，任何对劳动市场契约自由的干预都会限制个人对其可获得的最佳机会的选择。例如，政府或工会对于工资的规定可能会使那些愿意以低于规定的水平工作的人失去就业机会。这样的规定就是以不幸失业者为代价而为就业者维持一个“人为的”高工资水平。取消管制将会允许工资达到市场水平（或回落到市场水平），当市场供需平衡，就业者就有工作。自由的劳动立法通过允许结束非经济行为和扩大新兴经济领域的就业，促进了劳动资源的迅速重新配置。

劳动法的管制是通过赋予劳动者积极权利（Positive Rights）或积极自由来保护劳动者权益的一种方式。在西方自由主义学者看来，劳动法中所涉及的就业保障、社会保险、最低工资标准等积极权利的实施均需要政府实施法律通过转移企

---

① ［英］约翰·密尔．论自由．程崇华译．北京：商务印书馆，1995：82

业的财产予以保障，这实际上在某种程度上侵犯了私有产权。而事实上霍姆斯和桑斯坦告诉我们，即便是消极权利（Negative Rights），如果没有政府干预，这些权利只不过是镜中花、水中月而已。[①] 自由左派承认，国家（The State）可能也经常侵犯公民自由，但出路不是消解国家而是用民主的方式改造国家。公共权威在保护公民权利方面的重要性，只有在它缺失的时候才会充分显现出来。[②] 雇主的经济状况决定其满足雇员期待的能力。常见的情形是目光短浅、通常效率也较低的雇主为了获得短期竞争优势，而增强对雇员的剥削程度。当劳动力相对稀缺时，劳动市场的竞争就为雇主设定了底线，减少了某些孤注一掷或不择手段的雇主压低工资、强化劳动和提供危险工作环境的可能性。在这种情况下，自由主义的劳动立法辅以自由集体谈判，是可以与经济和社会稳定相适应的。但是如果有大量失业工人急于就业，工人就不能够维护他们的工资和工作条件，那么，少数孤注一掷或不择手段的雇主的行为就会对目光长远的雇主造成竞争压力，他们即便不认同少数雇主的不当行为，但也会被迫效仿。在这种情况下，如果没有法律保护工人和工会的基本权利，劳动条件会极端恶化，劳动者的责任心和工作热忱有被破坏的风险，而且也会为未来的经济和社会冲

---

① 没有公共权威，就没有公民权利（Statelessness Spells Rightlessness）。公民权利的前提是存在有效的公共权威。一个丧失治理能力的政府是对公民权利的最大威胁。在这个意义上，政府可以是最大和最可靠的人权组织。增进公民权利的最佳战略不是削弱政府（destatization），而是改造政府。削弱政府往往不仅不能增进公民权利，反而可能危及他们已经享有的权利。具体参见徐友渔．自由主义与当代中国；李世涛．知识分子立场：自由主义之争与中国思想界的分化．长春：长春时代文艺出版社，2000：417

② Robert D. Kaplan. The Coming Anarchy：Shattering the Dream of the Post - Cold War，New York：Random House，2000

突以及政治动荡埋下隐患。

基于上述讨论，没有管制的自治在现实中并不存在，自19世纪末20世纪初以来，各国对劳动关系开始进行干预，并具有以下特点：其一，国家制定劳动法律保护劳动者。其二，将劳动关系社会化，制定代表高度社会意义的劳动合同法。其三，利用团体协议使劳资双方从对立走向合作，以协约自治处理劳资问题。其四，实行社会保险政策，将劳动损害赔偿转变为一份强制分担危险的保险制度。因此，如何平衡管制与自治的度是在管制的现状下亟须探讨的。如1839年普鲁士《矿业工厂青少年雇佣法》明确规定，雇主不得雇用未满9岁的儿童，对于未满16岁的青少年劳工每日工作时间不得超过10小时。1853年将9岁修正为12岁。1881年德国工厂法首次使用了劳动契约的概念，这一契约类型的产生，也是因工业革命后为保护劳工的需要而逐步形成的。德国在19世纪末通过社会保险的立法，为劳动者在疾病、意外、残废及老年给付提供了保护。近年来，国际劳工组织更是提出了"体面劳动"的口号，倡导各国应通过立法要求雇主不仅应为劳动者提供符合安全卫生标准的工作与生产环境，而且应尽可能提供减少劳动者体力付出的现代化高科技工作条件。但是第二次世界大战后盛行的凯恩斯学派的需求导向的经济政策，所谓的带给社会富足的手段——所得重新分配、更多的国家介入、刺激需求，结果均使得它的重要目标——充分就业、货币稳定、不断的经济增长一一落空。需求政策的施行结果，没有创造更多的需求，只是带来整体经济发展的失衡、更多的国家强权和更少的个人自由幸福。自此，经济学开始转向供给导向的经济政策主张，即重点在于废除经济活动及投资障碍，激励更多的生产，开放生产过程与产品升级的空间，鼓励市场上的勇于冒险，主要采取的手段如平衡国家预算赤字、促进资本的形成、奖励更多的投资、更多的自我资本积累。其基本思路为：国民经济资源的最有效利用，应该留让市场上的供给者决定，因为只有他们才能合理而正确地预估未来市场上的需求量。供给导向之经济政策在劳动相关领域中所主张的措施，主要如贯彻所谓生产力导向的工资政策，工资增长率应低于劳动生产力增长率，使工资不再产生财富重分配的效果，企业租税应予减免，团体协约、社会福利及环境保护相关的管制法律及形式，应予废除或至少相当程度的削弱，以整体上使企业的获利生产增加，即能增加投资，创造就业，而国家亦应相对放弃公共就业促进的措施等。在这一理论指导下，欧盟等国家又开始对劳动力市场进行放松管制的新一轮改革。从世界范围内劳动法历史变革的历程可以看出，没有管制的自治和没有自治的管制都是有问题的。

二、管制和自治如何实现均衡

（一）以促进劳资合作为要义

劳资合作既包括单个劳资双方在劳动关系存续期间的合作，也包括劳资纠纷和矛盾出现之后劳资双方在化解劳资纠纷及矛盾方面的合作，还包括更加广义的地域上的合作。为更多的资方在中国市场上投资，便形成巨大的就业市场效应，提供丰富多样的劳动就业岗位与劳动者达成劳动关系并形成合作的可能。就劳动者而言，在市场经济发展的浪潮中，作为重要生产要素的劳动者可以选择自主创业，也可以选择以受雇形式就业。劳资双方是否合作，以及合作形式如何，均受制于劳资双方的供求关系，同时也受制于合作交易成本的大小。劳动法作为调整劳动关系的法律，其立法宗旨如果仅仅局限于保护劳动者权益为目的，而不以促进劳资合作为要旨，则会因立法价值的预设而导致所创设的法律条文违背客观劳动关系形成的本质而出现“权利”难以实现的问题。

因此，劳动法必须基于劳资合作的本质，是因为劳资双方通过建立劳动关系能够降低交易成本为基点予以平衡管制和自治。在此需要考虑的是，如果正式法不介入，劳资双方在合作的过程中会存在哪些增加交易成本的问题，法律应该如何降低双方合作的交易成本。固然，劳动力市场在运行的过程中，因为劳资双方立场、利益的不同，必然会在合作的过程中存在一些冲突和纠纷。但是这些冲突和纠纷是劳资合作过程中本身就会产生的，还是法律人为制造的？如果法律管制不当导致劳资双方的冲突和纠纷增多，则意味该管制方式存在严重的缺陷，应该予以修改。从西方劳动法干预的历史进程来看，如果管制过度，则会损害劳动力市场的弹性，导致企业竞争力的衰退，失业问题的激发恶化等问题。在德国至少自 20 世纪 70 年代伊始，劳动市场法制措施“去管制”的呼声一直不绝于耳。

一旦管制所制定的标准过高或者缺乏弹性，就会违背市场本身所存在的运行规律，而出现所谓的雇主失去雇用劳动力的诱因，产生资方采用转移投资地、关厂停业等方法来降低或消除损失。大量的失业、劳资矛盾激化等问题均会影响到资方存在的数量和质量，并影响到劳资双方的深入和持续性的合作。

劳动法是生活中的法律，许多劳资双方当事人在劳资关系存续的过程中形成了一定的熟人关系，对于资方而言面临经营上的各种风险，对于劳方则关涉生存和生活，因此更应该相互体谅和理解。中国传统社会自经济到政治领域，一切无不为伦理本位的展延与扩张。“时则彼此顾恤，互相保障；时则彼此礼让，力求相安”的“本乎人情”“反身自求”的伦理取向与礼治秩序，人与人之间的关系要依乎情理，正如梁漱溟先生所言：“此分际关系自由伸缩，全在情理二字上取决，但不决定于法律。”这种建立在伦理基础上的熟人社会最容易建立人与人之间的信任，费孝通称之为“规矩”：“在一个熟悉的社会中，我们会得到从心所欲而不逾规矩的自由。这和法律所保障的自由不同。”[①] 规则对秩序的生成作用就在于规则本身所蕴含的精神内核深入人的心灵深处而形成对规则的认同感与依赖感。劳动法作为一种活法，应该在劳资冲突发生的时候要谦让、包容、互助，要“难得糊涂”，“水至清则无鱼”“人至察则无友”搞得那么清楚还不如“和稀泥”。对于劳动纠纷的裁决来说，当事人能够握手言和是最好的。许多劳动法研究恰恰偏离了这一点，想方设法怂恿当事人锱铢必较，动不动就“为权利而斗争”，[②] 争得死去活来，法律责任是分清了，但和谐关系也没有了，这不应该是劳动法追求的境界。

（二）考虑劳动力市场发展阶段

我国改革开放尚且只有 40 多年的时间，与国外已经发展上百年的劳动力市场不同，我国的劳动力市场从幼稚走向成熟应该给予劳资双方相对充分的自由博弈的时间和空间，才能探索和发展出基于我国法治本土资源的劳动法调整模式。改革开

---

① 费孝通．乡土中国生育制度．北京：北京大学出版社，1998：10

② 邱本．当前我国民法研究中的几种错位——兼论法学研究方法．法制与社会发展，2016（2）

放的经验使我们认识到，国民财富的内在动因并不在于国家，而在于个人对财富的追求，即一个国家经济的繁荣与强大，并不是由这个国家本身造出来的，而是由这个国家中的每一个国民对于自身利益的追求与创造中造就出来的。个人是国民财富的主体，他们持续不断的对于财富的欲望，为了满足欲望而不懈地努力与工作，等等，才是创造国民财富的最大动因。如果一个从事财富生产和创造的人，他不能合法占有自己的产品，自由地支配自己的所有物，他就不可能理性地、安心地去从事创造，从事经济生产，因为他可以从别人那里抢劫他所需要的东西，或通过欺骗骗取所需要的东西。国家如果在市场经济发展初级阶段，在劳资双方尚未进行充分博弈的基础上就参照发达国家的劳动法发展阶段和社会保险缴费比例制定相应的标准并要求国内的雇主遵守，有可能出现“南橘北枳”的问题。

纵观我国 1995 年至今制定的各种劳动法律规范，可以说很多都系移植国外的劳动法，甚少体现我国民族精神、法治土壤、法治基础的相关理念和条文。无论是加班工作时长限制、最低工资标准、社会保险缴费缴交等，莫不如此。而在劳动力市场初步发展阶段，就参照其他发达国家发展至成熟阶段的劳动法理念和运行模式，不但会出现水土不服，还会因管制方式不当导致严重损害劳资双方的积极性，破坏劳资双方自身博弈和互动的空间，阻碍经济和社会的健康发展。

作为市场经济发展过程中，劳动力市场仅仅发展几十年时间来看，我国无论是用工模式，还是用人单位实际用工，以及用人单位主体都十分复杂。梁慧星曾经指出：“我国作为一个发展中国家，工业生产的现代化程序不高，存在着复杂多样、千差万别的企业形式和经营形式。既有现代化程度较高的大型企业，同时又有各种各样的中型企业、小型企业、微型企业，还有许许多多的合伙企业、个体企业，许许多多的小作坊、小商店，还有诸如‘来料加工’‘三来一补’等难以归类的企业。而且各种企业在经营形式、劳动管理形式上差别甚大。例如，有的实行计件工资制，定时上下班；有的实行计件工资制，自由上下班。特别像‘来料加工’‘三来一补’之类，有材料有订单就加班加点干，没有材料没有订单就闲着。有的行业季节性强，旺季就多招工、多用工，淡季就少用工。特别是一些服务行业，就指望节日、假日赚钱，平常生意很少”。[①]同时伴随着互联网的发展，在“互联网＋”的模式下运营的电商销售运营模式与传统的实体商贩销售运营模式又有很大的差别。如个体工商户只有几个员工，很难建立规范的考勤模式员工，基本上靠对员工耳提面命予以进行。如果按照法律规定进行硬性管理，雇主与劳动者都未必能适应，也与中国的熟人社会传统文化不相符。

如果我国劳动法不考虑劳动力市场发展的阶段性以及市场主体之间的巨大差异性，则会造成统一实施的劳动法在现实中因管制过刚而被相关主体“法律规避”状况的出现。纵观劳动力市场发展比较成熟的国家，也是比较注重行业的差异性和主体的差异性，并在法律上予以区别对待的。如美国《公平劳动标准法案》规定，对以下行业雇员，豁免加班补偿规定：（1）零售或服务公司的雇员；（2）农业及相关行业的雇员；（3）运输行业的雇员；（4）在雇主家居住的家政服务者；

---

① 2009年3月9日，梁慧星在审议全国人大常委会工作报告的四川代表团会议上的发言：“劳动合同法，有什么错？为什么错？”

(5) 特定私有产业的雇员；(6) 某些小型机构的雇员、消防队员及法律执行人员；(7) 白领雇员；(8) 农业行业的雇员；(9) 季节性娱乐活动机构和修养机构的雇员；(10) 某些渔业和水上作业行业的雇员；(11) 船员；(12) 某些家政雇员；(13) 家庭雇用的雇员和报纸投递人员的雇主；(14) 其他。也有部分雇员同时被豁免适用最低工资标准和加班补偿规定：(1) 白领雇员；(2) 农业行业的雇员；(3) 季节性娱乐活动机构和修养机构的雇员；(4) 某些渔业和水上作业行业的雇员；(5) 船员；(6) 某些家政雇员；(7) 其他。这一点值得我国劳动法借鉴。

(三) 管制过度会损害内部劳动力市场

劳动力市场分为外部劳动力市场和内部劳动力市场。内部劳动力市场 (Internal Labor Market) 是“一个行政单位，如制造工厂，其中劳动的定价和配置是由一系列的行政规则和程序控制的”，而不是由经济变量决定的。① 在许多厂商内部，或多或少都有一些精心设计的工作级别，每一级别集中了一定技能 (技工)、一般功能 (建筑维护) 或一特定的工作 (计算机)。每一工作级别包括一系列的工作顺序或过程，形成了所

① Peter B. Doeringer and Michael P. Piore, Internal Labor Markets and Manpower Analysis (Lexington, MA: D. C. Heath and Company, 1971). 多林格尔 (Doeringer) 和布奥里 (Piore) 的书是对内部劳动力市场发展特征的全面描述。对于内部劳动力市场各种特征分析的一系列论文，可参见 Isao Ohashi and ToshiakiT, achibanaki (eds.), Internal Labour Markets, Incentives and Employment (New York: St. Martin's Press, 1998)。对内部劳动力市场理论评价的评论可参见 George Baker and Bengt Holmstrom: “Intertnal Labor Markets: Too Many Theories, Too Few Facts,” American E-conomic Review, May 1995: 255 -259

谓的流动链或工作阶梯。在内部劳动力市场，市场力量被行政规则和程序所替代。制度化的规则和程序与习惯和传统相结合，在决定工作阶梯上如何配置工人以及支付何种工资率方面起着决定作用。

内部劳动力市场存在的原因在于厂商招聘和培训工人的费用很大，通过减少劳动力的离职可以降低这些成本。从培训来看，很多企业都有其独特性。几乎都涉及某些特殊的技能。即使是最简单的保管工作，通过熟悉实际环境也会变得更为容易，此外，某些生产的进行和多数的管理工作都涉及团队的因素，关键的技能是使既定人数的团队有效合作的能力，这种能力取决于成员之间的相互作用。个别厂商具有专门性的技能和技术，意味着工人需要在工作中获得最有效的特殊培训，这种培训的成本是由雇主承担的。要获得这些人力资本投资的收益，雇主必须能够将这些经特殊培训的工人保留相当一段时间。工作阶梯是达到理想的劳动力稳定的机制。[①]

内部劳动力市场的存在对于厂商和工人是互利的，原因在于工人辞职的减少增加了厂商特殊培训投资的收益，同时还会减少厂商需要提供的培训费用。如果厂商从外部劳动力市场招聘工人来填补职位空缺，就必须提供这些新工人的所有培训费用，提升某个内部的申请者则可以避免上述大部分的成本。由于申请者已为厂商工作了一段时间，拥有部分的特殊培训，而这种特殊培训是胜任空缺职位的前提条件。同样，从外部劳动力市场上招聘工人来替补职位还将花费大量的招聘费用，厂商

① ［美］坎贝尔·R. 麦克南、斯坦利·L. 布鲁、大卫·A. 麦克菲逊. 当代劳动经济学（第七版）. 刘文、赵成美译. 北京：人民邮电出版社，2006：330－331

即使经过面试和筛选，对外部劳动力市场上的工人素质的了解仍是很有限的，但是厂商对其现劳动力成员的信息已有了相当大的积累，这样，从内部提升将大大降低招聘和筛选的成本，减少了聘用过程中的差错。内部劳动力市场对厂商的另一个好处是明确界定工作阶梯的存在，为现有劳动力遵守纪律、提高劳动生产率和不断追求新技能提供了激励，也就是说，内部劳动力市场将帮助解决委托—代理问题。内部劳动力市场的结构可促使重要的雇员认同组织的目标。奥斯特曼宣称，这可导致雇员更加努力、更关注于质量、降低流动率以及提高劳动生产率。①

内部劳动力市场如何有效地配置劳动力？内部劳动力市场的效率在于：第一，内部劳动力市场减少了工人的离职率，从而减少了培训、招聘、筛选和雇佣的成本。尤其重要的是，内部劳动力市场的职业阶梯为雇主提供大量的有关工人素质的信息。因此，厂商不太可能从内部劳动力市场上提升劳动生产率差的工人。与此相比，基于有限的信息从外部劳动力市场的招聘，则可能增加雇佣低劳动生产率工人的风险。使用资历配置劳动力并不必然与效率相矛盾，有较长工作经历的人可能是较合适的晋升人选，并且内部劳动力市场上仅仅根据资历来晋升的可能性很小。一般来说，那些具有必备能力和良好表现记录的资深工人得到晋升，而不是那些资历最深的工人得到晋

① Paul Osterman, Internal Labor Markets in a Changing Environment: Models and Evidence, in David Lewin, Olivia S. Mitchell, and Peter D. Sherer (eds.), Research Frontiers in Industrial Relations and Human Resources, Madison, WI: Industrial Relations Research Association, 1992: 273 - 337

升。① 第二，内部劳动力市场可能有效的原因集中在静态和动态效率的区分上，工厂内部的资历优先原则和其他的保障规定能确保资历深的工人有晋升的优先权，他们的工资不会因更多的工人获得他们工作上的知识而降低；而且他们是最不会被解雇的工人，这样他们将乐于与同事分享他们的技能。“任何一个人，如果希望出卖自己的劳动而获得固定的收入，就必须把自己的工作时间用来去完成别人为他所规定的具体任务，遵照别人的吩咐办事。但在正常条件下，他并不是不自由的，因为他并没有受到强制。”② 因为，他可以放弃这个工作，选择自己独立经营。

实际上，“市场类似于一场偶合秩序的竞赛。这种偶合秩序的竞赛依循规则展开，规则指导着目的、技艺、知识等方面不尽相同的个人参与者的行动。竞赛结果是不可预测的。在市场竞争中，竞争者失败还是成功都是不可测的，也不是人们能够预见的”。③ 价格会对在市场竞争中人的能力、品行、勤奋程度做出公正的评价。在自由的市场竞争秩序中，“个人相信他们的幸福主要取决于自己的努力和自己的决策”。④

正是基于这种信念的指导，正是在这种信念指导下多数人的努力，该社会中的大多数成员才得以享受到诸多重大的

---

① D. Quinn Mills, Seniority versus Ability in Promotion Decisions, Industrial and Labor Relations Review, April 1985：421 –425

② ［英］弗里德里希·奥古斯特·哈耶克．自由宪章．冯兴元等译．北京：中国社会科学出版社，2012：171

③ ［英］弗里德里希·奥古斯特·哈耶克．法律、立法与自由．邓正来译．北京：中国大百科全书出版社，2000：129

④ ［英］弗里德里希·奥古斯特·哈耶克．法律、立法与自由．邓正来译．北京：中国大百科全书出版社，2000：133

物质进步和道德进步。只有在自由竞争性市场中所达致的“自然”价格（Natural Price）才能够被认为是正义的价格。[①]任何人、任何组织、任何机构都很难通过计划来确定正义的价格，正义的工资报酬。哈耶克举了一个例子，如演奏一首贝多芬的奏鸣曲、展出一幅达·芬奇的画或者上演莎士比亚的一出戏，并不存在“对社会的价值”，只有对那些懂得并欣赏他们的人才有价值。[②] 懂得并欣赏他们的人越多，其价值就越大。个人和群体在市场中所获得的报酬，是由购买其服务的人的需求所决定的。只要市场足够自由，价格就能真实反映商品自身的价值。

在哈耶克看来，“企业家不过是生产的监督人。他当然可以对工人行使权力，但不能任意行使。他行使这种权力必须符合生产活动的要求。企业家可以完全凭一时念头开除工人，他可以墨守成规，故意选择不适当的生产方法由着自己的性子胡来，但他必须为此付出代价，如果他不及时约束自己，就会损失自己的财产，终将陷入无法承受进一步损失的地步。不必用什么特殊的手段约束他的行为，市场对他的约束比任何政府或社会机构都更严格”。[③] 波斯纳也认为，在一个自由的市场中，雇主如果违背公平对待雇员的默示合同而滥用不完全授权赋予它的权力这一激励会受到市场的制约，因为他会顾虑到维护公平对待的名声以及顾虑到与特定公司相联系的人力资本赋予工

① ［英］弗里德里希·奥古斯特·哈耶克．法律、立法与自由．邓正来译．北京：中国大百科全书出版社，2000：134

② ［英］弗里德里希·奥古斯特·哈耶克．法律、立法与自由．邓正来译．北京：中国大百科全书出版社，2000：136

③ ［奥］路德维希·冯·米瑟斯．社会主义——经济与社会学的分析．王建民译．北京：中国社会科学文献出版社，2012：413

人的谈判能力（一个工人或由于厌恶而辞职，公司为了剥夺其养老金而解雇该员工，该公司就不得不投入资金训练一个新手来代替他）。[①] 尽管我国法律规定了服务期条款可以限制劳动者的任意辞职权，但由于服务期条款只针对专业技术培训而且用人单位支付专业技术培训费才能适用，现实中，并非所有的专业技术培训都能有证据证明产生多少费用，因此服务期协议对于限制员工的自由流动，激励用人单位对员工人力资本投资有一定的限制作用。

举个例子来说明。富士康为实施“内部市场交易”服务，将内部等级制组织控制与拟似外部的市场交易即短期契约交易相结合。等级制控制能确保企业在与员工进行内部劳动交易时具有组织与控制权；同时，实行连续性短期契约交易又能最大限度地攫取员工廉价的劳动力。既剥夺员工讨价还价的权利，又让其自愿让渡更多单位的劳动，这是富士康利用“内部市场交易”获得所谓“低价、及时”等竞争优势的原因。问题是，尽管这种竞争优势表面上符合“帕累托改进”原则，但并不一定能改善员工的处境。随着时间的推移，员工大多感觉到其尊严（包括收入和社会认可）的某种程度获得，是以直接或间接地失去健康和遭受工作中的训斥和歧视等为代价的。企业实际的尊严供给不是在增长而是在逐渐下降，这与员工不断增长的尊严认知相悖。富士康十几连跳事件无不反映出经济组织中对人的尊严的认知与运用同样具有这种效应：不尊重员工权益迟早会让企业付出代价；相反，承认并给予员工更多尊

---

① ［美］理查德·A. 波斯纳. 法律理论的前沿. 武欣、凌斌译. 北京：中国政法大学出版社，2003：50

严，会给企业带来长期可持续的利益。正如威廉姆森观察到的，长期性关系交易创造的是雇佣双方的“圆满的合作”而非“敷衍的合作”。[①]

管制的增加会降低市场的信誉。比如张维迎认为：中国煤矿事故频发，原因之一，就是政府可以任意废止煤老板的开采权。煤老板没有稳定的预期，只顾眼前利益，购买的设备一般都非常简单，安全措施不达标。而且政府对煤矿事故的处理办法，往往是某一个地方小煤窑发生事故后，周边甚至全国所有的小煤窑都停产，这进一步使得投资小煤窑的人不会投资可靠的安全保障措施，形成恶性循环。[②] 要让企业和个人有积极性建立良好的信誉，需要以下条件：（1）对私有产权的有效保护，使得人们有积极性进行长期博弈；（2）相对稳定的经营环境，使得博弈重复的可能性足够高；（3）信息的透明和流动，使得违约行为能够被及时观察到；（4）法律的有效执行，使得违约行为受到惩罚。[③]

（四）“差序格局”的利弊

在中国乃至东南亚地区，家族式企业或者相当一部分雇佣模式带有亲属性，系靠亲戚朋友帮忙来实行企业的经营。这种务工模式已经超越了一般意义上传统的通过市场招聘模式而形成的用工关系。在家族企业和带有亲属关系的雇佣关系中，家

---

① ［美］奥利弗·E. 威廉姆森．资本主义经济制度：论企业签约与市场签约．段毅才等译．北京：商务印书馆，2002：365

② 张维迎．博弈与社会．北京：北京大学出版社，2013：201

③ 张维迎．法律制度的信誉基础．经济研究，2001（1）

户侍从转变成为雇工。[①] 在亲属关系的雇佣模式中，由于中国的家族伦理从来就是将家庭亲属关系的延续和发达视为最重要和优先的目标。让这种家族伦理目标成为家族企业产生和扩张的巨大动力。同一个家族成员在共同的伦理目标之下可以形成高度的认同感和凝聚力，继而产生一种神圣的道德责任感，愿意尽力为企业牺牲奉献，而不考虑个人或小家庭的得失与利害。这样，家族企业在积聚资本和创业初期，往往能获得亲属共同体的强有力的支持。在企业出现一些经营困难时，亲属成员也能抱成一团，同舟共济。这是中国家族企业易于产生和扩大的有利因素。[②]

带有亲属关系的雇佣关系在对企业内部人际关系的安排上，形成一种按系谱血缘关系的亲疏远近安排和处置企业内的人际和人事关系的模式。费孝通曾将那种以自己为中心，依据其系谱血缘关系的亲疏远近而有家人、族亲、姻亲、近亲、远亲、同学、同乡及其他人等人际关系人层模式，称之为“差序格局”。[③] 家长或业主处于企业人际关系的中心地位，按照“差序格局”或差序关系的原则，把企业成员分为“自己人”和“外人”两大类（两类人之间的界限可依情景事项的不同而不同，并无绝对的标准），并根据其在差序关系中的地位予以不同的信任和任用。这种人际关系模式，直接导致企业人事

---

① 黄光国以情感性—工具性的高低划分出三类社会关系：情感性关系、混合性关系和工具性关系。他认为典型的情感性关系是家庭关系、亲友关系，典型的工具性关系是陌生人关系，典型的混合性关系是熟人关系。参见黄光国．面子——中国人的权力游戏．北京：中国人民大学出版社，2004

② 汪和建．企业的起源与转化：一个社会学框架．南京大学学报（哲学·人文·社会科学），1999（2）：176

③ 费孝通．乡土中国、生育制度、乡土重建．北京：商务印书馆，2011

管理上的二元结构，即自己人团体和外人团体。[①] 自己人团体基于某种标准的亲缘关系而得以在观念上产生，团体成员相互具有认同感，并被视为利益一致，而彼此予以高度信任。自己人在此获得了某种“情感性”的地位并被赋予特殊的权益。相反，外人团体依据自己人团体在观念上的出现而自然产生。外人团体往往被自己人团体置于工具性的地位，其团体成员因为缺乏某种标准的亲缘关系而难以得到业主的高度信任，因而亦很少能被安排到管理者的位置，即使被破例安排了，对其信任的程度也往往非对自己人可比。[②] 这样的一种用工模式使得劳资双方之间的“权利”“义务”界限模糊化了，劳资双方更多的是对对方的信任和合作。

私营企业尤其是中小型企业的雇员与雇主之间大多有着亲缘或地缘关系的支持。正是这种既有的社会关系及其引申出的信息传递、相互期待和人际压力构成了私营企业内部的个别性的关系治理。事实上，雇员在进入当地某家企业之前往往就已先通过其人际关系对其老板的情况进行了较充分的了解。工作中他们也会依据其特殊的人际关系（如亲友、邻居、同乡、熟人等）对老板提出特定的责任或义务的要求。他们会通过其人际网络传播老板的德行或坏处，以此激励或约制老板的行为。同样，老板也会利用其社会关系来约制雇员的行为。老板

① 汪和建．企业的起源与转化：一个社会学框架．南京大学学报（哲学·人文·社会科学），1999（2）：177－178

② 当然，自己人团体的成员也有根据系谱血缘关系的亲疏远近以及其他因素而有分别，因此其利益和认同感也非完全一致。如果成员广泛，关系复杂，利益不均，亦会引起自己人团体内部的冲突，冲突之极可能直接导致家族企业的瓦解。引自汪和建．企业的起源与转化：一个社会学框架．南京大学学报（哲学·人文科学·社会科学）．1999（2）：178

选择雇佣亲友、老乡或熟人，不仅仅是由于其亲情或拟似亲情法则的压力，也是基于对其有更多的了解和信任。老板一方面会给予特殊关系者以特别的照顾，另一方面也会对其忠诚与成就予以特别的期待。老板同样也会运用舆论的力量制约其雇员的行为。可见既有的社会关系可以透过信息传递、相互期待、人际压力等机制，构成对雇主与雇员的“互惠交易”的激励与制衡。①

现实中，部分小微企业雇员与雇主之间不具有地缘或血缘之间的关系，② 小微企业规模小意味着老板和员工之间的科层制管理减少，大大增加了雇主跟雇员沟通、交流的空间和机会。很多小老板每天跟雇员朝夕相处，能意识到雇员的各种生活和工作的压力与不足，员工也能感受到老板创业和守业的各种艰辛和不易。这样一来二往地接触，使得双方之间往往有了一种超越雇主和雇员之外的情感和交流。在这样的一种基础之上，双方之间有了更多的共识和理解——“有福同享，有难同当”。因此，大公司所存在的雇员对公司的

---

① 汪和建、李磊．通过劳动力市场的社会治理——也论《劳动合同法》的政策效果．南京大学学报（哲学·人文科学·社会科学），2011（5）：145

② 汪和建通过调查发现，有相当一部分老板不会轻易雇佣亲友，亲友也并不喜欢到有亲戚关系的企业谋职。对于老板而言，一方面，雇佣亲友尽管会让自己感到更为可靠，比其他雇员更卖力。但另一方面，亲友会比一般员工更有安全感，亲戚可能是许多麻烦的来源。黄绍伦书中有一位老板这样表述：“如果我对他好，他不会感激；但如果我对他有一点儿严厉，他将说我对他很差。”而且在一个非全部亲属构成员工的企业，这样的差别待遇也会影响管理权威和企业的凝聚力。而对于员工而言，到亲友所办的企业打工，尽管可能会获得某些格外照顾，但也存在着妨碍其获得某种资源的因素。比如：他可能会获得较其他一般雇员为优的收入和职位，但也可能因此失去对于报酬和职位的选择权；他可能因信任而得到在技艺和“公关”方面的更多的知识培训和锻炼，但是他也因此增加了某种“退出”的成本。具体参见汪和建．自我行动与自主经营：理解中国人何以将自主经营当作其参与市场实践的首选方式．社会，2007（6）：24－25

“丁是丁、卯是卯”的规则在小微企业很少存在。即便是雇主与雇员有一些薪酬待遇、加班辛苦等方面的问题，但雇主请吃几次饭，多几次交流，雇员对于雇主利润的微薄、最近资金流转的困难等方面就多了一份理解，自然而然就释怀了。大企业如果没有这种双向沟通和交流的机制，雇主很难理解雇员存在的困难和苦楚，雇员也很难考虑雇主面临的资金短缺、管理困境等诸多方面的问题。因此，雇主与雇员之间很难建立起感情方面的共鸣和共识，自然就多了一些冲突，少了一些合作。

第三节　结果考量：动态和谐

“法律的一个重要的然而却被忽视的方面就是其符号功能。”① 符号象征在政治和法律领域很重要。人们在网络上对于某些问题的集体吐槽，有时并非因为其自身就是这种立场，更多的是向他人传递一种信号：他是有思想的。尤其是在战争、瘟疫、民众骚乱和大规模社会变迁时，人们更乐意通过行动向他人传递自己立场的信号。行为往往越来越偏离于普通的、价值最大化的行为属性，显得过分、激烈，狂暴而又仪式化，每个人都小心翼翼使自己不被别人误解。

法律通过对权利和义务的界定，对责任的划分，向他人传递违法行为和合法行为可能产生的成本和收益，促使人们做出合乎法律规范的行为。但如果法律本身的规定违背了大多数人

① ［美］埃里克·A. 波斯纳．法律与社会规范．沈明译．北京：中国政法大学出版社，2004：168

的常识，很多人就可能倾向于采取“法律规避”的方式而降低违法成本。即便是冒着违法被起诉的风险和可能性，但由于合法成本更高，不但超过了当事人的预期，使得遵守法律在现实中获得收益微乎其微，很多人就可能选择不合作行为。立法的出发点，一定要考量成本和收益的正相比，以构建社会和谐为目标，更充分实现调整劳动关系的公平性，并对违法行为提高处罚成本。

一、劳资双方有冲突也有共同利益

劳资双方之间之所以能建立劳动关系，在于劳资双方通过合作可以利用各自的优势降低交易成本，实现彼此利益最大化。劳资双方有着共同的利益才会形成劳动关系。然而，资方建立企业的目的是获得更多的利润，劳方加入企业的目的是获得更多的收入，因此，两者会产生利益上的冲突。

雇员为企业提供劳动，服从企业管理者的工作安排和权威，并且以此获得薪酬和社会利益，他们要求通过劳动能得到公平的工资，权益受到保障。雇主雇佣劳动者来进行生产，通过为社会提供产品和服务，从而获得经济利润。雇主追求的目标包括管理控制、生产效率、灵活使用劳动力、工人不罢工、经济利润等。显然，由于企业利润等于企业收入减去劳动者工资等成本，雇员的工资与雇主的利润之间存在此消彼长的关系，因此劳动者和雇主在经济利益上存在根本的冲突。[①]

---

① 江永众、陈宏伟. 劳动关系研究的多学科比较——基于劳动关系学和人力资源管理学的视角. 学术研究，2012（5）：92

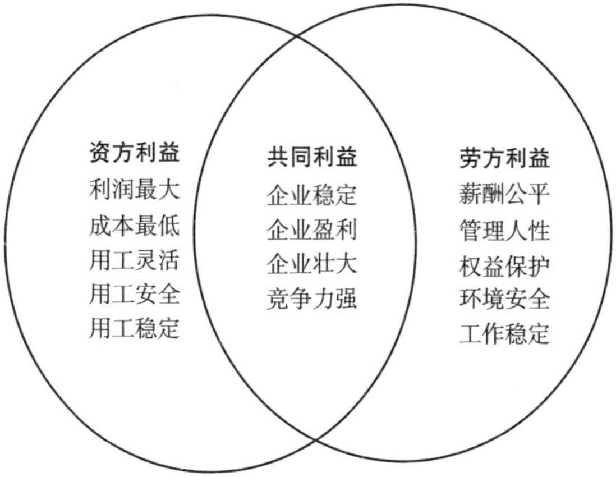

图 1　劳资双方利益异同比较①

但事物的另一面是，劳资双方又通过契约组成共同目标和共同利益，如组织的生存发展、竞争力、经济效益等。② 因为企业组织是由劳动者等组成，当企业目标实现时，劳动者的目标才能得到实现，当企业的总收入增加时，通常员工的收入也会得到提高，才有可能给员工更多的福利；反之，当企业总收入下降甚至破产时，员工的收入必然会减少，严重时员工还会失业。劳资双方虽然存在固有的利益冲突，但是双方也存在一些共同利益。因此，劳动政策的目标也应该在解决劳资冲突的基础上，促进劳资双方共同目标的实现。

二、劳动法应致力于化解冲突

人的本质属性是社会属性，生存和发展均离不开社会。而

---

① 作者根据相关资料绘制而成。

② Honey, William H. , Jennings, Kenneth M. , and Wolters, Jr. Roger S. , The Labor Relations process. South – WesternPublishing Co, Boston, MA, 2009

社会关系的含义就是指："许多个人的合作，至于这种合作是在什么条件下，用什么方式和为什么目的进行的，则是无关紧要的。"① 因此，社会关系最基本的特征就在于众多个人在广泛的社会生活实践中直接或间接的相互合作、相互交往和相互依赖。只有权利配置有利于促进合作和社会秩序的形成，才能有助于社会关系的稳定和社会的和谐。

权利通过在异质社会提供定纷止争，非暴力解决纠纷和平抑社会期望提供清晰的规则，其本身就是创造了一种特别稳定的社会共存和合作的模式。社会就是一个合作组织，权利是政府在异质的个体与团体之间创立的协议。通过权利的界定、权利的保护，可以为各异的公众从事共同的事业进行广泛的辩护。

对于权利要有选择性的实施和界定，如果界定不妥可能会使问题变得更加糟糕。如果对于权利的配置对一些群体慷慨，对另一群体吝啬，群体之间的合作和互利就会变得十分困难。没有企业的生存与发展，就不可能有劳动者的就业与劳动权的实现。因此，劳动法的权利配置应当促进劳资双方合作。秦国荣认为，"劳动法应当在立法中体现对现代企业伦理精神和社会责任感的塑造，尤其是对企业和员工诚信、协作、踏实、责任、关爱、服务、团队等基本伦理观念的培育，应因此建构和谐劳动关系，奠定整个社会的伦理关系与道德价值基础"。②

权利配置应该促进信任的形成。无论是合作还是纠纷的顺

---

① 马克思恩格斯选集（第1卷）. 北京：人民出版社，1995：60
② 秦国荣. 建国前中国共产党劳动立法的演变及其启示. 江海学刊，2008（4）

利解决，都需要主体之间存在一种信任关系。信任半径越长，合作就越容易达成，在此范围内的纠纷解决就越有效迅速。反之，信任半径越短，纠纷解决的效率越低，成本越高。

劳资关系是一个社会子系统，其涉及雇员、雇主、政府、公众等诸多社会成员。劳资关系政策将影响这些利益相关者的利益和目标的实现。劳资关系政策的目标至少应该兼顾效率、公平和协商沟通机制的平衡。效率是对资源的有效配置，是实现企业发展、盈利以及对雇员进行收入分配的基础，也是雇主最重要的经济目标。公平由一系列就业的公平、程序性公平和分配性公平等标准构成，这些标准与劳动者的人格尊严、工资、福利等物质待遇和人格尊严相关，体现对劳动者人性尊严、人性自由的尊重。协商沟通机制是化解劳资双方利益冲突和矛盾，缩小劳资双方认识差异，实现劳资两利，保证劳动关系秩序稳定，促进劳资双方共同利益最大化的有效机制和途径。因此，调整劳资关系的法律政策的研究必须考虑利益相关者的目标，在这些带有冲突的目标之间进行权衡。

按照劳动关系中的“利益相关者”理论，参与劳动关系的有关各方都是利益相关者，因此应该按照“利益共同体原则”，通过更多的合作去寻求各方的共同利益。与“对抗—妥协”不同，“利益共同体原则”首先强调参与劳动关系的有关各方认识和把握其共同的目标，以及各方利益的相关性和共同点，在此基础上寻求共同利益的最大化。实行“利益共同体原则”的基础在于，劳动关系各方都应该主动地站在更高的层次上，将劳工—管理（资方）—政府看成一个利益共同体。也就是说，有关各方应将其他方看成是实现自己利益的“伙伴”和“合作者”，而不是争夺利益的“对手”。[①]

马克提出，“企业中的人和自由市场中的人不同的地方在于，前者不是只顾追逐自我利益，而是遵照上级的指示，按照协调计划办事”。[②] 科斯认为，企业的存在，至少一部分原因是为了减少这些使市场看起来更昂贵的隐匿成本。因为在企业内部，由于管理层实行自上而下的管理措施，人们能毫无顾忌地共享技能，进行交易。每个人都能根据自己的意愿选择单干或者加入公司与其他人一起合作。而团队分工与合作机制可能会给这些一起工作的人带来利益。例如，一家 10 人的成功企业，所创造的利润通常是一个人产值的 10 倍。而这家公司的员工也能因此获利，赚的钱也比自己一个人单干要多。但是，有可能在团体合作中会存在“搭便车”现象，破坏群体的合作，而同时享受由群体带来的整体利益。这就需要企业通过一系列规章制度来防止员工出现“搭便车”行为。实际上，由团队合作创造而来的凝聚力才是现代竞争性企业的根本，也是企业成功的主要引擎。那些长时间获得成功的企业，靠的是不断维持员工的合作精神，并让他们从努力的工作中获得利益。

三、促进劳资双方交涉

交涉是以互惠为基础的，表现为各种形式的经济性交换和社会性交换；而交涉的结果如何取决于社会力量对比以及正当化处理。如果法律作为强制命令试图抹杀法律限制对象的一切

---

① 关信平．试析建立“共赢模式”劳动关系的目标、原则和体制创新．天津社会科学，2012（1）：67

② ［美］马克·布坎南．隐藏的逻辑——乌合之众背后的模式研究．李晰皆译．天津：天津教育出版社，2011：169

自发作用和反作用，那么法律本身就很难内在化、社会化，执行的实效也会成问题。[①]

达成妥协一般需要具备以下条件：（1）对立的关系中实际上存在通融的余地，或者对立双方有意识去促成一种松动的局面，或者在把问题留待时间去解决这一点上抱有共同的期待感；（2）对于让步的得失之评估不拘泥于一时一事，不斤斤计较眼前的利害，而能从长期的计划合理性的角度来把握妥协；（3）能够明确地区别共同利益和各自的排他性利益，强调和发掘共同利益，对于不同的要求能够妥当地加以调节。[②]

从法律规范的角度讨论妥协性，最根本的是要在不同的利益集团之间达成一种求同存异的“重叠性共识（Overlapping Consensus）”。[③] 为此需要宽容和忍让，需要对话和沟通，需要把立场问题转变为利害问题，并且跳出非此即彼的思维陷阱而寻找出第三条道路来。[④]

---

① 季卫东．宪政新论——全球化时代的法与社会变迁．北京：北京大学出版社，2002：80

② 季卫东．宪政新论——全球化时代的法与社会变迁．北京：北京大学出版社，2002：161

③ John Rawls，The Idea of an Overlapping Consensus，Oxford Journal of Legal Studies 7，Oxford：Oxford University Press，1987：1

④ 季卫东．宪政新论——全球化时代的法与社会变迁．北京：北京大学出版社，2002：174

第六章

我国劳动法权利配置的优化路径

劳动法是从“身份到契约”的民法中分离出来的，对劳动者的权利进行倾斜性配置。基于社会本位的劳动法在保护劳动者权益，维护劳动者生存权、健康权与人格尊严等方面有着不可替代的作用。但是我国劳动法在权利配置方面存在正式法万能、普遍资强劳弱以及实体法重于程序法的理论假设。在这种理论假设下，我国劳动法权利配置存在个体与集体权利配置失衡、实体权利与程序性权利配置失当、劳资主体间权利配置不均衡等问题以及信息性权利、集体性权利配置不足的问题。在当前构建和谐劳动关系背景下，有必要探索我国劳动法权利配置的优化路径，充分发挥劳动法公平正义的调节功能。

第一节　完善集体协商权

在劳资关系运行的过程中，劳资双方基于利益的差异，必然存在分歧和纷争。这些分歧和纷争最后演化为劳资矛盾和冲突。集体协商作为一种双边活动，通过信息交换在内的沟通过程，对双方的期望作出修改和巩固，最终达到双方都能接受的程度和结果。[①] 协商还有助于劳资双方通过信息交换而实现目

---

① ［英］西蒙·罗伯茨、彭文浩．纠纷的解决过程：ADR 与形成决定的主要形式．刘哲伟、李佳佳、于春露译．北京：北京大学出版社，2011：119

标的集合性或兼容性，获得一致同意的结果。

传统上，法律本身被认为是“理性”的堡垒。法律的功能被理解为抵消法律纠纷在当事人中引起的情绪。然而事实上，卷入诉讼者会发现，与它所替代的那些解决纠纷的暴力手段一样，通过诉讼解决法律纠纷也是极度情绪化的决策和过程。① 而且选择诉讼解决法律纠纷的情感阻碍了有意识的、清晰明白的商讨、计算、分析或者反思过程的理性，会导致可能产生一个次等的决定。② 司法判决是无情的，不会因为当初选择的不理性而允许当事人作出二次选择，其最终导致的劳资关系的破裂，所付出的时间成本、金钱成本及负面影响远超当事人预期，并未给当事人留下任何回头的余地。

在社会进化中，法律取代复仇成为威慑和矫正各种侵犯社会合作规范的主要方法。从这一角度来看，法律诉讼不过是决斗、世仇、打架和战争的低成本替代。法律疏导、教化、克服，但并没有消除在认为自己的权利受到侵犯，或者利益受到威胁的人们所感到的愤怒和愤慨。事实上，诉讼比和解昂贵得多，大多数人都是风险规避者，因而他们更喜欢确定，而不是运气。即使没有风险规避，和解成本也相对较低。如果案件诉诸判决的话原告有50%赢得10万美元的概率，继续诉讼对每一方当事人的成本都是1万美元，而和解对每一方的成本只有2000美元。那么，原告继续诉讼的预期收益就是42000（100000×0.5－10000＋2000）美元，而被告的预期成本为58000（100000×

---

① ［美］理查德·A. 波斯纳. 法律理论的前沿. 武欣、凌斌译. 北京：中国政法大学出版社，2003：234

② ［美］理查德·A. 波斯纳. 法律理论的前沿. 武欣、凌斌译. 北京：中国政法大学出版社，2003：236－237

0.5+10000-2000）美元，因此，在42000美元与58000美元之间的任何价格上，双方当事人的处境都可能因和解而改善，而且他们大概可以通过谈判在这一相当宽阔的范围的某一点上达成一致。[①] 法律对协商价值的重视，对双方协商的引导则有助于促进劳资双方降低解决劳资冲突的成本。

就个体劳动关系而言，构建雇主与雇员之间的协商机制，是保证劳动者集体协商权实现，促进劳资双方进行各种协商、谈判和信息交流的重要途径。就集体劳动关系而言，雇主和雇员如能经常就劳资双方所面临的问题进行协商、谈判、信息交流、沟通和讨论，有助于促使双方能达成有约束力的协议。完善集体协商权是促进政、劳、资三方的合作，共同改善劳动状况，坚持社会争议的有效方法。有助于促进雇主（以雇主组织为代表）和工人（以工会为代表）之间的良性互动合作与交往。

一、明确集体协商主体的法律地位

谁来协商，是保证协商沟通顺畅的关键和前提。如前所述，在现实中，因雇主相对强势，以及劳资之间信息不对称等导致无法或者难以协商的现象比比皆是。因此可见，协商主体及主体间力量的对等十分重要。政治法律学中寇肯等学者认为，协商过程如缺乏不偏不倚的第三方的干预则不够稳定，[②] 因此，在必要的情况下，应使第三方力量介入促进协商和沟通。

---

① ［美］理查德·A.波斯纳．法律理论的前沿．武欣、凌斌译．北京：中国政法大学出版社，2003：258

② Koch，K（1974）War and Peace in Jalemo，Harvard University Press，Cambridge，Mass

（一）代表劳动者的主要是工会

因劳动者个体与资方之间经济与社会力量的不对称，单纯依靠劳动者个体很难实现与资方谈判力量的对等。谋求工会等组织作为代理，则有助于减少劳资力量的不平衡。从世界劳工发展史看，从 19 世纪末起，工会已从阶级斗争的工具转变为谋求与雇主建立协商关系的中介组织。其发挥的也主要是代理人的功能：既向雇主提供有关雇员的需要及偏好的信息，又帮助雇员去评议雇主的雇用行为。[①] 代理人功能有助于形成一种集体谈判机制，能促进雇主与雇员之间构建一种组织化的“礼物交换”。[②] 我国的工会在实践中对促进劳资协商和合作发挥了一定的作用。但基层工会尤其是民营企业的工会，因资金来源和工会领导人身份的依附性，导致其在代表劳动者集体协商、协调劳资冲突方面甚少有意义的作为。《劳动合同法》多处规定，应该在用工规章制度修改、企业单方解除劳动合同、裁员等情况下，工会发挥对规章制度纠正、对用人单位单方解除或裁员不当纠偏的作用。但目前来看，基层工会真正有效的协商作用的能力离职工群众的要求还存在差距。全国总工会也意识到这一短板，寻求通过“上代下”或引入第三方力量参与协商的方式解决基层工会协商能力不足问题。

---

① ［美］威廉姆森．资本主义经济制度：论企业签约与市场签约．段毅才、王伟译．北京：商务印书馆，2003：363

② 汪和建、李磊．通用劳动力市场的社会治理——也论《劳动合同法》的政策效果．南京大学学报（哲学·人文科学·社会科学），2011（5）：148

（二）代表资方的主要是企业组织或雇主协会

在实践中，雇主协会代表雇主与劳方代表进行协商已经进行了一定的探索。但总的来看，雇主协会或企业组织有效推动集体协商的成功案例并不多见，往往成为政府“指标”压力下的一种“数字”游戏。[①] 因此，在政府主导下集合各方力量推动雇主协会或企业组织有序地代表企业与劳动者协商，有助于促进集体协商和劳资合作形式出现。

（三）引入第三方专业力量参与集体协商

我国法律尽管规定了在企业内部应建立企业劳动争议调解委员会，但因未能解决调解主体的独立性，因此无法解决调解无力或调解无效等问题。在现实中，劳资双方经常因各种各样的原因导致无法确保协商的顺利进行。如果能在协商不成时有调解予以介入，则有助于劳资双方进一步就有关问题进行沟通。我国在诉讼前以及诉讼过程中均设置了调解机制，这种调解机制的设置如果能够有效利用，有助于劳资双方进一步通过协商来解决问题。但现实中存在的现象是由于在经济上处于相对弱势的当事人信息获取和分析能力不足，或因急于获得其主张的赔偿，将有可能不得不接受调解的诱惑。而富裕或强势的一方由于可以预先估计到对方的经济实力，因而在调解协商中很容易压低自己的成本。对弱势一方来说，调解本身就是对理

---

① 吴清军．集体协商与“国家主导”下的劳动关系治理——指标管理的策略与实践．社会学研究．2012（3）；吴雨磊．数字下乡——农村精准扶贫中的技术治理．社会学研究，2016（6）

想的某种放弃，[①] 在调解过程中这种现象需要重视并予以矫正。

针对国内企业内部调解组织、基层调解机构因依附性和专业性不能很好地发挥调解作用的问题，应该建立独立于政府和企业的专门调解组织，通过政府购买服务的方式来组建由法学专家、心理学专家、社会工作人员等组成的专业调解队伍，并由其对劳动关系中出现的劳资纠纷提供专业性咨询、心理辅导，帮助当事人投诉，宣传劳动法律、法规，从而促进劳动关系工作的社会化、人性化、个性化。

二、完善诚信协商机制

诚信谈判是形成和谐劳动关系的基础。劳资双方应基于诚实信用原则沟通，通过合理的努力以达成一致意见。信任是彼此诚挚合作的基础，因而也是谈判制度的重要内容。

美国《劳工关系法》对诚信谈判做了概括性描述和解释。该法第 8 条要求，雇主与工会双方都应以“讲究信用”交涉和谈判。日本《工会法》第 7 条规定，资方不得无正当理由而拒绝与劳方代表进行集体谈判。韩国《工会及劳动关系调整法》第 81 条规定，禁止劳动力使用者无正当理由拒绝集体交涉，资方对于劳方集体交涉具有诚实回应的义务。该法第 30 条规定，劳动关系双方都有诚信交涉义务。任何一方不诚信交涉，构成不当劳动行为。[②] 对于不诚信谈判的救济措施，

---

① O. M. Fiss, Against Settlement, 93 Yale Law Journal 1073, 1984: 1085 - 1086

② 王益英. 外国劳动法和社会保障法. 北京：中国人民大学出版社，2001：506 - 507

韩国《劳动组合法》第 39 条规定，经营者违反诚信集体谈判义务属不当劳动行为。如果雇主无正当理由不谈判或不诚实地谈判，则工会可以向劳动委员会请求不当劳动行为的救济，并且对违反“救济命令”的处以 2 年以下的有期徒刑或 3 千万元以下的罚金。在美国，如果确认雇主没有诚信谈判，国家劳动关系委员会可以要求雇主补偿工会所受的损失，并赔偿工会谈判者的工资。①

国际劳工组织也非常重视集体谈判中的诚信原则。1996 年颁布的《结社自由：国际劳工组织理事会结社自由委的决定和原则摘要》中提出诚信谈判的原则“意味着举行谈判的任何不合理的延误都应该避免”，并且要求双方应在集体谈判中尽到协作义务、通知义务、照顾保护义务和保密义务等。国际劳工大会 1981 年通过的《促进集体谈判建议书》（第 163 号建议书）规定了有关集体谈判中雇主提供信息资料的法定义务，而且规定如某些信息资料的泄露会对企业造成不利，工人及组织有义务对相关信息资料予以保密。

我国的劳动立法虽然未直接使用“诚信谈判责任”的用语，但劳动和社会保障部 2000 年颁布的《工资集体协商试行办法》明确规定与诚信谈判责任相关的规则。第十七条规定了一方提出工资集体协商要求，另一方应于规定时间内予以书面答复并与对方共同进行工资集体协商的法定义务。第十八条规定了在集体协商中，双方主体有提供与工资集体协商有关的真实情况和资料，否则应承担因不合作而带来的后果。《深圳

---

① 王益英．外国劳动法和社会保障法．北京：中国人民大学出版社，2001：506－507

经济特区集体协商条例（征求意见稿）》虽未明确规定善意谈判的原则，但在第二十四条规定，虚假协商，无不可抗力等法定情形拖延集体协商进程，传播虚假信息影响集体协商，威胁或者利诱对方协商代表等都构成违反诚信谈判原则的行为。该意见稿第二十六条规定三种情形构成虚假协商行为：其一，故意纠缠程序细节拖延集体协商进程。其二，无正当理由始终以唯一方案或者立场排斥对方合理意见和主张。其三，在工资集体协商过程中，用人单位坚持以市政府公布的最低工资标准作为正常工作时间工资标准的。并且规定了虚假协商的法律责任。①

能够带来社会资本的社会准则必须包含此类美德，比如诚实、守诺、互惠。② 诚信协商是促进劳资合作、实现和谐劳资关系的前提和关键。我国《集体合同规定》规定，集体协商、签订集体合同，应遵循守信，公平合作；相互尊重，平等协商的原则。《劳动法》《劳动合同法》规定了签订劳动合同要坚持平等协商、诚实信用的原则。

综上，优化劳动者集体协商权，使集体协商制度有效发挥作用的方法应该从以下三个方面着手：其一，法律条文在规定劳动争议协商时，应减少使用授权性语言“可以”，在保护劳动者利益的问题上，多使用“应该”“不得”“禁止”等强制性语言。对用人单位违反法律法规的行为，应规定相应的惩罚

① 深圳的规定实际上尽管未标明为不当劳动行为，但与不当劳动行为的界定一脉相承。翟玉娟．集体协商制度构建的亮点与不足——对《深圳经济特区集体协商条例（征求意见稿）》的评析．马克思主义与现实，2012（2）：190

② ［美］弗朗西斯·福山、大断裂：人类本性与社会秩序的重建．唐磊译．桂林：广西师范大学出版社，2015：24

性后果。[①] 其二，对于集体协商过程中的程序性规定进行优化。比如集体协商中信息资料的披露制度，一方发出要约后，另一方应该多长时间内给予回应的程序性制度。其三，对工会制度进行优化和改革。工会主席及其他工会成员如果是代表资方利益的，应该将其从工会主席及其他工会成员中退出。

第二节　优化非诉程序性权利

劳动争议双方一旦对簿公堂，司法无情，既不理双方过往的交情，也不顾以后的彼此情分，只考虑与案件有关的事实和法律。因此，对于劳资纠纷，为避免矛盾扩大化，应该防患于未然，从纠纷开始就应通过内部的协商沟通程序和机制解决，促使劳资双方沟通以避免引发劳资纠纷的蝴蝶效应。

一、完善内部沟通程序

在劳动关系领域，鉴于劳动者为弱势群体的人，其选择往往出于感情用事。如果能在其选择方面赋予用人单位告知程序和义务，则可为劳资的自治与管制之间形成一定的平衡和均衡。程序作为自由法观念发展的起点与作为多元社会克服价值冲突的原点，在劳动关系中指的是劳动法不应以某种价值压倒别的价值观，“通过中立性的程序”来重建劳资共识。这里的内部沟通程序是指应减少先验的价值、真理和统一的意识形态作为前提或标准，而是应通过法律构建劳资双方沟通、对话过

---

① 王蓓．我国劳动争议协商制度失灵的反思与对策．社会科学研究，2015(1)：25

程探索适当的解决方案，达成罗尔斯的“重叠性共识”或哈贝马斯所说的“暂时性共识”。[①]

用人单位对于劳动者利用其内部规章制度予以惩戒，是其实施用工自主权、保障用工效率的重要前提。昂格尔认为，随着跨国公司的出现，一国劳动法的一元价值越来越受到跨国公司企业用工文化和用工习惯的挑战。[②] 对于用人单位惩戒权的形式，国家法应与用人单位规章制度以衔接，以使多元化的社会调控规范互为辅助，促进企业共同体内形成合作、信任和相互期待为基础的社会行动和社会关系。[③] “社会法本质就是一种被国家授权的规则和私人制定的规则和惯例所包围的法律。”这就需要法律通过程序为双方构建合作、信任和相互期待的互动关系。

（一）规定用人单位行使惩戒权程序

针对用人单位惩戒程序，法国和德国相关法律规定较为详尽，值得借鉴。《法国劳动法典》第 122 条至第 141 条明文规定：其一，雇主对雇员的惩罚措施中除警告或对雇员的出勤、职务、报酬或职业生涯没有影响的类似性质的措施外，必须以书面方式通知雇员谈话，并应在书面通知书中写明谈话的目的、时间和地点；其二，在谈话过程中，雇主应说明惩罚雇员的理由并听取雇员的解释；其三，惩罚措施应在谈话后规定时

① 季卫东．法治构图．北京：法律出版社，2012：159

② ［美］昂格尔．现代社会的法律．吴玉章译．北京：中国政法大学出版社，1994：188

③ 方洁．社团罚则之治．何勤华．多元的法律文化．北京：法律出版社，2007：648

间内以书面形式作出，并说明惩戒的理由。[①]《意大利民法典》规定，雇主未向涉事雇员解释其受处罚原因并听取雇员的申诉，不得对雇员给予任何处罚。[②]

对于雇主惩戒权的行使，因惩戒制度的功能重在事前预防而非事后处罚，因此，规定惩戒权的时效制度就十分重要。对于劳工违反规章制度的行为，如有可能使企业受损害，企业应立即行使指挥监督权而予以适当纠正。如雇主不适时处置，待情节重大始予以严重惩处，该惩处决定因违反诚实信用原则而构成无效。

（二）赋予劳动者申诉权

在劳动关系运行过程中，因资强劳弱，劳动者的权利在现实中很容易受到侵犯。当劳动者受到用人单位的各种克扣工资、降低薪水、调整岗位乃至解雇等时，会存在各种疑问、抱怨和不解。事实上，相当一部分劳资矛盾的激化是用人单位内部缺少劳动者的申诉程序所致。通过规定劳动者的申诉权行使程序，用人单位在法定时间内予以回应的程序是有效促进劳资双方沟通、化解劳资双方矛盾的有效途径。而季卫东认为，法律程序的基本构成要素有两个：其一是正当过程。如所做决定对公民的权利义务有影响，应赋予该公民在决定作出之前基于一定的辩论程序规则拥有陈述权和知情权的公正机会。其二是中立性。在力量对比关系中，优劣方在程序中应有同等的发言

① 法国劳动法典．罗结珍译．北京：国际文化出版公司，1996：57

② ［意］丁·特雷乌．意大利劳动法与劳资关系．刘艺工、刘吉明译．北京：商务印书馆，2012

机会。[①] 可以说保证劳动者公平公正的申诉程序是促使劳资双方内部沟通，化解劳资矛盾和冲突，实现实质正义的重要机制。

综观域外立法经验，规定了相应的个人异议救济程序机制。《法国劳动法典》规定雇主在解雇前必须履行以下程序：一是通知面谈。雇主必须派人当面交付或以挂号信书面通知雇员面谈解雇一事。通知书应载明面谈的时间、地点、目的和日期，并告知雇员有权邀请一名企业员工代表协助参加面谈。面谈过程中雇主有义务向雇员说明解雇理由并听取雇员的辩护和解释。二是寄发的解雇通知书中应说明解雇理由。[②] 不当解雇的临时救济措施有以下两类：第一，赋予劳动者在解雇争议期间的继续劳动权。如德国自 2004 年开始，雇员如认为解雇缺乏社会正当理由等无效时，可在接到解雇通知 3 周内提起诉讼，要求法院判决解雇无效。而在通知之后的 3 周内，即使解雇存在社会正当性问题，解雇效力处于待定状态，在裁决前雇主应不改变劳动条件继续雇用该员工。如果雇员在收到解雇通知后 3 周内没有起诉，则不论解雇合法与否都自动生效。或者在判决认定解雇有效，解雇才自始有效。[③] 瑞典《就业保护法》第 34 条第 2 款规定与德国规定有异曲同工之妙处。[④] 第二，该临时救济措施适用范围有一定限制。德国赋予劳动者在争议期间享有继续工作的权利主要是基于以下两

---

① 季卫东．法治秩序的建构．北京：中国政法大学出版社，1999：22－25

② 法国劳动法典．罗结珍译．北京：国际文化出版公司，1996

③ 李国庆．解雇权限制研究．北京：中国劳动社会保障出版社，2011：25

④ 叶静漪、［瑞典］Ronnie Eklund. 瑞典劳动法导读．北京：北京大学出版社，2008：147

种情形：其一，雇主的解雇明显非法。其二，解雇原因非基于目前事实，而是着眼于未来的事件（即雇员未来的健康状态、企业未来倒闭），而预期的事件并未发生。[①] 英国对劳动者违法解雇也规定了异议期，并且规定超过异议期，不论解雇决定是否合法，一律发生效力。[②]

二、优化劳动关系变动程序

民法上对于非对话的意思表示何时发生效力，有四种立法例：表示主义，或称“表白主义”，即意思表示于表意人完成其表示之行为时即发生效力。发信主义，即意思表示于表意人将该意思表示发送出去后即为生效。了解主义，即意思表示须待相对人了解时，使生其效力；在相对人未了解之时，则不生效力。到达主义，或称“达到主义”，即意思表示于其到达相对人之处时，使发生效力。

如果在表白时刻即承认生效，就有可能助长表意人发信懈怠。如果在了解时刻承认生效，相对人拒绝则会阻止意思表示的生效。采取发信主义，是将意思表示不到达、延迟的不利益和风险由相对人承担。采取到达主义，是由表意人承担不到达、延迟到达的风险。但如果采取发信主义，由于发信时其意思表示就生效，以后不能撤回；劳动法作为“特别私法”[③] 尽管有自己独有的特色，但在送达问题规定上继续沿用民法中的

---

① ［德］曼弗需德·魏斯、马琳·施米特．德国劳动法与劳资关系．倪斐译．北京：商务印书馆，2012：144

② ［德］曼弗需德·魏斯、马琳·施米特．德国劳动法与劳资关系．倪斐译．北京：商务印书馆，2012：143－145

③ ［德］卡尔·拉伦茨．德国民法通论（上册）．王晓晔、邵建东等译．北京：法律出版社，2004

送达主义，将送达而非发信作为劳动行为的法定生效要件更为科学。德国关于劳动法律部分意思表示的传递明确适用民事法律规定。如《德国民法典》第130条第1款第1项规定解约意思表示在到达后生效。[①] 而在此之达到，只要意思表示处于客观上相对人可得支配之范围内即可，而不限于一定要交付到当事人手中，也不论当事人是否阅读与否。仅采取发信就认定效力发生，那么相对人就有可能遭受凭借自己努力无法规避的不利益。

（一）对劳动关系变动送达做出效力认定

送达，是指意思表示已进入相对人支配范围，置于相对人可以了解的状态和位置即可，并非须使相对人取得占有。故通知已送达之居住所或营业所者，即为送达，不必交付相对人本人或代理人，也不管相对人阅读与否，该通知即可发生意思表示法律效力。例如：解除劳动合同的信函于通常时间投入相对人信箱时，即为送达，实际上纵未阅读，理由如何，外出旅行或回家探亲，均所不问。关于意思表示送达，台湾学者王泽鉴认为应依一般原则由表意人就其送达及时负举证责任。[②] 1986年台抗字第二五五号裁定谓："若表意人以书信为意思表示，该书信达到相对人，相对人无正当理由而拒绝接收时，该书信既已达到相对人之支配范围内，相对人随时了解其内容，应认为已达到而发生效力。"[③] 其有拒绝受领正当理由者，如信件未贴邮票，信件未写明所邮寄内容的应除外。对于非在场人之

---

① ［德］W. 杜茨．劳动法．张国文译．北京：法律出版社，2005：116

② 王泽鉴．民法总则．北京：中国政法大学出版社，2003：354

③ 王泽鉴．民法总则．北京：中国政法大学出版社，2003：356

间，倘若预计表示将会给其带来不愉快的后果，一项意思表示的相对人就可能会试图阻止表示到达以使之不发生法律效力。问题是，在此情形出现的问题是，表意人在多大程度上承担因其表示可能不发生效力而产生的不利。德国区分两种不同情况。第一种，如果受领人故意拒绝接收向本人递交的书面文件，则拟制表示送达，即按表示已经到达受领人处对待。同样适用于受领人恶意破坏到达的情况，比如不下载储存在其电子邮件服务商处的邮件，或使其在服务商处建立的电子邮箱的储存容量耗尽，从而使此后发来的表示不可能得到保留。第二种，过失破坏送达情况。虽然说事先采取合适措施以使法律行为交往中的表示得以抵达，但事先采取的措施存在瑕疵并且瑕疵因相对人违反注意义务而造成，则可能产生损害赔偿义务。[①] 相对人因可归责事由阻碍意思表示送达，有悖于诚实信用原则时，应视为已经送达。例如伪称收件人不在、电话关机、传真关掉或不放纸张。[②]

（二）规范劳动关系变动送达的类型和次序

送达是劳动法理论中不可或缺的组成部分。我国劳动法理论中应当有劳动关系变动通知送达的版块，使其独立于司法送达的特别送达制度，以使劳动关系变动的生效、撤回、撤销等制度更加完整。对于劳动关系变动意思表示通知送达的类型也

---

① ［德］迪特尔·施瓦布．民法导论．郑冲译．北京：法律出版社，2006：378－379

② 王泽鉴．民法总则．北京：中国政法大学出版社，2003：357

应该进一步细化、具体化。同科斯认为交易有成本[①]一样，送达同样存在成本。在实践中，存在诸多因送达“劳动合同解除通知书”颇费周折者。如一劳动者三番五次递交“辞职信”未果，情绪低落，最后经咨询律师，通过邮寄方式欲予以送递。但因邮寄时信封表面未写明所邮寄内容，之后起诉雇主索赔经济补偿金时，竟被雇主以未收到“辞职信”而主张双方劳动关系未解除发生争议。另一案例在现实中同样普遍存在。某劳动者“不辞而别”，用人单位便寻不着，多方联系仍杳无音讯。忽然某天该劳动者“从天而降”，诉因用人单位中断社会保险费等给其造成的经济损失，使用人单位苦不堪言。以上两则案例均说明在非对话劳动关系变动意思表示的通知中，送达不但必要，且有成本。

我国可以借鉴司法送达的类型划分和劳动部办公厅 1995 年颁布的劳办发〔1995〕179 号文，对劳动行为的送达类型和次序作出明确的规定。日本等国家对此问题也有着比较完善和成熟的法律规定。《日本民法》规定在无法知道相对人或其所在处所，方允许用公示作意思表示。《日本民法》第 97 条之 2II 本规定：“在相对人不明，相对人之所在不明，由表意人依据有关公示送达的民事诉讼法的规定，在法院的揭示场所揭示，业已揭示的事实至少要在官报或报纸上登载一次。”但关于公示方法也有例外，依据《日本民法》第 97 条之 2II 但：“法院在认为不适当时，可以命令在市政府、町政府、村政府

① 科斯在其《企业的性质》论文中提出了经典理论：交易是有成本的，在交易成本为零的情况下，无论权利如何配置，市场会引导实现资源配置最大化。但是在交易成本为正的情况下，权利的初始界定和制定安排则会对资源配置产生重要影响。

或与其相当机关之揭示场所揭示，以取代在官报或报纸上的登载。”关于公示的法律效力，依据《日本民法》第97条之2III本：“自官报或报纸上最后一次登载之日起，或自替代该揭示之揭示登载第一天起经过2周时，视为到达相对人处。”但也有例外，第97条之2III但：“表意人不知道相对人或不知相对人之所在有过失的情形，不发生到达的效力。”① 以避免用人单位借用送达形式而侵害劳动者的合法权益。公告送达日期可适用我国现有30天规定。在互联网、电子邮件等方式已经成为当代人通信的主要工具的今天，应该允许采取“数据电文”形式进行送达，具体送达生效时间可以借鉴民法典有关规定，以意思表示首次到达对方数据系统的时间为生效时间。

三、优化劳资纠纷调解程序

香港特别行政区的《劳资关系条例》对于调解、调停、冷静期等程序规定非常详细。对于劳资纠纷在何种程度需要调解、调解应该遵循何种原则、调解不应当采取何种措施等均有明确的程序性规范。如香港特别行政区发生劳资纠纷或者群体性劳资纠纷，雇主或雇员前往劳工处劳资关系科在当地的办事处申请调解，或由劳资关系科直接介入安排调解。首先，劳资关系科对于超过20人的劳资纠纷申诉，会立即安排调解会议，开展普通调解。调解会议协助劳资双方了解彼此的权利义务，探讨症结所在，分析利弊，以求双方达成和解。任何一方未能出席调解会议或双方在调解会议中未能达成调解时，调解员可

① ［日］山本敬三．民法讲义Ⅰ总则．解亘译．北京：北京大学出版社，2004：93

安排另一次调解会议。其次，调停程序。为促使双方达成和解，无论是否已经发起普通调解或特别调解，劳工处处长都可委任 1 名调停员或 2 名以上人士组成的调停委员会调停该劳资纠纷。在该调停期间，调停员与劳资纠纷双方或其他利害关系人面谈。最后，颁布冷静期命令。当一起劳资纠纷可能导致货物供应或服务终止以致严重危及香港经济或市民大众生活时，行政长官会颁布施行冷静期的命令，命令劳资双方中止一切罢工等工业行动。冷静期的初步有效期不超过 30 天，可以延长，但最长不超过 60 天。深圳市 2008 年 11 月 1 日起施行的《深圳经济特区和谐劳动关系促进条例》赋予了市、区政府在特定情形下颁布施行冷静期的权力。[①] “冷静期”制度是大多数市场经济国家用来处理集体劳动争议的一种手段。美国《塔夫特·哈特莱法案》规定，总统在收到调查委员会报告后如认为罢工将“危及国民之安全或健康”时，可授权司法部长下达 80 天的联邦禁令。[②] 2010 年 8 月 13 日《深圳经济特区集体协商条例（征求意见稿）》在协商程序及法律责任中规定，在集体协商正常进行期间，雇员如有煽动或者采取怠工、停工、闭厂等争议行动，雇主可单方中止集体协商，解除与其订立的劳动合同，且无须支付经济补偿；劳动者如因此造成用人单位财产损失或者他人人身伤害的，还应依法承担赔偿责任。

---

① 该条例第 53 条规定，市、区政府可以根据实际情况发布命令，要求用人单位或者劳动者停止该项行为。命令发布之日起三十日内为冷静期，用人单位和劳动者在此期限内不得采取激化矛盾的行为。林淡平、陈宇一．深港处理群体性劳资纠纷之比较．深圳劳动关系发展报告（2014），北京：社会科学文献出版社，2014：358－372

② 侯玲玲．英国劳动者集体行动立法研究及借鉴．深圳劳动关系发展报告（2012），北京：社会科学文献出版社，2012：299

第三节　完善信息披露义务

在现实中，导致劳资双方发生矛盾和冲突的重要原因就在于劳资双方的信息不对称，以及劳资任何一方违反诚实信用原则出现虚假告知行为。

如前所述，雇主与雇员之间基于劳资契约的关系性和交易成本的限制，劳资双方之间会基于互惠互利通过“礼物交换”而形成一种特殊的合作关系。但在现实中，当雇主送出的礼物与雇工回报的礼物在价值上不对等时，他们之间形成的权利关系不对称，就会形成庇护者与被庇护者之间的关系。[①] 要使劳资交易各方在市场交换之外通过一种“礼物交换”而建立起某种特定的“给予—回报”的义务，在缺少内生性经济道德的情况下，法律就应通过设计相应的外在压力机制来促使劳资双方形成互惠型劳动关系。除了劳动法的管制外，还应该构建用工声誉机制和劳资相互的信息披露制度。

在劳动关系运行过程中，损害和谐劳动关系形成的重要原因在于劳资双方的信息不对称。由于相关信息的获得（特别是及时获得）和及时集中处理信息是昂贵的，因此一个人有时基于不完全信息行事可能产生错误的结果。[②] 信息不对称也是导致劳资双方力量不均衡，并损害劳资双方沟通协商解决劳资纠纷和矛盾的根源所在。制度应尽可能减少劳资双方交易过

---

① 汪和建．再访涂尔干——现代经济中道德的社会建构．社会学研究，2005（1）：162－163

② ［美］理查德·A. 波斯纳．法律理论的前沿．武欣、凌斌译．北京：中国政法大学出版社，2003：261

程中的信息障碍，为双方创造一个信息对称、公平交易的环境。克服劳资双方信息不对称路径，主要是让信息优势者直接向信息劣势者提供信息，由政府向信息劣势者提供信息等。通过法律制度加强对信息披露问题的规制，将有助于排除劳资合作产生的各种障碍，促进劳资合作以及劳资矛盾和冲突的化解。

一、健全主体的信息披露义务

（一）个体劳动关系中资方的强制说明义务

我国劳动法在关于劳动合同的签订、用人单位的规章制度公示、劳动安全卫生、集体合同等方面规定了信息强势方资方的信息披露义务。但是如前所述，劳动关系是关系性契约，劳资双方所形成的劳动关系往往在时间上具有持续性。这种关系性契约决定了在劳动合同签订前的强制说明义务，以及用人单位规章制度的公示根本无法解决劳动关系存续期间的劳动者信息弱势的问题。由于劳方的信息弱势，资方基于经营安全性、资本优势等方面考虑，往往隐瞒一些对于劳方不利的信息。这种隐匿背景下的劳资合作是以损害劳方的知情权和给劳方带来巨大雇用风险为前提的，因而存在巨大的用工风险。在现实过程中，经常出现资方突然搬迁、突然关门以及贸然辞退劳动者的雇主行为。这些不但给众多劳动者带来心理上的恐慌，而且也损害了劳资双方的交易公平。

（二）集体协商中资方的信息披露义务

信息披露是集体协商的关键，在集体协商中，劳动者未能掌握的信息和资料对集体协商至关重要，用人单位自然应披露相关信息。[①]《深圳经济特区集体协商条例（征求意见稿）》第十九条规定了用人单位的信息披露义务，即除了涉及国家秘密的、商业秘密等外，劳动者一方的协商代表有权查阅或者要求用人单位提供相关信息和资料。但翟玉娟认为该条对有关资料的范畴未能明确，法律仅作排除性的规定是远远不够的，而应明确规定有关资料的范畴，如劳动者人数、生产经营状况、工资和福利缴纳状况等与协商事项直接有关的资料，以避免双方有可能就有关信息资料范围达不成一致意见而影响集体协商的进行。[②] 同时，法律还应该规定用人单位披露虚假信息或者拒绝披露信息的法律责任。

（三）诚信披露的义务

在劳动关系变动过程中，也会出现雇主披露信息的情况，但可能会因为各种原因而出现披露虚假信息、隐瞒真相、披露信息不全等违反诚实信用原则的情形。这些虚假的信息阻碍了另一方了解真相的可能性，损害了双方公平交易的环境，法律应该予以矫正。

（四）不披露或不诚实披露的法律责任

法律责任是促使经营者依法履行信息披露义务，促进劳资合作的必要条件。通过规定劳资主体或者政府违反信息披露义

① ［美］罗伯特·高尔曼．劳动法基本教程．马静等译．北京：中国政法大学出版社，2003：359

② 翟玉娟．集体协商制度构建的亮点与不足——对《深圳经济特区集体协商条例（征求意见稿）》的评析．马克思主义与现实，2012（2）：190

务的法律责任，有助于对劳资双方的违法行为形成“阻吓”作用，降低其违法可能性和风险。而在责任形式选择上，应该以有限民事责任、有限行政责任相结合。在这里就民事责任而言，只有当不披露或者披露不实影响到劳动者权益时，才要求其承担相应的民事责任和行政责任。通过规定经营者不披露或者虚假披露的法律责任可以增加不履行披露义务者的违法成本，克服其过强的负外部性。在责任程度设定上应轻重适度，以能有效改变经营者的利益结构，增加其违法成本，使较多经营者主动履行披露义务。不过也有学者提出由于经营者强制说明制度会增加经营者的交易成本，因此，在克服信息不对称中具有一定的局限性。因此在现实中信息披露制度也只能是使其尽可能接近公平，而难以实现绝对的公平。①

如美国《消费者信用保护法》第130条规定，在消费者信用交易上怠于履行法律法规所规定之信息公开义务的债权人，必须赔偿对方债务人含利息及各种手续费在内的金融费用全额之两倍的金额（最低100美元，最高1000美元），以及诉讼费、律师费。② 美国《消费者信用保护法》对违反信息公开义务的要求如下：向债务人交付的书面材料上用于显示金额数字的印刷活字必须为10号以上，即便小一号也属违法。小一号字并不影响债务人阅读账目信息，并不发生实际损害。尽管如此，债务人可能因此而获得最低100美元的赔偿。③

---

① 应飞虎．信息、权利与交易安全．北京：北京大学出版社，2008：104

② Reg. Z. Sec. 226. 6（a）

③ ［日］竹内昭夫．关于美国的消费者信用保护法．美国法，1971：11、19；田中英夫、竹内昭夫．私人在法实现中的作用．李薇译．北京：法律出版社，2006：150

我国劳动法应该规定惩罚性赔偿责任，以增加劳资双方怠于提供信息、提供虚假信息的违法成本和违法风险，以为劳资双方合作提供基础和前提。

二、完善政府的信息披露义务

政府在保护劳动者权益方面的信息责任和义务一直以来没有受到足够的重视和关注。从部门法的功能来看，这些责任和义务应在《劳动法》《安全生产法》等法律中规定。《劳动法》等对政府保护劳动者权益的职责主要通过劳动监察职能予以行使。但是条款中对于政府有关劳动信息提供义务没有作出任何规定。

事实上，政府作为超越于私人主体之上的公共组织，具有超越一般私人主体的综合信息收集能力，并且具有超越私人的公信力以及在信息收集、传播方面的财政优势。当然，正如诸多学者所担心的，政府也可能会因能力问题和代理人缺陷而产生“政府失灵”所导致的信息失灵问题。政府为公共组织应主要对劳动者权益影响比较大的问题进行公示，而不是大而化之进行全包全揽的管制，以提高政府信息规制的公信力，并降低“信息失灵”的风险。

就工伤而言，职业安全和健康法或许可以更多地关注雇主在减少死亡和伤害方面的实际表现，而不是看他们对严格而统一的国家设计标准的遵守程度。[①] 就像政府公布航空公司的即时表现一样，政府可以积累不同企业工伤历史的信息并提供给

---

① Paul Weiler, *The law at Work* (1990); Daniel Spulber, *Regulation and Markets* 392—399 (1989); Viscusi, Risk by Choice

工人。政府还可以要求厂商记录和披露已知的工作场所危险的信息。政府获得的信息有助于工人估计风险，这反过来又能够使劳动力市场确定更为恰当的补偿性工资差别。另外，政府还可以根据厂商发生的工作伤亡事故向雇主征收“工伤税”，由于提高了雇主的工作安全的边际收益，这种赋税能给厂商改善工作场所安全提供激励。①

（一）特定信息的公示与传播

在市场化、信息化的经营环境下，声誉对于很多市场主体至关重要，直接关系着其在市场交易过程中的交易成本、交易机会、存活及发展稳定性。因此，政府通过信息公示能有效地提高雇主的违法风险，提高其劳资合作的可能性。因为信息公示能够普遍降低社会对违法者的评价，并使违法者在与他人交易时受到阻碍。如对恶意欠薪者的公示就是一种减少雇主恶意欠薪的有效途径，因为这种公示信息直接构成了雇主品行的信号，其交易伙伴在获得信息后会认为，恶意欠薪者在经营方面诚信品行存在污点，进而减少或终止与其的交易行为，这在某种程度上会促使雇主终止恶意欠薪行为。

而政府在信息公示方面应该采取各种影响其声誉的途径保障信息的充分传播。比如一旦认定雇主为恶意欠薪、安全生产存在故意或重大过失行为，政府应该采取多种公开方式、公开载体促进信息的传递和传播，加大信息的传播广度和力度，提高信息公示的声誉传播机制，以有效遏制不法雇主的违法行为。

---

① ［美］坎贝尔·R. 麦克南、斯坦利·L. 布鲁、大卫·A. 麦克菲逊. 当代劳动经济学（第七版）. 刘文、赵成美译. 北京：人民邮电出版社，2006：279－280

（二）特定标志的提供

交易者品性通过信息公示和传播的有效途径还表现在特定标志的提供方面。即便是政府可以通过互联网等途径就违法行为进行信息公示和传播，但信息传播面和信息传播路径仍然有限。而特定标志作为一种对诚信经营者特定方面诚信信息的传播则能更加有效地将其产品品性与其他产品有效地区分开来。在产品质量领域，我国已经建立了一系列的特定标志，通过特定标志的获取来向消费者传递其产品的质量信号，比如使用免检产品、ISO9001、ISO14000、驰名商标、著名商标等标志来向消费者传递其产品质量优于其他产品质量的信息。消费者在购买商品的时候，对于带有免检标志等国家认证标志的产品，即便是高于其他同类商品价格也更愿意基于对其产品安全性和质量的信赖而买单。这说明了特定标志所传递的产品信息对于提高产品的声誉、增加产品的交易量、降低交易成本有着非常重要的作用。就劳动安全用工方面，国外推行了 SA8000 社会责任标准，针对使用童工、强迫用工、工作时间等方面有一系列的指标测量。如果我国能够在产品质量方面推广该标准的使用，则无疑借助于标准的信息传递功能，有助于在企业用工方面形成示范效应，促进劳资合作，推动和谐劳动关系的建立。

第四节　权利配置应区别对待

劳资双方在现实中之所以出现种种不予以合作的情形，在某种程度上与劳资双方个体差异大，能力不一无法满足劳动法现实条件的因素有关。世界上连两片相同的树叶也没有。就个体而言，人的家庭出身、文化程度、社会地位、经济实力等各不相同。就企业而言，企业的成立阶段、资金状况、企业规模、盈利程度等也各有所异。而法律要促进劳资合作，就必须针对上述两个问题予以重视。法律在调整时应对劳资主体进行类型划分，区别对待，差异性调整。

法律的形式化和统一化尽管有助于保持和树立法律的权威性，但如果法律区分度过低则无法调整纷繁复杂、万紫千红、五彩缤纷的大千世界。因此，实现法律调整目的与调整效果的统一，就有必要基于社会现实而对主体的调整、权利的配置在调整力度和调整方式方面体现差异性。区分对待是平衡劳资能力和利益差异，实现劳资合作的前提。就我国劳动法而言，主要应通过主体分层和劳动权分类在法律上区别对待，实现法律的公平性调整。

作为社会法的劳动法通过关注从“契约到身份”的转变，更应关注在法律层面如何进一步将抽象的“平等主体”变为具体的“平等主体”，进而实现对主体的差异化调整，实现劳资两利。在保护劳动权资源有限的情况下，这种进一步从“抽象”到“具体”的聚焦，才更有助于符合劳动法的倾斜性保护的宗旨。

一、对用人单位分层配置义务

我国劳动法所规制的用人单位在现实中无论是在类型、性质、规模还是发展阶段均在盈利能力和承担风险方面存在较大的差异。受市场“丛林法则”影响，在企业初创阶段和企业规模较小阶段，基于企业经营成本和存活压力所限，追求利润最大化和成本最小化更成为私营企业首要追求目标。立法如不对雇主作差异化规定，就难以避免被基于客观能力所限的企业采取各种措施规避。

据统计，截至 2013 年底，全国各类企业总数为 1527.84 万户。其中，小型微型企业 1169.87 万户，占到企业总数的 76.57%。新增就业和再就业人口的 70% 以上集中在小型微型企业。[①] 而对于小微企业以及个体工商户而言，由于规模较小，因此雇主与雇员之间的层级区别也很小。在小微企业和个体工商户中，所采用的劳动关系形式多样，往往雇主也会根据经营类型和经营形式采取不同的用工形式。但社会普遍的现实则在于，雇主与雇员之间的直接接触和交流较多，双方更容易形成信任和合作关系。在雇主出现经营困难时，雇员与雇主也更容易抱成一团，同舟共济。私营企业尤其是小微企业的劳雇双方大多有地缘或亲缘关系的支持。这种既有社会关系及儒家文化影响所引申出的彼此期待构成了企业内部的特殊的关系治理。事实上，雇员会依据其特殊的人际关系（如亲友、同乡、同学等）履行工作职责，要求福利待遇，给予社会压力。老板也会利用原有与雇主之间的社会关系约制雇员的行为，给予特别的信任和照顾。既有的社会关系通过信息传递和人际压力等机制，构成对雇主与雇员的“互惠交易”的激励与制衡。[②]

现行“一刀切”、无差别式立法，未考虑雇主经营风险方面、经营状况、规模大小等方面的差异性和多样性。我国台湾

---

① 国家工商总局全国小型微型企业发展报告课题组．全国小型微型企业发展状况报告．国家工商行政管理总局网站 http：//www. saic. gov. cn/zwgk/tjzl/zxtjzl/xxzx/201403/t20140331_ 143497. html. 2014 年3 月31 日，2016 年4 月18 日访问

② 汪和建、李磊．通过劳动力市场的社会治理——也论《劳动合同法》的政策效果．南京大学学报（哲学·人文科学·社会科学），2011（5）：145

地区《劳动基准法》第70条规定，雇主雇用劳工人数在30人以上方可制定劳动规章制度。《法国劳动法典》第22条至第33条规定，正常情况下雇用20个雇工以上的企业、律师事务所、机关办事处，从事自由职业的雇主、工会，应当制定雇用规则。[①] 生育保险方面，美国《家庭和医疗假期法》规定，雇主规模在50人以上，才要求雇主承担女工生育负担义务。[②] 瑞典、英国、法国、澳大利亚等很多国家对于生育期间产生的生育成本规定主要是由国家予以负担。[③] 我国也应在适用劳动基准和社会保险缴费等方面，对雇用人数及注册资本未达到法定标准的小微企业予以差异化规定，以促进劳资合作，实现真正的劳资关系和谐。

二、对劳动者分层配置劳动权

由于我国劳动法未对劳动者予以分层保护，导致社会现实中薪水不薄、待遇优厚，身处企业高层、代表企业利益的管理人员利用劳动法获得保护的案例层出不穷。如人力资源经理以未签订书面劳动合同为由而主张2倍工资索赔案，高管在平时通过股东会、董事会的批准以及多种方式增加薪酬，但当公司面临破产或倒闭时，又利用劳动法加入“讨薪”队伍的现象。[④] 对于劳动者分层保护已经形成学界共识，如何分层则有不同的观点。董保华认为，将现有与劳动关系相关的对象分为四

---

① 法国劳动法典．罗结珍译．北京：国际文化出版公司，1996

② Emma Tominey：Maternity leave and the Responsiveness of Female Labor Supply to a Household Shock，IZA Discussion Paper，2013：6

③ 蔡凤梅．欧盟成员国生育保险制度简介．人口与计划生育．2005（3）：41

④ 姚曙明、陈依婷．论劳动者分层保护的法律规制．行政与法，2015（12）：107

个阶层：经理，专业技术人员，产业工人，无业、失业、半失业人员等不属于劳动法调整的对象。他主张劳动法保护理念应该是“去强扶弱”，对于经理和专业技术人员应该纳入《公司法》和《合同法》的调整范畴，只有产业工人和半失业人员才应该是劳动法应该保护的。只有这样，才能真正体现劳动者的倾斜性保护，从而有助于实现和谐劳资关系。[①] 对于劳动者层级的划分标准，王天玉认为应以“知识”为基础进行划分。[②] 事实上，我国最需要保护的是位于社会底层，工作于非正规经济中的劳动者。而恰恰他们在我国现实社会中面临着“权利贫困”[③]，受到我国劳动法律制度的排斥。对于劳动者分层的方法，靠单一的经济收入、社会地位或者知识或许未必能准确反映劳动者在受雇关系中的差别。应该结合公司法有关管理人员的规定，同时赋予动态的经济收入标准来予以划分，才更有利于实现公平公正的法律调整，达到劳动法调整初衷，实现劳资合作。

第五节　对劳动争议诉讼实施权配置优化

无论是声誉机制和法律管制产生的外在压力机制，还是诉

---

① 董保华．和谐劳动关系的思辨．上海师范大学学报（哲学社会科学版），2007（2）。董保华提出，《劳动法》应该雪中送炭，而不是锦上添花。现在的《劳动法》因为未对劳动者做分层，已经有了贵族化倾向。董保华．锦上添花抑或雪中送炭——析《中华人民共和国劳动合同法（草案）》的基本定位．法商研究，2006（3）

② 王天玉．求同存异：劳动者的身份认定与层级结构．广东社会科学，2011（6）

③ 余少祥．弱者的权利——社会弱势群体保护的法理研究．北京：社会科学文献出版社，2008（1）：10

前协商民主程序形成的控制机制，如缺少对劳资关系破裂的司法衡平和修复机制，则濒临破裂的劳资关系极有可能演化为严重的社会问题，危及社会稳定和经济健康运行发展。因此，国家正式法律规范的威力需要通过司法救济予以彰显。即使一般的纠纷解决形式，当事人也会时常提及正式法律的司法救济，给对方施加压力。甚至一方当事人会在适当的时候以“王法”或诉至“司法”的威吓给对方施加压力。[①] 通过司法诉讼对劳资纠纷予以裁决是化解劳资矛盾和冲突，实现和谐劳动关系的最后一道防线。

虽然劳动法主要是通过权利配置来解决劳资纠纷、劳资矛盾和冲突。但是，由于劳动法所配置的权利在现实中对于不同的劳资双方主体而言，始终是存在冲突的。对于相互冲突的法定权利或者利益而言，一旦走入司法诉讼判决程序，最终唯有一方主体的权利得以实现。因此，有学者提出，权利实现的重点不在于法律承认权利（权利配置），更重要的是如何在法律活动中配置权利（司法配置）。[②] 因此，如何通过优化劳动争议诉讼实施权将立法上的权利通过司法救济变为现实中的权利，才是立法上权利配置的真正落地。

（一）劳动争议诉讼实施权配置应注意司法效益

面对着司法资源难以满足纠纷解决需求的现实，加大国家对在司法资源方面的投入固然可以缓解这一紧张关系，但是由于人们需求具有自觉创造性和开拓性，国家投入的司法资源仍

---

① 范忠信．中国法律的基本精神．济南：山东人民出版社，2001：357

② 严元．论权利冲突及其配置．兰州大学学报（社会科学版），1999（1）

然难以满足日益增长的劳资纠纷解决需求。当有限的资源遇到无限膨胀的需求时，为使多元的利益主体得以在利益矛盾与利益争夺中求得共存，人们不得不将有限的资源有目的地配置到更为重要的方面。因此，可以对劳资争议实施权设置特殊限制条件，以发挥非诉讼纠纷解决方式的分流功能。针对劳资争议纠纷采取前置主义，立法者以当事人先行穷尽内部救济、行政救济、社会救济（调解与仲裁）仍未能解决纠纷，或者经过法定冷静期限仍未能达成谅解作为当事人行使诉讼实施权的特殊条件。这在客观上也实现案件分流功能，使得有限的司法资源得以真正被用到刀刃上。

而且从西方大陆法传统下的现代主义和形式主义立场来看，中国的民事法庭一向不是根据普遍的法律原则来裁决案件的，因此也没有真正意义上的民事判决。[①] 受西方当事人主义理论和法律形式主义思维的影响，法律演绎为基于维护权利而设，在维权方面也形成必分对错而演绎为“对抗性制度”。在马克斯·韦伯的描述中，这种形式主义法律要求所有的法庭判决都必须通过“法律的逻辑”从权利原则推导出来。[②] 这种制度的优点在于明确权利，弱点在于由于一定产生“是”与“非”或者“胜诉”与“败诉”，导致把部分难以分清对错的案件推向必分对错的制度性框架。无疑“形式主义法律所要求的形式演绎逻辑的自洽要求和精确性是中国欠精确思维倾向

---

① ［美］黄宗智．过去和现在：中国民事法律实践的探索．北京：法律出版社，2009：146

② Weber, Max（1968［1978］）Economy and Society An Outline of Interpretive-Sociology. Ed. Guenther Roth and Claus Wittich, trans. Ephraim Fischoff et al. 2 vols. Berkeley: Univ. of California Press. 转引自［美］黄宗智．过去和现在：中国民事法律实践的探索．北京：法律出版社，2009：193

的重要纠正，但是其无视现实和实践的偏激性也是中国立法和司法应注意避免的”。[①]

按照儒家道德观念，一个儒家道德君子不应自降身份卷入纠纷，而应该以“忍”和“让”为主。因此，普通人之间的“民事”纠纷应通过民间调解而非法庭判决来解决。与此类似，中国共产党强调法庭应以调解为主，按照毛泽东时代的用语，调解比判决更值得依赖。[②] 美国20世纪70年代以来，针对诉讼极端频繁的弊病，基于法律现实主义精神，兴起了“非诉讼纠纷解决模式”运动。这项运动坚持调解必须是完全自愿的，并且在法庭程序之外进行，完全独立于强制性的法庭诉讼。调解过程中所形成的记录绝对不可用于后来的诉讼，主持调解的人员也不得担当该案审判的法官。[③]

劳资关系相对于其他社会关系而言带有一定的熟人性和亲密性。调解可以利用双方在劳动关系运行过程中的各种非正式因素：情感、难处、不易等，吊起双方对于各自合作理性的向往和期待，引导双方“握手言和”，而不是“怒目相向”。可以说，调解作为非正式纠纷解决方式成本较低，较适合带有熟人性的劳动关系，也更有利于实现“相互的持续合作性互动的预期”。而且在场域的纠纷解决中，关系能够规避正式制度的强制性，在关系的情理因素下息事宁人，从而维护了更大的

---

① ［美］黄宗智．过去和现在：中国民事法律实践的探索．北京：法律出版社，2009：264

② 毛泽东．毛泽东选集．北京：人民出版社，1977：363－402

③ ［美］黄宗智．过去和现在：中国民事法律实践的探索．北京：法律出版社，2009：246－247

社会秩序稳定性。[①]

（二）对劳动者劳动争议诉讼程序赋权

现在进入劳动争议诉讼的案件形成了两个极端：一种是真正需要获得司法诉讼实现公平正义的劳动者，因缺少相应的证据而容易败诉；另一种是部分劳动者恶意利用用人单位管理漏洞，通过伪造证据、毁灭证据，如偷走书面劳动合同等手段来借司法胜诉以获取不法利益。湖北十堰法官遇刺案更是彰显了我国行政机关对劳动者诉讼协助的不足而形成的劳动者激愤杀人的悲剧。对于后者则需要通过基于劳资合作修正现有《劳动法》的框架予以矫正，对于前者则需要行政机关根据情况对诉讼中的劳动者诉讼程序予以赋权，努力帮助劳动者通过诉讼实现法之目的。

2015 年 9 月 9 日上午 10 时左右，湖北省十堰市中级人民法院 6 楼 605 室，犯罪嫌疑人胡庆刚在拿到判决书后，用随身携带的刀具捅向了案件的女审判员刘坦，随后又接连刺伤三名法官郑飞、刘占省、胡韧，四名法官均为重伤。缘由在于，胡庆刚向十堰市劳动争议仲裁委员会提起劳动仲裁，要求裁决十堰方鼎公司支付未签书面劳动合同双倍工资 43200 元、加班工资 8000 元、拖欠工资赔偿金 13163 元、解除劳动合同补偿金 2000 元，合计 66363 元，并要求补缴社会保险。胡庆刚申请劳动仲裁时，尽管同处一楼的劳动监察就有胡庆刚劳动关系的相关证据，但劳动仲裁机构并未调取，仲裁结果对胡庆刚的仲

---

① ［美］罗伯特·C. 埃里克森．无需法律的秩序．苏力译．北京：中国政法大学出版社，2003：262

裁请求全部不予以支持。胡庆刚在劳动仲裁败诉后到法院进行劳动诉讼时对于劳动监察部门掌握的证据材料，申请法官调取。一审法官也和胡庆刚一同到十堰劳动监察支队调取了被告方鼎公司提供的《考勤证明》和《工资结算清单》复印件，而法官要求十堰劳动监察支队在调取资料上签字盖章，以证明与十堰方鼎的原件一致时，遭到拒绝。一审法院以胡庆刚无法举证证明为由判决胡庆刚败诉。①

上述案件说明了我国劳动者在收集证据方面所受的局限，政府对劳动者证据方面的支持力度也不足。而法院在明确掌握劳动者相关证据资料的情况下，尽管是复印的用人单位的证据，但用人单位不愿意签字、盖章，无法确认其真实性而导致劳动者败诉。

1. 行政机关介入对证据的收集

在劳动争议案件中，部分劳动者行使权利所必需的要件事实举证十分困难。如劳动者在就工伤、劳动关系认定提起损害赔偿请求之诉时，首先遇到的是收集证据上的困难。劳动者与行政机关不同，他们不具备相关专业知识，更无强制力。而钻法律空子的人却懂得如何消灭证据。尤其是部分劳动关系认定案件，往往因雇主实际雇用上的时空转换而令劳动者难以获得相应的证据，导致其无法实现损害赔偿请求权。这意味着立法对劳动者请求权所寄予的保护受害人、促进法之实现的期待如同一纸空文。在美国，为辅助私人或代理人律师收集证据，由行政机关先起诉，并将证据提交法院，私人再利用该证据之后

---

① 十堰法官被刺事件调查：嫌犯多次告状败诉．南方周末．http：//society. huanqiu. com/shrd/2015 - 09/7511210. html ，2015 年 9 月 17 日，访问于 2016 年 10 月 15 日

起诉。[①] 对于劳动争议案件，劳动者无法或者难以收集证据的疑难案件，可以效仿美国做法，由行政机关介入帮助劳动者收集证据。

2. 承认政府初步证据（prima facie evidence）的效力

行政机关在诉讼及其他“公”的程序中举证，这一行为本身将会有助于私人请求的实现。当政府起诉并胜诉时，劳动者可在诉讼中援用行政机关所举证的证据，如果该证据能够推定违法行为存在，将对劳动者诉讼提供便利。[②]

如在我国的职业安全与卫生方面，政府可以介入进行调查并提起诉讼，这样劳动者起诉的过程中所收集证据的风险和责任将小很多。美国《克莱顿法》（Clayton）第 5 条（a）款规定，如美国政府依据反托拉斯法提起的民事或刑事诉讼中，法院已作出了被告违反反托拉斯法的终审判决，这些判决可在他人依同一法律对同一被告提起损害赔偿请求诉讼中充当“初步证据”。[③]

3. 政府或社会团体对私人诉讼的参与

在我国，政府、工会或社会组织等很少参与劳动者诉讼。在企业倒闭、大规模裁员时，政府、工会以及社会组织直接会介入到相当一部分案件的诉讼前期处理过程，从中能掌握部分十分关键的证据。如果能在诉讼中予以参与，则对于查明事实真相，促进判决的公平、公正具有十分重要的作用。在美国，

---

① ［日］田中英夫、竹内昭夫．私人在法实现中的作用．李薇译．北京：法律出版社，2006：88

② ［日］田中英夫、竹内昭夫．私人在法实现中的作用．李薇译．北京：法律出版社，2006：92

③ ［日］田中英夫、竹内昭夫．私人在法实现中的作用．李薇译．北京：法律出版社，2006：93

政府或社会团体对私人诉讼参与形式是作为参加人（intervenor）参加（intervention），并作为法院之友（amicus curiae）参加。法院之友是欧美法院惯用做法，其目的是请当事人（含参加人）以外之第三者提供有用的意见和资料辅助法院对案件的审理。就参与案件的资格而言，作为法院之友参与案件，不要求必须对诉讼物有直接的利害关系。[①] 另外，法院之友的产生分为由法院依其权限委托和由法院根据要求声明自愿者之申请予以批准两种情况。委托与批准取决于法院的自由裁量。参与而形成的私人陈述书可分为两类：一类是指工会或事业团体等广义的职能团体为其团体整体利益而利用的场合；另一类是指类似美国公民自由联盟（ACLU）或全国有色人种促进协会（NAACP）的非职能的、以公益为目的的团体作为达到该团体之目的的手段而利用的场合。政府机关陈述书则是指政府或其机关利用私人间的诉讼明示自己的利益和立场，在判决中阐明其所辖法律之解释而利用的场合。[②]

4. 通过行政机构实现私人请求权

即将由一般私人追究民事责任的这一对违法行为者的制裁手段在行政机关的义务范围上加以利用。如美国1938年制定的《公正劳动基准法》（Fair Labor Standards Act）经过1949年修改，增补了第16条（c）款。[③] 该款规定，当受雇人以书面形式请求时，劳工部长（Secretary of Labor）可以以请求人

---

① ［日］田中英夫、竹内昭夫．私人在法实现中的作用．李薇译．北京：法律出版社，2006：96

② ［日］田中英夫、竹内昭夫．私人在法实现中的作用．李薇译．北京：法律出版社，2006：99

③ Arsenal Building Corp. V. Greenberg，324 U. S. 697（1945）

之雇主为对象提起诉讼，依该法第 6 条、第 7 条，请求该雇主向受雇人支付应当支付而未支付的最低工资以及未支付的加班费。但只能在法律上明确规定了支付义务而未支付的前提下向雇主提出请求。另外，受雇人本人起诉雇主时，除未支付的工资和加班费外，还可同时请求支付相当于该金额同等数额范围内的损害赔偿作为定额损害赔偿（Liquidated Damages）[第 16 条（b）款]，即受雇人本人起诉的场合，可以得到两倍以内的支付，而劳动长官起诉的场合则只限于未支付额及其利息的支付 [第 16 条（c）款]。因此，不可否认，根据这一法律规定，受雇人本人起诉更为有利。在受雇人起诉的前提下，劳工部长可以起诉，但并不负有必须起诉的义务，是否起诉由其自行决定。①

该法第 17 条规定，当雇主未支付该法第 6 条、第 7 条所规定的最低工资、加班费时，联邦地方法院可以根据禁止令，命令停止不支付行为，即支付最低额以上工资。因此，即便是没有受雇人的书面请求，劳工部长也可以通过禁止令方法请求法院对雇主作出支付未支付额的命令。② 美国政府已经根据公正基准法提起相当数量的诉讼。从 1960 年到 1969 年的 10 年中，依据该法，政府共提起民事案件 14081 件，与同一时期内私人提起的 4490 件民事案件相比，约为后者的 3 倍。从 1996 年的情况来看，劳工部长为受雇人提起 1532 件民事诉讼，为

① [日] 田中英夫、竹内昭夫．私人在法实现中的作用．李薇译．北京：法律出版社，2006：106

② [日] 田中英夫、竹内昭夫．私人在法实现中的作用．李薇译．北京：法律出版社，2006：106

他们挽回了 3846959 美元的损失。[①]

在我国的法律体系下，对严重影响劳动者基本人权的劳动争议案件，面对着劳动者无法获取证据的困境，应该设定政府机构在初步证据的收集、参与劳动者诉讼等方面予以协助的制度。学界一直担心行政机构对私人诉讼的参与会造成负面影响。防止行政对民事的不当介入本身是正确的，但是这不意味着行政机构对其监管范围领域相关法律上的劳资纠纷，尤其是严重侵犯劳动者生命权、健康权的案件可以袖手旁观或者漠不关心。

第六节　实现劳动法与社会保险法功能之间的有效衔接

社会发展的过程也是制度不断通过完善和优化权利配置来解决矛盾和纠纷的过程。从工伤保险法律制度的发展历程来看，就呈现出从民法的过错责任方式配置权利到无过错责任再到通过工伤保险法律制度来解决因工业生产而给劳动者带来的职业安全卫生问题的制度不断优化的过程。可以说，社会保险法律制度是利用保险的分散风险的原理来优化权利配置，分散用工安全卫生风险制度的典型。工业化给整个社会带来了现实的危机，大机器作业产生的工伤事故，疾病和结构性失业，都可能将并非懒惰的人打入无以为生的境地。[②] 这种风险的不可预见性和预测性，也常使雇主手足无措、无计可施，甚至即便

---

① U. S. Dept of Labor , Annual Report for the Fiscal of 1996：170 – 171

② 周弘．福利国家向何处去．北京：社会科学文献出版社，2006：13

是倾家荡产仍然无法挽救因此给劳动者带来的损害。单纯靠民法中的权利配置已经无法有效解决劳资矛盾和纷争。因此，基于社会力量的薄弱和市场的不完善，国家利用权力保护国民免于工业社会风险成为国家观念不可分割的组成部分。[①] 例如，大工业带来的社会风险迫使一贯奉行“自由主义”和“小政府”的美国也走上了由国家承担社会再分配责任的“新政”道路上来。在产业从农业向工业转型的过程中，民族国家的经济发展成为保障和福利机制与措施全国化的必要前提。[②] 通过社会保险化解劳资关系运行中的风险是化解劳资冲突必不可少的手段和机制。在现实中，产生纠纷和冲突的原因未必一定是利益受到了严重侵犯，而跟法律制度的设计和引导有着密不可分的关系。对于在工作过程中所发生的工伤，世界范围内产生了过错责任到无过错责任，再到工伤保险责任的演变历程。工伤保险能够使因工受伤的劳动者获得及时的赔偿，又能降低劳方因此与资方形成的法律冲突。失业保险使得劳方无需为失业而产生的生计风险而担忧，且就业导向型的失业保险还通过提供各种再就业补贴激励失业者重新就业。[③]

在劳动关系建立之前，劳资双方能在最短的时间内寻找到“最佳雇主”和“最佳雇员”，则本身就为之后的劳资关系的顺利建立和运行奠定坚实的基础。因此，赋予劳资双方平等的“交换权利”，以及起点公平，本身就是降低劳资双方在以后

---

① 周弘．福利国家向何处去．北京：社会科学文献出版社，2006：17－18

② 周弘．福利国家向何处去．北京：社会科学文献出版社，2006：246

③ 蔡健晖．解雇自由抑或解雇保护——试析无固定期限劳动合同的制度困境．福建师范大学学报（哲学社会科学版），2011（1）：46

合作中的交易成本，提高效率。我国在改革开放以后，赋予劳动者的流动自由和资方雇用的自由，为劳资双方通过自由的劳动力市场进行交易，提供了公平的交易市场。阿马蒂亚·森在其《贫困与饥荒》中提出交换权利的重要性。[①] 如一个人有劳动力，但是经常处于失业，无法找到工作，交换权利无法实现，就面临饥饿的威胁。经济的变化可能会影响到一个人的就业机会导致其交换权利恶化。或一个人货币工资的增加若落后于物价的上升也会对其交换权利产生不利的影响。[②] 劳资双方是否会有充分自由的交换权利，劳资双方能否通过自由的交换，实现彼此的价值是劳资合作的基础。正如阿马蒂亚·森所说，相当一部分劳动者无法通过劳动力市场实现劳动力交换。因此，交换权利的实现和劳动力交换市场需要法律确保其公平。法律需要通过“反就业歧视”以及社会保障系统，保障在市场上暂时失利的失业者得到“失业救济金”，以确保他们能够获得足够的交换权利。

一、劳动法配置的部分权利通过社会保险法予以保障

在劳动关系中，由于劳动权与用人单位生产经营权是一对矛盾，通过倾斜性配置劳动权保护弱势群体劳动者的利益是劳动法

---

① 他认为在市场经济中，一个人可以通过贸易、生产或两者组合来实现将自己所拥有的商品转换成另一组商品。他通过该种转换获得的各种商品组合所构成的集合，称为“交换权利”（Exchange entitlement）。具体参见［印度］阿马蒂亚·森．贫困与饥荒：权利与剥夺．王宇、王文玉译．北京：商务印书馆，2004：8

② 在阿马蒂亚·森看来，在给定一个人的所有权组合（包括其劳动力）的情况下，决定一个人交换权利的因素有：他是否能找到一份工作，如果可能，工资多少，时间多长；他有权享受的社会保障福利等。［印度］阿马蒂亚·森．贫困与饥荒：权利与剥夺．王宇、王文玉译．北京：商务印书馆，2004：10

产生并发展的根本性原因。但权力倾斜性配置如果不当，则会产生负外部性。“如果决策人更加清楚地了解市场是如何运转的，那么所制定的政策会经常受益。”切忌简单化处理，公权机构对交易一方利益的特别保护或权利的过度规制应该谨慎，否则可能会对被保护人、被规制人以及相关利益人产生不好的行为生态，从而导致对交易双方及影响主体都不利的结局。权利倾斜性配置通过对交易一方利益的侵损、剥夺或限制而保护交易对方的利益，这种对交易的干预实质上是损人而利己，正因如此，这种权利倾斜性配置不应也不能成为市场体制中的普遍现象。①

比如，劳动法规定的经济补偿金就是带有通过剥夺和限制雇主的利益来保护劳动者的利益的意味。甚至《劳动合同法》规定，即使是用人单位无过失情形下，如劳动者不能胜任工作、用人单位经营管理不善、濒临破产等情形仍需向劳动者支付经济补偿金。经济补偿金的功能论证虽然在学界有多种不同的学术观点，但是在我国所规定经济补偿金标准较高、劳动仲裁免费、失业保险金较低的多重因素下，导致劳方因上述原因被资方解雇时，对经济补偿金“趋之若鹜”，而失业保险金则“门前冷落鞍马稀”。尽管有学者声称经济补偿金从性质上而言属于遣散费，和社会保险费是两种不同的概念。② 但是，失业保险费如能缓解劳动者失业期间的经济损失，在雇主为劳动者足额缴纳失业保险费的情况下，经济补偿金的支付作为非法定义务和责任，或许能更好地减少劳资冲突。

再如，因生育而引起的就业歧视冲突，单纯靠赋予劳动者

---

① 应飞虎．权利倾斜性配置研究．中国社会科学．2006（3）：129

② 2016 年 6 月 20 日常凯在西南政法大学的讲座。

就业平等权，很难解决因女性生育而产生的男女用工成本差异问题。而生育保险法通过运用保险的分散风险原理，则可以将生育成本通过生育保险费的方式分散给其他雇主，从而减少男女之间因女性生育而带来的用工成本的差异问题。当然，如果要有效解决女性因生育而产生的用工成本差异问题，生育保险法还应该进一步优化。比如生育保险费的负担也应充分考虑用工主体多元化之客观现实。要求所有的企业均承担生育保险费是否现实也是需要考虑的。同时，还应该将“促进公平就业”作为其重要立法宗旨。基于现实存在的矛盾和冲突，围绕该立法宗旨对法律制度体系予以更加周延性的设计。世界很多国家如加拿大、美国等自 20 世纪 80 年代以来均将“促进女性尽快返回工作岗位、减少失业”作为其立法宗旨和目的，而非仅以劳资权益分配劳动条件改善之目的。客观上，这些国家生育所致就业歧视问题确因立法宗旨之转变而得到有效解决。将促进女性公平就业作为重要立法宗旨，是有效解决原立法宗旨缺失而产生的制度运行失灵问题，有效发挥生育保险法在促进公平就业方面的重要作用的前提。

二、优化社会保险缴费责任

雇主和雇员基于劳动关系需依法参加的五种社会保险中，在雇主义务、法律责任等与生育保险最为接近者系工伤保险。而与工伤保险产生的根源不同，生育保险缺少雇主承担雇员因生育而产生的主要风险和法律责任的内在逻辑自足性。工伤事故的大规模出现源于工业文明的飞速发展。法国学者约瑟郎德认为，工伤事故是雇主在享受工业化、机械化便利过程中产生的，雇主应为雇员劳动过程中所伴随的人身危险增加负责。[1] 这种“风险形成”理论为建立工伤保险同时分散雇主和雇工因劳动过程中增加的职业安全风险提供了理论基础，并成为雇主承担主要法律责任的逻辑起点。工伤发生的高盖然性、高风险性及难以有效防范性，会促使雇主基于分散风险之利益考虑而参保。雇主承担职工生育费用和给雇主用工成本缺少类似逻辑的自足性。事实上，国家应该承担劳动者的部分生育责任。人口延续对于家庭而言有着绵延子嗣、续延香火之功能，对于国家则具有补充、供给劳动力，提供劳动力资源的重要作用。生育对于国家而言，为社会补充人口，增加人口总量，提供劳动力资源，[2] 国家理应对雇员生育承担相应的义务和责任。

工伤保险虽然其形成原理是基于工伤事故是雇主在享受工业化、机械化便利过程中产生的，雇主应为雇员劳动过程中所伴随的人身危险增加负责。但是，根据调查表明，在现实中有约 30% 的工伤事故的发生是由于雇员基于侥幸、懈怠、过于自信、疏忽大意等心理，不严格遵守安全操作规程所致。[3] 因此，完全不让雇员承担保险费，分担义务和责任并不利于职业安全卫生问题的防范。从权利配置优化的角度而言，应该借鉴交通事故缴费原理，让雇员和雇主共同承担缴费义务，并且基于安全生产事故发生原因来实行浮动费率，进而有效降低职业安全卫生事故的发生。

---

① 曾世雄．损害赔偿原理．北京：中国政法大学出版社，2001：6

② 费孝通．生育制度．北京：商务印书馆，1999：57

③ 吕惠琴．珠三角农民工工伤事故及影响因素——基于珠三角地区的调查．暨南学报（哲学社会科学版），2014（11）

参考文献

1. Botsman R, Ropers R. What's Mine is Yours: The Rise of Collaborative Consumption. London: Harper Busess, 2010.

2. D. Quinn Mills, "Seniority versus Ability in Promotion Decisions", Industrial and Labor Relations Review, April 1985.

3. F. A. Hayek, The Corporation in a Democratic Society: In Whose Interest Ought It and Will It Be Run. Ansoff A. H. I. Business Strategy, Harmondsworth: Penguin, 1969.

4. Frideman, M. Capitalism and Freedom, Unibersity of Chicago Press, 1922.

5. Honey, William H, Jennings, Kenneth M., and Wolters, Jr. Roger S, The Labor Relations process. South - WesternPublishing Co, Boston, MA. 2009.

6. International Labor Office, Employment IncomesEquality: A Strategy for Increasing Productive Employment in Kenya, International Labor Office, 1972.

7. Leigh J P, Markowitz S B, Fahs M, Shin C, Landrigan P J. Occupational Injury and Illness in the United States. Estimates

of Costs, Morbidity, and Mortality. Archives of Internal Medicine, no. 14, 1997.

8. Paul Osterman, "Internal Labor Markets in a Changing Environment: Models and Evidence," in David Lewin, Olivia S. Mitchell, and Peter D. Sherer (eds.), Research Frontiers in Industrial Relations and Human Resources Madison, WI: Industrial Relations Research Association, 1992.

9. Philip Selznick. Law, Society, and Industrial JusticeWith the collaboration of Philippe Nonet and Howward M. Vollmer, New Brunswick: Transaction Books, 1969.

10. Richard Hyman, Understanding European Trade Unionism Between Market, Class and Society, Web Publication International Ltd., 2001.

11. Reville R T. "The Impact of a Disabling Workplace Injury on Earnings and Labor Force Participation" in The Creation and Analysis of Employer – Employee Matched Data. New York, 1999.

12. Weil D. Valuing the Economic Consequences of Work Injury and Illness: A Comparison of Methods and Findings. American Journal of Industrial Medicine, no. 4, 2001.

13. Webster Edward, Lambent R, Bezuidenhout A. Grounding Globalization: Labour in the Ale of Insecurity. LondonOxford: Blackwell, 2008.

14. 应飞虎．权利的倾斜性配置．中国社会科学，2006（3）

15. 陈林林．反思中国法治进程中的权利泛化．法学研究，2014（1）

16. 汪和建．尊严、交易转型与劳动组织治理：解读富士

康. 中国社会科学，2014（1）

17. 谢增毅. 我国劳动关系法律调整模式的转变. 中国社会科学，2017（2）

18. 吴建斌. 探寻法律人化解法律经济学难题的蹊径. 南京大学学报（哲学·人文科学·社会科学），2013（3）

19. 娄宇. 平台经济从业者社会保险法律制度的构建. 法学研究，2020（2）

20. 吴清军. 集体协商与“国家主导”下的劳动关系治理——指标管理的策略与实践. 社会学研究，2012（3）

21. 张维迎. 法律制度的信誉基础. 经济研究，2001（1）

22. 黄岩. 工厂外的赶工游戏——以珠三角地区的赶货生产为例. 社会学研究，2012（4）

23. 黄宗智. 重新认识中国劳动人民——劳动法规的历史演变与当前的非正规经济. 开放时代，2013（5）

24. 谢增毅. 超越雇佣合同与劳动合同规则——家政工保护的立法理念与制度建构. 清华法学，2012（6）

25. 吴建斌. 科斯法律经济学本土化路径重探. 中国法学，2009（6）

26. 汪和建. 企业的起源与转化——一个社会学框架. 南京大学学报（哲学·人文·社会科学），1999（2）

27. 胡大武.《劳动合同法》家庭用人单位资格新考——以家政工人保护为中心. 西南民族大学学报（人文社会科学版），2014（12）

28. 陈忠林. 自由·人权·法治——人性的解读. 现代法学，2001（3）

29. 涂永前. 应对灵活用工的劳动法制度重构. 中国法

学，2018（5）

30. 刘红臻．人权的制度表达．法制与社会发展，2004（1）

31. 周安平．人权的社会交换性．现代法学，2013（2）

32. 张曦．“权利泛化”与权利辩护．华东政法大学学报，2016（3）

33. 吴清军，张艺园，周广肃．互联网平台用工与劳动政策未来发展趋势——以劳动者身份判定为基础的分析．中国行政管理，2019（4）

34. 李朝阳．体面劳动视域中的女性劳动权益问题研究．甘肃社会科学，2011（1）

35. 邱本．重申民法与经济法的关系——写在中国民法典制定之际．社会科学战线，2012（4）

36. 姚挺．世界第一部劳动法——英国工厂法的借鉴作用．东南学术，1999（6）

37. 秦国荣．法律平衡与劳权保障：现代劳动法的价值理念及其实现．南京师大学报（社会科学版），2007（2）

38. 洪泸敏，章辉美．新中国成立以来企业劳动关系的历史变迁．江西社会科学，2009（8）

39. ［法］里佩尔．职业民法．转引自［日］星野英一．私法中的人．王闯译．载梁慧星．民商法论丛（第8卷），2009

40. 李锦峰．国企改制过程中的国家与工人阶级：结构变迁及其文述评．社会，2013（3）

41. 江永众，陈宏伟．劳动关系研究的多学科比较——基于劳动关系学和人力资源管理学的视角．学术研究，2012（5）

42. 高全喜．论政治社会——关于中国现代社会的一种政

治经济学考察．载许章润．民族主义与国家建构（第一卷）．北京：法律出版社，2008

43. 陈步雷．集体劳权保障与劳资博弈机制完善．中州学刊，2015（2）

44. 吴元元．劳动契约安排的制度逻辑——无固定期限劳动合同的法律经济学重读．现代法学，2014（6）

45. 董保华，李干．劳动关系治理的变革之道——基于“增量”与“存量”的二重视角．探索与争鸣，2019（1）

46. 王倩．德国法中劳动关系的认定．暨南学报（哲学社会科学版），2017（6）

47. 应飞虎．权利倾斜性配置的度——关于《劳动合同法》的思考．深圳大学学报（人文社会科学版），2008（3）

48. 陈步雷．以劳权看待发展——劳动的权利论与功能论的多维度解释框架．中国劳动关系学院学报，2009（4）

49. 季卫东．法律体系的多元与整合——与德沃金教授商榷解释方法论问题．清华法学，2002（1）

50. 吴飞飞．从权利倾斜到责任倾斜的弱者保护路径转换——基于法经济学视角的转换．广东商学院学报，2013（6）

51. 董保华．劳资博弈之道——兼谈劳动合同立法博弈中“强资本、弱劳工”的观点．社会科学家，2009（1）

52. 韩恒．规则的演变——对豫南农村丧葬改革的实证研究．载郭星华，陆益龙等．法律与社会——社会学和法学的视角．北京：中国人民大学出版社，2004

53. 卢现祥，罗小芳．经济学家与法学家对我国《劳动合同法》认识差异的辨析——兼论我国经济学与法学的关系．中南财经政法大学学报，2009（1）

54. 吕惠琴．论劳动关系变动通知的送达．中国人力资源开发，2015（5）

55. 周长征．劳动法中的人——兼论“劳动者”原型的选择对劳动立法实施的影响．现代法学，2012（1）

56. 赵炜．工人对“工会”的不满——来自湖北省三家国有企业的实证研究．江苏社会科学，2009（5）

57. 田思路，彭浏诚．论使用从属关系下非典型劳动者保护的多元化．中国劳动，2014（8）

58. 王锴．论我国宪法上的劳动权与劳动义务．法学家，2008（4）

59. 谢增毅．《劳动法》上经济补偿的适用范围及其性质．中国法学，2011（4）

60. 董文军．劳动合同经济补偿的制度嬗变与功能解析．当代法学，2011（6）

61. 游正林．如何理解中国工会的“维权”职责．江苏社会科学，2012（6）

62. 谢增毅．用人单位惩戒权的法理解除与法律规制．比较法研究，2016（1）

63. 丁建安，张秋华．企业惩戒权的法律规制．社会科学战线，2013（10）

64. 王全兴，孙瑞玺．惩戒争议应纳入劳动争议受案范围．中国劳动，2008（4）

65. 孙中伟，贺霞旭．工会建设与外来工劳动权益保护——兼论一种稻草人机制．管理世界，2012（12）

66. 杨正喜，杨敏．转型期劳资关系模式研究．广东社会科学，2011（6）

67. 曹燕. 我国集体协商制度实证主义建构的法哲学反思. 法学论坛，2012（2）

68. 曹绪红. 集体劳动关系协调机制的构建. 东岳论丛，2014（10）

69. 田瑶. 论行政行为的送达. 政法论坛，2011（5）

70. Simon Clarke. 劳动关系的个别规制与集体规制. 黄昆译. 载叶静漪，周长征. 社会正义的十年探索：中国与国外劳动法制改革比较研究. 北京：北京大学出版社，2007

71. 郭海龙. 全球经济危机爆发前后欧洲的积极福利改革及其启示. 科学社会主义，2019（1）

72. 苏力. 法官素质与法学院的教育. 法商研究，2004（3）

73. 常凯. 论劳动合同法的立法依据与法律定位. 法学论坛，2008（2）

74. 常凯. 劳权本位：劳动法律体系构建的基点和核心——兼论劳动法律体系的几个基本理论问题. 工会理论与实践，2001（6）

75. 吕惠琴. 反推拉模型：珠三角农民工短缺动因研究. 学术交流，2013（4）

76. 易军. 民法公平原则新诠. 法学家，2012（4）

77. 吴文芳，韦祎. 论劳动合同中的附随义务——兼评《中华人民共和国劳动合同法（草案）》的相关条款. 法商研究，2006（4）

78. 王蓓. 我国劳动争议协商制度失灵的反思与对策. 社会科学研究，2015（1）

79. 王君玲. 中国集体谈判困境的博弈分析. 黑龙江社会科学，2009（2）

80. 任重道，徐小平．作为公平的正义与作为社会的发展——罗尔斯与阿马蒂亚·森的相互影响．社会科学，2008（9）

81. 何小勇．如何认定劳动合同订立时劳动者的说明义务．法治论丛，2011（4）

82. 邱本．当前我国民法研究中的几种错位——兼论法学研究方法．法制与社会发展，2016（2）

83. 秦国荣．建国前中国共产党劳动立法的演变及其启示．江海学刊，2008（4）

84. 关信平．试析建立“共赢模式”劳动关系的目标、原则和体制创新．天津社会科学，2012（1）

85. 蒋欣言，熊梓曳．浅析经济全球化下中国代工制造业向东南亚转移．商讯，2020（1）

86. ［比利时］若·科特尼埃尔．欧洲的就业灵活保障机制与劳动的非正规化．毛禹权译．国外理论动态，2010（1）

87. 焦若水，高怀阳．共享经济：范式革命与中国叙事．兰州大学学报，2018（1）

88. 董保华．和谐劳动关系的思辨．上海师范大学学报（哲学社会科学版），2007（2）

89. 陈敏．非职工群体纳入工伤保险制度保障探析．政治与法律，2017（2）

90. 张善根．法律规制中的成本与收益——《风险与理性——安全、法律及环境》读后．载苏力．法律书评（第七辑），2008

91. 郭文龙．企业高管人员不应成为劳动法倾斜保护的对象．中国劳动，2007（1）

92. 王磊．从福利国家到社会投资国家：发展型社会政策

生成机理及其运行逻辑．东岳论丛，2020（3）

93. 张彦．非正规就业：概念辨析及价值考量．南京社会科学，2010（4）

94. 姚曙明，陈依婷．论劳动者分层保护的法律规制．行政与法，2015（12）

95. 董保华，邱捷．劳动合同法的调整范围应作去强扶弱的调整．中国劳动，2006（9）

96. 陈羽．关于《劳动合同法》的几个问题——访中国社会科学学部委员、著名民法学家梁慧星．中共中央党校学报，2009（3）

97. 王天玉．求同存异：劳动者的身份认定与层级结构．广东社会科学，2011（6）

98. 沈同仙，董寅．论用人单位违法接触劳动合同的法律责任方式．深圳劳动关系发展报告（2014）．北京：社会科学文献出版社，2014

99. 应飞虎．信息、权利与交易安全——消费者保护研究．北京：北京大学出版社，2008

100. 王全兴．劳动法（第三版）．北京：法律出版社，2008

101. 刘俊．劳动社会保障法学．北京：高等教育出版社，2017

102. 郭婕．劳动与社会保障法．北京：中国政法大学出版社，2004

103. 董保华．劳动法论．北京：世界图书出版公司，1999

104. 林嘉．劳动法的原理、体系与问题．北京：法律出版社，2016

105. 董保华．社会法原论．北京：中国政法大学出版社，2001

106. 翟玉娟．职业灾害救济法律制度研究．厦门：厦门大学出版社，2009

107. 程延园．集体谈判制度研究．北京：中国人民大学出版社，2004

108. 梁慧星．民法总论．北京：法律出版社，2001

109. 贺海仁．法人民说．北京：中国社会科学出版社，2013

110. 张希坡．革命根据地的工会运动和劳动立法史．北京：中国劳动出版社，1993

111. 常凯．劳权论——当代中国劳动关系的法律调整研究．北京：中国劳动社会保障出版社，2004

112. 郑杭生等．转型中的中国社会和中国社会的转型．北京：首都师范大学出版社，1996

113. 古春德．西方法律思想史．北京：中国人民大学出版社，2008

114. 俞可平．社群主义．北京：东方出版社，2015

115. 季卫东．法治秩序的建构．北京：中国政法大学出版社，1999

116. 苏力．也许正在发生：转型中国的法学．北京：法律出版社，2004

117. 邓正来．中国法学向何处去（第二版）．北京：商务印书馆，2011

118. 尹伊君．社会变迁的法律解释．北京：商务印书馆，2003

119. 李强. 群己论识——学术与政治片论. 北京：中国法制出版社，2003

120. 苏力. 法治及其本土资源. 北京：中国政法大学出版社，1996

121. 郑尚元.《劳动合同法》的制度与理念. 北京：中国政法大学出版社，2008

122. 关怀. 劳动法教程. 北京：法律出版社，2007

123. 王泽鉴. 民法总则. 北京：中国政法大学出版社，2003

124. 王泽鉴. 债法原理. 北京：中国政法大学出版社，2003

125. 王利明等. 民法学. 北京：法律出版社，2005

126. 季卫东. 宪政新论——全球化时代的法与社会变迁. 北京：北京大学出版社，2002

127. 王成礼. 法治的均衡分析. 济南：山东人民出版社，2008

128. 张文显. 二十世纪西方法哲学思潮研究. 北京：法律出版社，2006

129. 费孝通. 乡土中国生育制度. 北京：北京大学出版社，1998

130. 张维迎. 博弈与社会. 北京：北京大学出版社，2013

131. 常凯. 劳动关系学. 北京：中国劳动社会保障出版社，2005

132. 王泽鉴. 民法学说与判例研究（第二册）. 北京：北京大学出版社，2011

133. 王益英. 外国劳动法和社会保障法. 北京：中国人

民大学出版社，2001

134. 李环．和谐社会与中国劳动关系．北京：中国政法大学出版社，2007

135. 林晓云等．美国劳动雇佣法．北京：法律出版社，2007

136. 王泽鉴．民法学说与判例研究（第一册）．北京：中国政法大学出版社，1998

137. 张静．法团主义．北京：中国社会科学出版社，1998

138. 赵汀阳．论可能生活．北京：中国人民大学出版社，2004

139. 刘开明．边缘人．北京：新华出版社，2003

140. 中国社科院农村外出务工女性课题组．农民流动与性别．郑州：中原农民出版社，2000

141. 李强．农民工与中国社会分层（第二版）．北京：社会科学文献出版社，2012

142. 蔡磊．平等、发展：当代国际妇女的目标与实践．太原：山西经济出版社，1995

143. 杨翠迎等．澳大利亚社会保障制度．上海：上海人民出版社，2011

144. 曾世雄．损害赔偿原理．北京：中国政法大学出版社，2001

145. ［英］亨利·萨姆奈·梅因．古代法——与社会远史及现代观念的关系．郭亮译．北京：法律出版社，2016

146. ［德］马克思．资本论第1卷（上）．北京：人民出版社，1975

147. ［德］雷蒙德·瓦尔特曼．德国劳动法．沈建峰译．

北京：法律出版社，2014

148. ［德］沃尔夫冈·多伊普勒教授．德国雇员权益的维护．唐伦忆、谢立斌译．北京：中国工人出版社，2009

149. ［德］韦伯．经济与社会（下）．林荣远译．北京：商务印书馆，1997

150. ［奥］路德维希·冯·米瑟斯．社会主义——经济与社会学的分析．王建民译．北京：中国社会科学文献出版社，2012

151. ［美］罗伯特·库特，［德］汉斯－伯恩特·谢弗．所罗门之结：法律能为战胜贫苦做什么．北京：北京大学出版社，2014

152. ［英］亚当·斯密．论国民财富的性质和原因的研究．郭大力，王亚南译．北京：商务印书馆，2014

153. ［英］弗里德利希·哈耶克．法律、立法与自由．邓正来译．北京：中国大百科全书出版社，2000

154. ［英］弗里德利希·哈耶克．自由秩序原理．邓正来译．北京：三联书店，1997

155. ［奥］路德维希·冯·米瑟斯．自由与繁荣的国度．韩光明译，北京：中国社会科学出版社，1995

156. ［美］诺齐克．无政府、国家和乌托邦．何怀宏译．北京：中国社会科学出版社，1991

157. ［美］理查德·A. 波斯纳．超越法律．北京：中国政法大学出版社，2001

158. ［德］尼克拉斯·卢曼．法社会学．上海：上海世纪出版集团，2013

159. ［美］罗伯托·曼戈贝拉·昂格尔．法律分析应当

为何．李诚予译．北京：中国政法大学出版社，2007

160. ［德］马克斯·韦伯．经济与社会（上卷）．林荣远译．北京：商务印书馆，1997

161. ［美］詹姆斯·C. 斯科特．农民的道义经济学：东南亚的反叛与生存．陈立显译．南京：译林出版社，2001

162. ［德］W. 杜茨．劳动法．北京：法律出版社，2005

163. ［日］山本敬三．民法讲义Ⅰ总则．解亘译．北京：北京大学出版社，2004

164. ［美］波斯纳．法律的经济分析．蒋兆康译．北京：中国大百科全书出版社，1997

165. ［美］道格拉斯·C. 诺斯．经济史上的结构和变革．厉以宁译．北京：商务印书馆，1992

166. ［美］坎贝尔·R. 麦克南，斯坦利·L. 布鲁，大卫·A. 麦克菲逊．当代劳动经济学（第七版）．刘文，赵成美译．北京：人民邮电出版社，2006

167. ［美］埃里克·A. 波斯纳．法律与社会规范．沈明译．北京：中国政法大学出版社，2004

168. ［美］马克·布坎南．隐藏的逻辑——乌合之众背后的模式研究．李晰皆译．天津：天津教育出版社，2011

169. ［德］迪特尔·施瓦布．民法导论．郑冲译．北京：法律出版社，2006

170. ［美］布莱克．社会学视野中的司法．郭星华等译．北京：法律出版社，2002

171. ［德］斐迪南·滕尼斯．共同体与社会．林荣远译．北京：北京大学出版社，2010

172. ［美］艾伦·沃森．民法体系的演变及形成．李静

冰，姚新华译．北京：中国政法大学出版社，1992

173. ［奥］尤根·埃利希．法律社会学原理．叶名怡，袁震译．北京：中国社会科学出版社，2009

174. ［英］史蒂芬·哈迪．英国劳动法与劳资关系．陈融译．北京：商务印书馆，2012

175. ［印度］阿马蒂亚·森．贫困与饥荒．北京：商务印书馆，2004

176. ［美］迈克尔·布若威．制造同意——垄断资本主义劳动过程的变迁．李荣荣译．北京：商务印书馆，2008

后　记

在2020年中旬，我完成了一次学术之旅的攀登。本书所研究的劳动法领域权利配置的优化主要是从法律经济学视角切入予以论证。该书的选题来源于博士期间对应飞虎老师、吴元元老师从法经济学视角对《劳动合同法》权利倾斜性配置问题的关注。他们探讨了《劳动合同法》权利倾斜性配置是否存在“过度”的问题，及这种权利倾斜性配置可能产生的一系列影响。但是他们只是针对《劳动合同法》权利倾斜性配置问题进行了探讨。就劳动法整体而言，劳动法权利倾斜性配置存在哪些问题？如何对我国劳动法领域的权利配置予以优化？带着对这些问题的疑问和思考，我期望运用法律经济学研究方法对我国劳动法权利倾斜性配置的理论基础、历史变迁、问题及根源、优化路径进行全面的梳理和探讨。经刘俊老师和许明月老师的点拨，将题目改为“劳动法领域权利配置的优化”，刘老师、许老师和徐以祥等几位老师还对书稿的研究框架提出了宝贵的完善和修改意见。我还将书稿框架发给了应飞虎老师征求他的意见。他基于自己的理解和认识提出了很多宝贵的意见。但真正下笔时发现一筹莫展，不知如何开展，该书稿的写作暂时搁置下来。

2015 年受邀参加上海财经大学举办的“首届社会法博士生论坛”。在会议间隙，我又就该选题和论文框架向郑尚元老师、赵红梅老师、张荣芳老师、喻术红老师等几位老师请教。郑老师提出劳动法领域这么多权利，如何优化，对哪些权利予以优化？他提出如果从法哲学角度来写会比较好，但难度比较大。他建议从一个小问题出发“以小见大”论证这个论题。赵红梅老师通过邮件就论文的选题和框架提出了她的意见。

感谢我的博士生导师刘俊教授，他在我们攻读博士期间一直主张我们关注现实世界中的“真问题”。每次跟刘老师请教问题，他对学术问题一针见血，让我感觉高山仰止，并为自己的愚钝而惭愧、汗颜不已。刘老师经常跟我们讲，学术研究的前提是要确定自己所研究的问题必须是“真”问题。必须要揭开现象的“迷雾”，通过抽丝剥茧，来洞察和透析怎样的问题是“真”问题，怎样的问题是“假”问题。在选题方面，刘老师保持一个开放式的态度，鼓励学生予以寻找。因为只有自己找到的选题，才是自己最感兴趣也最容易开展下去的。刘老师平易近人、十分随和，无论任何时候向他请教问题，无论他多忙，都非常认真地思考，并予以解答。刘老师对学术的严谨、开放的态度，令我十分感佩！

感谢我的硕士生导师周林彬教授。这个选题离不开硕士期间周老师在法律经济学方面对我的启发，让我能够得以认识到规范法学和演绎逻辑视野与方法的局限性。可以说，没有周老师在硕士期间在法律经济学方面对我学术兴趣的点燃，就没有这本书稿的出版。

除了导师的辛勤付出外，本书的完稿也离不开诸多师友的帮助，他们为我的选题、写作、答疑和修改提供了热情的帮助。我就书稿存在的疑惑向王权典老师、杨正喜老师、张开云老师、徐志强老师、李俊杰老师、杜坤老师、朱战威老师等诸多良师益友进行了请教。他们不厌其烦地就我提出的问题给予耐心的答复。

感谢我的父母，他们在豫东平原农村，没有性别歧视和偏见，一直在条件十分艰苦和清贫的环境下用辛勤的汗水和爱支持我求学。他们任劳任怨，坚韧不拔的品质鼓励和支持着我在求学和学术的道路上不断探索。

感谢我的先生，没有他的理解和支持，我的书稿很难顺利完成。他一直在背后默默支持着我的求学和工作。从相识到相伴的期间，他不仅分担了很多家务劳动，更在精神上、学术上给我莫大的支持。他虽然不从事法学方面的研究，但是基于他的视角就书稿提出了很多真知灼见。

作　者

2020 年 10 月